Serge Ragotzky

# Kampf ums Geld

Serge Ragotzky

# Kampf ums Geld

Wie Marktmanipulationen, neue Technologien und politische Krisen das Vermögen beeinflussen

UVK Verlag · München

Dr. Serge Ragotzky ist Professor an der Hochschule für Wirtschaft und Umwelt Nürtingen-Geislingen. Er war zuvor in Führungspositionen bei Investmentbanken im In- und Ausland tätig.

Bibliografische Information der Deutschen Bibliothek
Die Deutsche Bibliothek verzeichnet diese Publikation in der Deutschen Nationalbibliografie; detaillierte bibliografische Daten sind im Internet über <http://dnb.ddb.de> abrufbar.

ISBN 978-3-86764-895-0 (Print)
ISBN 978-3-7398-0459-0 (ePUB)
ISBN 978-3-7398-0460-6 (ePDF)



Einbandgestaltung: Atelier Reichert, Stuttgart
Cover-Illustration: © iStockphoto - liuzishan
Printed in Germany

UVK Verlag
Nymphenburger Strasse 48 · 80335 München
Tel. 089/452174-65
www.uvk.de

Narr Francke Attempto Verlag GmbH & Co. KG
Dischingerweg 5 · 72070 Tübingen
Tel. 07071/9797-0
www.narr.de

# Inhaltsübersicht

# Inhalt

# Abbildungs- und Tabellenverzeichnis

# 1 Einführung

Der Kampf ums Geld tobt bereits seit Jahrtausenden, aber noch nie waren die Auseinandersetzungen so verwickelt und brutal wie heute. In diesem Kampf geht es konkret um Geldschöpfungsgewinne und Zinserträge, aber auch um politischen Einfluss und staatliche Machtausübung zur Verschaffung von Wettbewerbsvorteilen, sowohl auf nationaler wie auch auf globaler Ebene. Zu den Konfliktparteien auf den Finanzmärkten zählen Staaten und supranationale Organisationen, Zentralbanken und Kreditinstitute ebenso wie Sparer, Schuldner und Spekulanten. Nur wenige Menschen durchschauen die komplexen Zusammenhänge im Universum des Geldes, in dem es die unterschiedlichsten Aspekte zu beachten gilt. Der bekannte Fondsmanager Edouard Carmignac, dessen persönliches Vermögen auf 1,7 Mrd. Dollar geschätzt wird, sagte kürzlich in einem Interview: *„Um in diesem Geschäft*[1] *erfolgreich zu sein, müssen Sie Entwicklungen antizipieren können. Sie müssen anderen einen Schritt voraus sein. Und zwar in vielen Bereichen: Es ist wichtig, Geschichte und Politik zu verstehen. Sich mit Informationstechnologie auszukennen, aber auch mit Biotechnologie.“*[2]

Bereits aus der Vielfalt der genannten Themenbereiche wird deutlich, wie komplex die Analyse und Entscheidungsfindung auf den Kapitalmärkten ist. Ein Anleger steht bei der Sammlung und Verarbeitung von Wissen und Informationen großen Herausforderungen gegenüber. Er muss zudem jenseits der Faktenverarbeitung ein Gespür für rationale und irrationale Entscheidungen und Handlungen mächtiger Akteure in Politik und Finanzwirtschaft entwickeln. Scheinbar geringfügige Fehleinschätzungen können zu großen Verlusten führen. Der Neue Markt[3], Subprime, Lehman-Zertifikate, Schiffsbeteiligungen, Schrottimmobilien und Griechenlandanleihen markieren eine Schneise der Verwüstung in vielen Anlegerportfolios. Für viele Anleger ist der Kampf ums Geld aufgrund dieser Erfahrungen zu einer Art Überlebenskampf mutiert. Sie versuchen auch unter widrigen Bedingungen ihre materielle Zukunft zu sichern. Die Situation des Anlegers ist mit der eines Backgammon-Spielers zu vergleichen.[4] Er braucht eine langfristige Strategie, muss dennoch taktisch flexi-

---

[1] Gemeint ist die Vermögensanlage an den Finanzmärkten.

[2] Frankfurter Allgemeine Sonntagszeitung, 10. Juni 2018, S. 35

[3] Allerdings darf nicht unterschlagen werden, dass sich einige Unternehmen aus dem Neuen Markt nicht nur gehalten haben, sondern inzwischen zu Mitgliedern des DAX bzw. des M-Dax aufgestiegen sind. Beispiele sind Wirecard, Sartorius und United Internet.

[4] Beim Backgammon geht es darum, die eigenen Steine ins heimische Feld zu manövrieren und dann schneller als der Gegner herauszuwürfeln. Anders als bei

bel sein und vor allem demütig akzeptieren, dass von ihm nicht zu beeinflussende externe Faktoren – beim Backgammon sind es die Würfel – erheblichen Einfluss auf den Erfolg haben.

Früher ermöglichten Zins und Zinseszins dem Anleger eine simple, langfristig aufgebaute, risikoarme Vermögensbildung. Er braucht dafür weder eine komplizierte Strategie noch Würfel. Die Banken zahlen aber seit Jahren so gut wie keinen Zins mehr für Spareinlagen. Gleiches gilt für viele Staaten und deren Anleihen. Einfaches Sparen lohnt sich deswegen nicht mehr. Der Durchschnittsanleger stellt sich daher einige Fragen:

- Wo sind die Zinsen geblieben?
- Warum gibt es keine sichere Rendite mehr?
- Woher kommen die häufigeren Kurseinbrüche an den Kapitalmärkten?
- Wie stabil sind die Banken zehn Jahre nach Ausbruch der Finanzkrise?

Die Volkswirtschaftslehre liefert nur wenige, zudem aus Anlegersicht sehr unerfreulich Antworten. Bei einem unvoreingenommenen Studium der Geldtheorie[5], vor allem aber auch der jüngeren Geldgeschichte sowie der aktuellen politischen und wirtschaftlichen Verhältnisse wird der Anleger wenig Hoffnung schöpfen, dass sich seine Situation bald wieder von alleine bessern könnte. Er ist daher selbst gefordert, die richtigen Maßnahmen zu ergreifen.

Im Geld- und Börsenwesen, in der Realwirtschaft, der Politik und der Technologie haben sich in den letzten Jahrzehnten sukzessive gravierende strukturelle Veränderungen vollzogen. Inzwischen beeinflussen Entscheidungen und zentrale Steuerungsmaßnahmen mächtiger Institutionen und Personen permanent Rendite, Risiko und Liquidität einzelner Anlageklassen und ganzer Portfolien. Es ist daher wichtig zu verstehen, welche eigenen Ziele die Zentralbanken, Kreditinstitute, Politiker, Manager sowie große Investoren verfolgen und auf welcher Grundlage sie ihre Entscheidungen treffen. Andere tiefgreifende Veränderungen betreffen die Technologie, aber auch die Altersstruktur, das Wertegefüge, die Leistungsbereitschaft und das Konsumverhalten in der menschlichen Gesellschaft.

---

rein strategischen Brettspielen wie Schach und Go haben auch die Würfel Einfluss auf den Erfolg, wobei ein Verständnis von Statistik einem Spieler sehr hilft.

5 In der ökonomischen Teildisziplin der Geldtheorie (englisch „Monetary Economics") werden Wesen und Funktionen, Wert sowie Wirkungen des Geldes untersucht. Es geht dabei um Fragen von Geldangebot- und -nachfrage, Inflationstheorie, Zinstheorie sowie der Theorie der Geldpolitik.

In diesem Buch wird dem Zusammenwirken der genannten Trends und Entscheidungsprozesse auf den Grund gegangen. Es handelt sich dabei um säkulare Veränderungen in der Wirtschaft und Gesellschaft, auf die der einzelne Mensch wenig oder gar keinen Einfluss hat. Wenn ein Investor die Trends frühzeitig erkennt und richtig deutet, kann er aber auf der persönlichen Ebene zumindest wirtschaftlich von den Veränderungen profitieren, anstatt der Verlierer zu sein. Das setzt aber auch die Bereitschaft voraus, sich einigen unangenehmen Wahrheiten nicht zu verschließen. Anders als ein Politiker, der zu teuer einen neuen Flughafen bauen lässt, oder ein Bankmanager, der das Kapital „seiner" Bank in Subprime-Anleihen investiert, kann ein Privatanleger die Folgen seiner Fehlentscheidung auch unter den günstigsten Umständen nicht auf Dritte abwälzen.[6]

Entsprechend versetzt die vorliegende Darstellung interessierte Anleger in die Lage, die Chancen und Risiken von Geldanlageentscheidungen in einer komplexen und bisweilen auch verwirrenden Umgebung ein wenig besser eigenständig beurteilen zu können. Die Erläuterung einiger Zusammenhänge hilft dem Investor auch, ein paar einfache Fehler bei der Anlage zu vermeiden. Aufgrund der Breite der relevanten Themen kann allerdings nicht jede Detailfrage in aller Tiefe analysiert werden. Zudem hat jeder Anleger bei der Entscheidungsfindung seine individuelle Lebens-, Vermögens- und Einkommenssituation, seine eigenen Präferenzen und Prioritäten zu berücksichtigen. Das Buch liefert daher keine Patentrezepte und ersetzt nicht die eigenständige Analyse durch den Anleger und seine Berater.

Da viele der behandelten Themen tagesaktuell sind, werden im Buch an einigen Stellen neben wissenschaftlichen Publikationen, Sachbüchern und offiziellen Statistiken auch Presseartikel zitiert.

Um Lesern die Orientierung zu erleichtern, werden den Kernkapiteln 2 bis 6 jeweils die aus Anlegersicht wichtigsten Fragen vorangestellt. Zudem wird am Kapitelende eine kurze Zusammenfassung („Executive Summary") vorgenommen.

---

[6] Viele Anleger würden das bestimmt auch gern tun, wenn sie nur könnten. Auch gibt es viele Politiker und Banker, die mit Steuer- und Kundengeldern verantwortungsvoll umgehen. Es soll also keinesfalls gesagt werden, dass Banker oder Politiker per se die „schlechteren Menschen" sind. Sie sind aber gewiss häufiger einer entsprechenden „Verführung" ausgesetzt als andere Menschen.

# 2 Geldgeschichte im Spannungsfeld von Handel, Banken und Politik

## Wichtige Fragen für Investoren

- Wie ist Geld historisch entstanden und welche Funktionen hat es?
- Warum ist Geld so wichtig für Handel, Wirtschaft und Gesellschaft?
- Welche Bedeutung hatten Gold und Silber in der Geldgeschichte?
- Warum interessieren sich Staaten und Herrscher für das Geld?
- Welche Aufgaben haben Bankiers und Banken in der Wirtschaft?
- Erleichtert Papiergeld die Staatsfinanzierung?
- Wie entsteht Inflation?
- Wirken sich Konflikte und Kriege auf den Geldwert aus?
- Gibt es einen Zusammenhang zwischen dem Geldsystem und dem Entstehen von Wirtschaftskrisen?
- Wie steuern Zentralbanken das Geldwesen und auf welchem theoretischen Fundament basiert ihr Steuerungsapparat?
- Warum sind verschiedene Währungen unterschiedlich stabil?
- Welche Vorteile ziehen Kreditinstitute aus der privaten Geldschöpfung?

## 2.1 Die Anfänge: Tauschwirtschaft und Warengeld

Der Schriftsteller Oscar Wilde formulierte selbstironisch *„als ich jung war, glaubte ich, Geld sei das Wichtigste im Leben, jetzt, da ich alt bin, weiß ich, dass es das Wichtigste ist“*. Der Besitz von Geld verleiht dem Menschen ein Grundgefühl der Sicherheit und viele Freiheiten. Wer über ausreichend Geld verfügt, muss keine Tätigkeit ausüben, die ihm keinen Spaß macht, und kann seine eigene Meinung selbstbewusster öffentlich vertreten. Ein reicher Mensch kann mit seinem Geld auch viel Gutes für die Allgemeinheit tun. Das bedeutet selbstverständlich nicht, dass alle selbsternannten reichen „Philanthropen“ wirklich große Altruisten wären. Der Drang nach Gelderwerb und Gelderhalt sind aber seit jeher aus diesen und anderen Gründen, unabhängig von moralischen Erwägungen, ganz entscheidende Triebfedern menschlichen Handels. Der prominente Wirtschaftshistoriker Niall Ferguson vertritt sogar die These, dass Geld die Wurzel allen Fortschritts ist und die Entwicklung der menschlichen Zivilisation ohne Geld als treibende Kraft gar nicht vorstellbar wäre.[7]

Wie hat die Geschichte des Geldes begonnen? Die meisten Wirtschaftshistoriker[8] stimmen überein, dass sich Geld in vielen Urzivilisationen parallel im freien Marktprozess als zentrales Tauschmittel herausgebildet hat, weil es den Handel und das Wirtschaften der Menschen vereinfacht hat.[9] In überschaubaren Clanstrukturen konnten zuvor noch informelle Prozesse gewährleisten, dass jedes Mitglied einer Großfamilie seinen Beitrag leistet und im Gegenzug bei Bedarf von den anderen Gruppenmitgliedern unterstützt wird. Mit wachsender Größe der Gemeinschaften wurde es aber schwieriger, erbrachte individuelle Leistungen zu

[7] Niall Ferguson, *Der Aufstieg des Geldes*, 4. Aufl., Berlin 2014.

[8] Niall Ferguson (2014). Karl Walker, *Geld in der Geschichte*, 1. Aufl., Hamburg: 2009, Michael North, *„Kleine Geschichte des Geldes – Vom Mittelalter bis heute“*, München 2009,sowie Richard Gaettens *Geschichte der Inflationen*, München, 1982, Originalauflage München, 1957. Besonders schön illustriert ist das Buch von Henry Werner, *Geschichte des Geldes,* Berlin (2015).

[9] Der historisch versierte Ökonom Michael Hudson verweist allerdings auch auf die wichtige Rolle der Tempel und Paläste bei der Kreditvergabe und somit im Geldwesen insgesamt bereits im 8. Jahrhundert v.Chr., Michael Hudson, *Der Sektor*, Stuttgart 2016, S. 30; ähnlich kritisch ist auch Stephen Zarlenga, *Der Mythos vom Geld: Die Geschichte der Macht*, 2. Aufl. (Kindle-Version)., Zürich (2008).

erfassen und fair zu kompensieren. Im Austausch mit fremden Gruppen fehlte zudem oft das Grundvertrauen, dass zum Beispiel ein Anteil an einem erlegten Stück Wild zu einem späteren Zeitpunkt durch eine adäquate Gegenleistung vergolten würde.[10]

Im Laufe der Geschichte haben Menschen zudem immer besser erkannt, dass eine arbeitsteilige Organisation der Wirtschaft zu Effizienzgewinnen bei der Produktion führt. Kein Mensch kann parallel auf gleich hohem Niveau jagen, fischen, Ackerbau betreiben, töpfern und Schwerter schmieden. Da aber zum Beispiel Töpfe und Schwerter nicht satt machen, die Ernährung aber ein menschliches Grundbedürfnis ist, haben Menschen frühzeitig angefangen, mit einander Tauschhandel zu betreiben.[11] Nun hatte ein Bauer nach erfolgreicher Ernte aber nicht immer zeitgleich Bedarf für ein neues Schwert oder ein paar Töpfe.

Auch wurden die auszutauschenden Güter selten von den beiden Handelspartnern als exakt gleichwertig empfunden. Diese subjektiven Bewertungsunterschiede haben die Tauschvorgänge aber rechnerisch kompliziert oder gar unmöglich gemacht hat. Die Sumerer haben zwar zur Schaffung von Transparenz bereits im 3. Jahrtausend v.Chr. ein differenziertes zentrales Preisregister entwickelt. Das war für die Nutzer allerdings noch recht kompliziert.[12] Zur Lösung des Problems haben sich findige Menschen daher auf zentrale Tauschmittel geeignet, die von allen Beteiligten des Wirtschaftskreislaufes aufgehoben und beim nächsten Tauschvorgang erneut eingesetzt werden konnten.

Diese zentralen Tauschmittel mussten über eine lange Haltbarkeit verfügen und möglichst einfach und ohne Schaden physisch teilbar sein. Die Teilbarkeit erleichtert die für den Tausch erforderlichen Rechenvorgänge. Zusätzlich sollte die Menge des Tauschmittels begrenzt sein. Zu den ersten zentralen Tauschmittel in der Wirtschaftsgeschichte zählten unter anderem Rinder und Weizen,[13] Salz, seltene Muscheln und Pfeilspitzen.

---

[10] Eine abweichende Meinung vertritt auch Graeber, der Belege für diese Theorie anzweifelt und vom „Mythos Tauschhandel“ spricht, David Graeber, *Schulden: Die ersten 5.000 Jahre*, 3. Aufl., München (2014), S. 31.

[11] So bereits im Jahr 1776 von Adam Smith erklärt, am Beispiel des Bäckers und des Fleischers, Adam Smith, *Der Wohlstand der Nationen* (1776), in der Übersetzung von Max Stirner, Köln (2009), S. 29.

[12] Henry Werner (2015). S. 14.

[13] Rinder und Weizen wurden vermutlich schon im 9. Jahrtausend v.Chr. als zentrale Tauschmittel verwendet, chronologische Tabelle bei Werner (2015), S. 200.

Da diese Tauschmittel selbst als Ware verwendet werden können, hat sich für diese Art Geld in der Literatur der Begriff Warengeld herausgebildet. Warengeld verfügt entsprechend in den meisten Fällen über einen eigenen intrinsischen Wert als begehrte Sache. Warengeld ist selbst eine Ware, mit deren Hilfe man zudem effizient Austauschverhältnisse zwischen anderen Waren bestimmen kann.[14]

## 2.2 Etablierung eines Edelmetallstandards

Schon in der Antike haben sich die Edelmetalle aufgrund ihrer besonderen Eigenschaften in vielen Kulturen parallel als zentrales Tauschmittel, also als „Geld", etabliert und diese Stellung lange bewahrt.[15]

Der libertäre Ökonom Murray Rothbard erklärt diese Entwicklung damit, dass Edelmetalle aus Sicht des Marktes das effizienteste Geld sind.[16] Salz und Pfeilspitzen sind zwar auch langlebig, aber dennoch vergänglich. Edelmetalle dagegen sind unendlich haltbar, zudem in der Menge begrenzt und beliebig teilbar. Gold und Silber haben zudem bereits vor Jahrtausenden Begehrlichkeiten wegen ihrer Verwendbarkeit als Schmuck geweckt.

Die globale Gold- und Silbermenge ist durch die natürlichen Vorkommen und deren Förderung begrenzt. Das gab dem Edelmetallstandard Berechenbarkeit, weshalb er historisch die Regel blieb. So lange alle Währungen in einem festen Austauschverhältnis zum Gold standen, entfielen zudem definitionsgemäß jegliche Wechselkursschwankungen. Der globale Handel wurde so wesentlich erleichtert.

Noch Anfang des 20. Jahrhunderts erschien daher den meisten Menschen die Vorstellung absurd, dass etwas anderes als Edelmetall Geld sein könnte. Der berühmte Bankier John P. Morgan sagte noch 1912 vor dem US-Kongress: *"Gold and silver are money. Everything else is credit."* Diese gefestigte Überzeugung ruhte auf einem Jahrtausende alten Fundament an positiven Erfahrungen, vor allem hinsichtlich der Wertbeständigkeit der Edelmetalle im Tauschprozess.

---

[14] Murray Rothbard, *Das Scheingeldsystem.* Mit einem Nachwort von Jörg Guido Hülsmann, 2. Auflage, Berlin (2005), S. 18.

[15] In der Regel haben sich auf Dauer nur diejenigen Gesellschaften auf andere zentrale Tauschmittel geeinigt, bei denen Edelmetalle unbekannt waren.

[16] Murray Rothbard (2005), S. 18.

Im Laufe der Zeit wurde der Tauschprozess mit Edelmetallen systematisiert. Die Sumerer haben mit dem Silberschekel im 3. Jahrtausend v.Chr. in Mesopotamien erstmals ein transparentes, gewichtsbasiertes System mit Gold und Silber als zentralem Tauschmittel entwickelt.[17] Im kleinasiatischen Reich der Lyder wurden dann zwischen 650 und 600 v.Chr. die ersten Münzen als Zahlungsmittel herausgegeben. Oft wird der noch heute für seinen Reichtum notorische König Krösus als erster Herausgeber von Münzgeld genannt.[18] Anschließend erfolgt eine rasche Verbreitung des Münzsystems, zunächst im östlichen Mittelmeerraum und im Nahen Osten.[19]

Der Vorteil der Münzen lag in der Normierung des Gewichts und des Edelmetallgehalts[20], die in den meisten Fällen mit dem Siegel und Konterfei eines mächtigen Herrschers auf der Münze bestätigt wurde. Bis etwa 400 v.Chr. setzte sich die Münze in ganz Griechenland gegenüber dem Tauschhandel durch.

In der römischen Kaiserzeit wurden Münzen aus Gold (Aureus), Silber (Denar) und Messing (Sesterze) geprägt.[21] Für die römischen Herrscher waren Münzen praktisch, weil sie die Bezahlung der Soldaten erleichterten. Sie erklärten die Münzen zum „gesetzlichen Zahlungsmittel“, um die Nachfrage auch anderer Bürger nach Münzen sicherzustellen.[22] Die meisten Währungsnamen wie Pfund, Taler, Dollar haben sich zunächst unmittelbar aus dem jeweiligen Edelmetallgewicht abgeleitet und erst später verselbstständigt.[23]

Die Entkoppelung von Namen und Gewicht eröffnete den Emittenten die Möglichkeit zur ertragreichen „Münzverschlechterung“.[24] So haben etwa die römischen Kaiser zur Erzielung von Seigniorage-Gewinnen vor allem

---

[17] Yuval Noah Harari, *Eine kurze Geschichte der Menschheit*, 22. Aufl., 2015, S. 223. Harari sieht ähnlich wie der bereits zitierte Ferguson die Schaffung eines Geldsystems als ganz wesentlichen Schritt in der menschlichen Entwicklung.

[18] Anderen Autoren zufolge hatte vorher aber auch schon, ebenfalls in Lydien, der weniger berühmte Alyatos II. Edelmetallmünzen herausgegeben, Werner (2015), S. 19.

[19] Yaval Harari (2015), S. 223.

[20] Adam Smith (1776/2009), S. 31.

[21] Richard Gaettens (1957/1982) liefert eine detaillierte Geschichte des römischen Münzwesens.

[22] David Graeber (2014).

[23] Murray Rothbard )2005), S. 23.

[24] Adam Smith (1776/2009), S. 39.

zur Kriegsfinanzierung immer wieder das Gewicht oder den Edelmetallanteil der von ihnen begebenen Münzen bei Beibehaltung des Nennwertes reduziert.[25] Die Bürger konnten allerdings zeitverzögert die Veränderung durch Münzprüfungen nachvollziehen, gute Münzen von schlechten trennen und die Preise für ihre Waren und Dienstleistungen entsprechend anpassen.

Der Enteignungsprozess verlief daher lange schleichend. Erst unter den späten Soldatenkaiser geriet das römische Münzwesen völlig außer Kontrolle, weil diese nicht mehr in der Lage waren, das für die Prägung erforderliche Silber zu beschaffen.[26] Später kam es lokal gelegentlich zu Mengenschwankungen aufgrund von Handelsüberschüssen, Minenförderungen und Plünderungen. So haben zum Beispiel die kolonialen Eroberer Spaniens in Südamerika große Mengen Gold und Silber vorgefunden und geraubt. Das Verschiffen dieser zusätzlichen Edelmetalle nach Europa führte in Spanien zeitweise zu Preissteigerungen für Güter des täglichen Bedarfs. Derartige Kaufkraftverluste waren dennoch wertmäßig, zeitlich und räumlich begrenzt und haben dem Status des Goldes an sich nie geschadet. Der Goldstandard galt mehr oder weniger bis 1914 und ermöglichte Wachstum und Wohlstand.

Die heutige Bedeutung des Goldes wird zwar von führenden Notenbankern und Politikern gern kleingeredet. So sprach der ehemaligen FED-Chef Ben Bernanke in diversen Interviews, in Anlehnung an Keynes von Gold als einem barbarischen Relikt der Vergangenheit.[27] Diese Kritik hat Bernanke als Notenbankchef aber nicht gehindert, den größten Teil der Währungsreserven des Landes genau wie auch die Zentralbanken in Deutschland, der Schweiz, China und Russland weiter in Gold anzulegen.[28] Bernankes Amtsvorgänger Alan Greenspan ist sogar bis heute ein vehementer Befürworter eines Goldstandards.[29] In seiner Amtszeit als FED-Chef sagte er in einer Befragung vor dem US-Kongress, dass es ohne Goldstandard für die Anleger keinen sicheren Wertspeicher gäbe. Greenspan fügte auch

---

[25] Henry Werner (2015), S. 46.

[26] Richard Gaettens (1957/1982), S. 28.

[27] John Maynard Keynes: *The Return to the Gold Standard.* in: Essays in Persuasion. (1991), S. 208.

[28] Einen anderen Weg ist in jüngerer Zeit allerdings die Bank of England gegangen, die auf Druck des damaligen Schatzkanzler Gordon Brown ihre Goldreserven in den 90er Jahren zu Tiefstpreisen verkauft hat.

[29] Greenspan, Alan: *Gold and Economic Freedom*, in: Capitalism: The Unknown Ideal, Ayn Rand (Hrsg.), 1967 .

hinzu, dass der fehlende Vermögensschutz die Funktionsfähigkeit eines breit ausgebauten Wohlfahrtsstaates erleichtere, weswegen der Goldstandard von seinen sozialistischen Gegnern so vehement bekämpft würde.

## 2.3 Bankiers entdecken die Geldschöpfung

Vermutlich handelt es sich beim Bankgeschäft um das zweitälteste und einträglichste Gewerbe der Welt. Schon in Mesopotamien, im antiken Griechenland und in vielen anderen frühen Hochkulturen wurde Geld gegen Zins verliehen. Die Zinsgewinne waren stets einträglich. Allerdings kam es auch damals schon zu Zahlungsausfällen, weil nicht alle Schuldner die erforderlichen Mittel für Zins und Tilgung erwirtschaften konnten.

Zu Beginn der Kreditgeschichte standen in den meisten Regionen nicht private Bankiers, sondern Tempel und Kirchen im Zentrum des Bankwesens.[30] „Klerikal“ war das Bankwesen unter anderem bei den Sumerern, Griechen und Ägyptern organisiert.[31] Im Mittelalter haben dann die Tempelritter ein supranationales Banksystem aufgebaut, dessen Netz von Mitteleuropa bis ins Morgenland reichte.[32] Die Templer waren erfolgreiche und einflussreiche Pioniere der Finanzglobalisierung. Sie gerieten auch wiederholt in Konflikte mit nationalen Herrschern, die ihre Machtbasis herausgefordert sahen.[33]

Später haben immer öfter Privatpersonen die Rolle des Geldverleihers übernommen. Das heutige, moderne Finanzsystem hat seine Ursprünge in Italien. Der Begriff Bank geht etymologisch darauf zurück, dass Händler an öffentlichen Plätzen auf einer Bank („banca“) gesessen und von dort aus Handelsfinanzierungsgeschäfte betrieben haben. Händler- und Bankiersfamilien wie die Bardi, die Peruzzi und die Medici haben ab dem 13. Jahrhundert mit Zinsgewinnen gewaltige Vermögen erworben. Die Medici wurden über das Geld als Fürstenhaus auch zu einem politischen Machtfaktor. Schon im Mittelalter wurde in der Öffentlichkeit wegen der hohen Zinsen häufig der Vorwurf des Wuchers erhoben.[34]

---

[30] Michael Hudson (2016), S. 30.

[31] Henry Werner (2015), S. 17.

[32] ebd., S. 79.

[33] ebd., S. 80.

[34] Jacques Le Goff, *Wucherzins und Höllenqualen: Ökonomie und Religion im Mittelalter*, Stuttgart (2008).

Es kam regelmäßig zu schweren wirtschaftlichen und politischen Krisen aufgrund von Zahlungsschwierigkeiten der Schuldner. Daher wurden immer wieder auch staatliche und kirchliche Zinsverbote erlassen, aber das funktionierte nie flächendenkend und auf Dauer.

Ein bequemer Weg der Einnahmensteigerung war für die Bankiers das Weiterverleihen fremder Mittel an Kaufleute oder Herrscher. Ab dem 16. und 17. Jahrhundert nahmen europäische Händler, Goldschmiede und Banken vermehrt Münzgeld und Gold gegen Quittung in Verwahrung. Diese Quittungen für gelagerte Münzen wurden im Handelsverkehr als „Banknoten“ übertragbar gemacht und in der Folge selbständig als Zahlungsmittel verwendet.[35] Die Noten gaben ihren Inhabern das Recht, von dazu verpflichteten Banken bzw. Juwelieren jederzeit die Herausgabe der entsprechenden Menge Münzgeld zu verlangen. Historisch kam es immer wieder zu Ausleihungen der nur anvertrauten Depositen durch die Banken an Dritte gegen Verzinsung, weil nie alle Depositen gleichzeitig zurückverlangt wurden. Besonders häufig haben die Banken diese fremden Mittel an den Staat verliehen. Die Einführung privaten Papiergeldes hat so die Staatsverschuldung wesentlich erleichtert.

Rechtlich und ethisch war die Ausleihung von Depositen allerdings von Anfang an sehr umstritten. Der Verleih galt historisch in der Regel als, wenn auch oft tolerierte oder verschleierte, Veruntreuung der anvertrauten Mittel, weil diese für den Deponenten stets verfügbar sein müssten. Der Deponent hat in früheren Zeiten in der Regel auch keine Zinsen für seine Einlagerung bekommen, sondern sogar eine Verwahrgebühr zahlen müssen. Huerta De Soto unterscheidet deswegen präzise zwischen (verzinslichen) Leihverträgen und unverzinslichen Depositenverträgen und zeichnet die Bankpraxis und die rechtlichen Rahmenbedingungen seit der Antike umfassend und lesenswert wirtschaftshistorisch nach.[36] Das Studium der historischen Erfahrungen liefert auch für die Gegenwart einige wertvolle Erkenntnisse.

Die ganz großen Gewinne konnten die Bankiers erwirtschaften, seit sie auch Geld verliehen haben, das es überhaupt nicht gab. Ihre Noten wurden anstelle von hartem Münzgeld immer häufiger im Zahlungsverkehr verwendet, weil sie leichter zu transportieren und zu bewachen waren als Münzen. Das machten sich Bankiers und Goldschmiede zunutze, indem sie zusätzliche, nicht einmal mehr durch fremdes Geld gedeckte Quittun-

---

35 Ludwig von Mises verwendet zur Abgrenzung den Begriff der „Umlaufmittel“.

36 Jesús Huerta de Soto: *Geld, Bankkredit und Konjunkturzyklen*, Stuttgart 2011.

gen ins System eingespeist haben. Wie die heutigen Geschäftsbanken hielten die Goldschmiede und Händler nur noch „Teilreserven“ (auch „fraktionale Reserven“) und betrieben mit ihrer Quittungsemission Geldschöpfung zusätzlich zum vorhandenen physischen Edelmetallbestand. Dieses System war allerdings krisenanfällig, weil einzelne Bankiers immer wieder in ihrer Gier zu viele Quittungen herausgegeben haben und in Krisenzeiten außerstande waren, gleichzeitig allen Umtauschforderungen in Gold zu entsprechen. Die regelmäßige Folge waren Bankpleiten und schwere wirtschaftliche Verwerfungen.

Die Bankiers haben also das wirtschaftliche Potenzial der fraktionalen Reservehaltung frühzeitig für sich entdeckt und unabhängig von der jeweiligen Rechtslage auch ausgenutzt. Daraus resultierte großer Reichtum, der den Bankiers auch erheblichen politischen Einfluss eingebracht hat. Napoleon Bonaparte, der wie viele andere Könige und Kaiser oft auf Kredite der Banken angewiesen war, soll einmal gesagt haben, *dass die Hand die gibt, über der Hand stünde, die nimmt.* Napoleon ist es aber auch nicht gelungen, sich von den Abhängigkeiten zu befreien.

Später wurde das Bankwesen noch weiter entwickelt. Weitere technische Meilensteine der Evolution des privaten Geldwesens waren die Einrichtung von („Buchgeld“-)Konten für die Bankkunden und die Ausgabe von Schecks als Zahlungsversprechen. Die Akzeptanz von Schecks und Kontoguthaben bzw. -überweisungen durch die Wirtschaftssubjekte als gleichwertiger Ersatz für echte Münzen ermöglichte eine erhebliche Ausweitung der Geldmenge. Je mehr kreative Ideen die Bankiers ersonnen, um ihre Geldschöpfung auszuweiten, desto krisenanfälliger wurde allerdings das Finanzsystem. Im 19. und 20. Jahrhundert kam es in Europa und den USA zu zahlreichen Bankpleiten, in deren Folge die Anleger große Teile ihrer Ersparnisse verloren.

## 2.4 Gescheiterte staatliche Papiergeldexperimente

Neben den Bankiers haben auch Staaten und ihre Herrscher frühzeitig den Charme der Geldschöpfung aus dem Nichts für sich entdeckt. Für Kaiser und Könige war die Mengenbegrenzung des für die Münzherstellung benötigten Edelmetalls zu allen Zeiten eine lästige Ausgabenbarriere. Die Herrscher mussten gewissermaßen um das Geld kämpfen, um ihre Machtstellung und ihre Privilegien zu bewahren. Verwaltung, Hofhaltung und Kriegführung waren immer schon teuer. Später kam noch der Wohlfahrtsstaat als großer Ausgabeposten hinzu. Die Herrscher hatten aber keine unbegrenzten Edelmetallvorkommen, auch fehlte es ihnen oft an der Kreativität der Bankiers. Dafür hatten sie aber die Macht, auch minderwertiges „Geld" zum gesetzlichen Zahlungsmittel zu erklären, mit dem zum Beispiel Steuerschulden zu begleichen waren.[37] Einige Herrscher machten sich diese Macht frühzeitig zunutze. Ihre erste kreative Idee war die Münzverschlechterung. Eine schleichende Absenkung des Edelmetallanteils bei Beibehaltung des Nennwertes bot anfangs eine gewisse Flexibilität in der Geldmenge und wurde wie bereits erwähnt unter anderem von den römischen Kaisern zur Erzielung von Seigniorage-Gewinnen ausgenutzt. Die Bürger orientierten sich aber auf Dauer primär am Metallgehalt und verlangten entsprechend mehr Münzen für ihre Waren und Dienstleistungen, wodurch das Geldschöpfungspotenzial mittels Münzverschlechterung limitiert wurde.

Die Machthaber kamen später auf die Idee, ergänzenden zum Edelmetallgeld auch Papiergeld als zusätzliches „gesetzliches" Zahlungsmittel einzuführen. Das Prinzip ist treffend in Goethes Faust II formuliert: *„Zu wissen sei es jedem, der's begehrt. Der Zettel hier ist tausend Kronen wert"*.

In China wurden bereits im 11. Jahrhundert Papiere als Notgeld zur Finanzierung eines Krieges eingesetzt, weil die Münzen knapp geworden waren. Oft wurde das Papiergeld mit staatlichen Gütern „besichert", deren Werthaltigkeit aber in der Regel fragwürdig blieb. Die Akzeptanz des Papiergeldes war daher gering und beruhte primär auf staatlichem Zwang. Immer wieder erlagen chinesische Kaiser der Verlockung, Papiergeld in großen Mengen auszugeben, was jeweils zu einer Verteuerung der Waren, Vertrauensverlusten und schweren Wirtschaftskrisen führte.[38] Ein ähnliches Experiment vollzog in Persien König Gaichatu im 13. Jahrhundert.[39] Der König verlangte von den Bürgern aufgrund einer staatlichen Finanzierungskrise, die nach Überlieferung durch Verschwendung und eine Rinderpest ausgelöst wurde, bei Androhung der Todesstrafe die Akzeptanz des vom Bürger nicht geschätzten Papiergeldes anstatt von Edelmetallmünzen. Das Experiment scheitert aber bereits nach zwei Monaten an fehlender Durchsetzbarkeit. Die Bürger wollten partout ihr Vermögen nicht gegen wertloses Papier eintauschen. Der König wurde am Ende von seinen wütenden Untertanen ermordet.

---

[37] Murray Rothbard (2005), S. 66.

[38] Hanno Beck, Urban Bacher und Marco Herrmann, *Inflation: Die Ersten Zweitausend Jahre*, Frankfurt (2015), S. 69.

[39] Glyn Davies: *A history of money*, Cardiff (2002), S. 183.

Die europäischen Herrscher haben erst sehr viel später mit Papiergeld experimentiert. Inspiriert wurden sie wahrscheinlich von den Bankiers. Das bis heute bekannteste staatliche europäische Papiergeldexperiment wurde Anfang des 18. Jahrhundert in Frankreich durchgeführt. Der französische Staat war in Folge der Exzesse des 1715 verstorbenen Sonnenkönigs Ludwig XIV faktisch pleite. Der schottische Glückspieler und Bankier John Law[40] gewann in dieser Notlage mit seinem Vorschlag einer Geldschöpfung aus dem Nichts das Vertrauen des Prinzen von Orleans als Vormund des minderjährigen Ludwig XV.

Die Grundidee Laws war der Aufkauf und damit die Eliminierung von Staatschulden mit ungedecktem Papiergeld der neu gegründeten Banque Générale, die später in Banque Royale umbenannt wurde. John Law nutze dabei neben einer vertrauensbildenden anfänglichen Teildeckung durch Gold auch das Grundvermögen der mit der Bank verbundenen Mississippi-Gesellschaft als Sicherheit zur Deckung von Banknoten. Die Banque Générale gab in der Folge immer mehr ungedeckte Banknoten aus, deren Akzeptanz der Staat unter anderem dadurch förderte, dass er sie als Zahlungsmittel zur Deckung von Steuerschulden akzeptierte.[41] Durch John Laws Experiment erhöhten sich die Verschuldungsmöglichkeiten des französischen Staates. Die mit den neuen Noten erzeugte Geldmengenexpansion bewirkte in Frankreich temporär einen spektakulären Wirtschaftsboom, in Verbindung mit erheblichen Preissteigerungen für die Güter des täglichen Lebens. Viele Bürger investierten spekulativ in die Banque Royale und das Law'sche Mississippi-Projekt.

Das System kollabierte aber, als nachhaltige Zweifel an der Werthaltigkeit der Ländereien in Louisiana aufkamen und damit die Solvenz der Banque Générale und der Louisiana-Gesellschaft in Frage gestellt wurde. Sämtliche Papiere verloren ab 1720 rapide an Wert und es kam zu einem schweren Crash, bei dem zahlreiche Investoren ruiniert wurden.[42]

Die John Law-Geschichte ist ein hervorragendes Beispiel, wie ein Boom zunächst durch billiges Geld ausgelöst und danach durch irrationales, prozyklisches Anlegerverhalten noch befeuert wird.[43] Der Fall illustriert

---

[40] Die Person und das Wirken von John Law sind bei Ferguson (2014), Richard Gaettens (1957/1982, Mathias Binswanger (2015) sowie bei Hanno Beck et. al. (2015) jeweils umfassend dargestellt.

[41] Mathias Binswanger (2015), S. 74.

[42] ebd., S. 81.

[43] In der Ökonomie wird in der Behavioural Economics-Forschung tatsächliches Anlegerverhalten empirisch untersucht. Regelmäßig beobachtbare Phänomene

zudem, wie eng Politik und Finanzmärkte seit langer Zeit mit einander verbunden sind. Die Geschichte John Laws hat vermutlich auch Voltaire zu seinem Bonmot inspiriert, *„dass Papiergeld langfristig stets zu seinem inneren Wert konvergiert, nämlich null“*. Dennoch wurde das Experiment nach der Französischen Revolution im Jahr 1789 mit den sogenannte „Assignaten“[44] zur Kriegsfinanzierung wiederholt, mit demselben fatalen Ergebnis.

## 2.5 Staaten und Banken gründen Zentralbanken

John Laws Abenteuer symbolisiert auch bereits den nächsten Meilenstein der Finanzgeschichte, die systematische, institutionelle Verbindung von privatwirtschaftlicher Finanzkreativität und staatlicher Macht, verkörpert durch die Einrichtung von Zentralbanken.[45] Historisch haben sich die meisten Zentralbanken auf gemeinsame Initiative der privaten Banken und der Staaten etabliert. Die privaten Banken waren primär an der Schaffung eines “Lenders of last resort“ interessiert, der im Falle von Bankenkrisen die Zahlungsfähigkeit einzelner Kreditinstitute aufrechterhält und damit private Verluste absorbiert. Die Bankiers konnten so individuell ihr Konkursrisiko ausschalten und gemeinsam Vertrauenskrisen gegenüber dem Bankensystem vorbeugen.[46] Für die meisten Staaten bestand

---

wie Herdenverhalten, Verlustaversion oder Anchoring stehen im direkten Widerspruch zu zentralen Grundannahmen der gängigen mikroökonomischen Modelle, die einen rationalen, erwartungsnutzenorientierten homo oeconomicus voraussetzen.

[44] Bei den Assignaten handelte es sich um Papiergeld, welches (angeblich) mit konfiszierten Gütern des Adels und der Kirche besichert war.

[45] Auch Zentralbankern ist durchaus bekannt, dass Papier und Geld nicht unbedingt das Gleiche ist, was sich daran erkennen lässt, dass Bundesbankchef Jens Weidmann bei einer Rede in Frankfurt ausgiebig aus Goethes Faust zitiert hat. Dennoch stellen sie die „Zettel“ fleißig her. Die Rede wurde unter anderem im Handelsblatt aufgegriffen, http://www.handelsblatt.com/finanzen/geldpolitik/klassiker-der-geldpolitik-goethe-liefert-weidmann-die-argumente/7150088.html

[46] So erklärt es der langjährige, US-Kongressabgeordnete Ron Paul am Beispiel der FED-Gründung in den USA, Ron Paul, *End The Fed*, New York (2009); S. 13.

die Motivation zur Gründung von Zentralbanken in der Kontrolle über das Geldwesen und der Sicherung von Seigniorage-Gewinnen.[47]

Außerdem bieten Zentralbanken Staaten jenseits des Finanzmarktes zusätzliche flexible Staatsfinanzierungsmöglichkeiten, die von besonderem Interesse sind. Für Regierungen ist auch der Beitrag der Zentralbank zur Stabilität des Bankensystems wichtig, weil es die ungestörte Geldmengenausweitung erleichtert.[48] Libertäre Kritiker halten Zentralbanken daher auch vorrangig für ein Instrument der Staaten, die Kontrolle über die Wirtschaft gewinnen, und sehen sie daher als Eckpfeiler einer verkappten sozialistischen Wirtschaftsordnung an.[49]

Sobald Banken und Staaten sich auf ein Zentralbankregime einigen, können sie gemeinsam das Geldwesen kontrollieren und für ihre eigenen Zwecke ausbeuten. Im Kampf um das Geld ist eine Allianz dieser Parteien quasi unangreifbar. Beide Partner können dank des Geldmonopols und Bail-out-Mechanismus im Krisenfall kaum noch in Zahlungsschwierigkeiten geraten. Die größte Gefahr ist noch die Entstehung einer Hyperinflation in Folge einer schwerwiegenden Vertrauenskrise.

Das Eintreten dieses Szenarios ist aber unwahrscheinlich, so lange die Volkswirtschaft ohne Fremdwährungsschulden auskommt. Daher bleibt zwischen Staat und Banken meistens nur die Frage der Gewinnverteilung aus der Geldschöpfung zu klären. Die Zentralbanken können dabei formal sowohl den Staaten als auch den privaten Banken gehören. Die Bank of England wurde zum Beispiel bereits im Jahr 1694 von privaten Banken gegründet, wenn auch mit staatlicher Protektion. In der Folge hat die Bank of England sukzessive das Monopol für die Banknotenausgabe in England erworben[50]. Die deutsche Bundesbank und die Banque de France sind dagegen seit jeher rein staatliche Institutionen. Die US-FED wiederum gehört rechtlich den Mitgliedsbanken des Federal Reserve-Systems, auch wenn sie von der US-Regierung beaufsichtigt wird. Die Schweizer Notenbank ist sogar börsennotiert, wenngleich die privaten Stimmrechte reglementiert sind. Unabhängig von Rechtsform und Eigentümerstruktur

---

[47] Nomi Prins, *All the Presidents' bankers: The hidden alliances that drive American power*, New York (2014), S. 19.

[48] Die maßgeblich durch Kreditvergabe privater Banken bewirkte Inflation führt zu einer Entwertung der Staatsschulden und einer versteckten Besteuerung der Bürger, Rothbard (2005), S. 74.

[49] Murray Rothbard (2015), S. 88.

[50] In Schottland tragen allerdings bis heute viele Banknoten noch den „Stempel" der privaten Royal Bank of Scotland.

hat aber der Bürger überall allenfalls sehr begrenzte Kontrollmöglichkeiten und keinen Einfluss auf die Entscheidungen der Zentralbanken.[51]

Interessanterweise konnte eine führende Industrienation wie die Vereinigten Staaten noch bis 1913 ohne eine Zentralbank wachsen und gedeihen. Gründerväter der Nation wie Thomas Jefferson und später Präsident Andrew Jackson hegten ein großes Misstrauen gegen eine so mächtige Finanzinstitution.[52] Die ersten beiden Zentralbank-Einrichtungen sind deswegen nach wenigen Jahren am Widerstand skeptischer Bürger und einiger kritischer Politiker gescheitert.[53] Die Gründung der FED kurz vor Ausbruch des ersten Weltkriegs war wahrscheinlich überhaupt nur deswegen erfolgreich, weil sie von Bankiers und verbündeten Senatoren hinter verschlossenen Türen geplant[54] und dann in einer Nacht-und-Nebel-Aktion durch den Kongress gebracht worden ist.[55]

Im nationalen Rahmen ermöglichen Zentralbanken entsprechend eine weitgehende Kontrolle des Geldwesens. Komplikationen ergeben sich aber aus der Globalisierung der Finanzmärkte. Heutzutage ist der Kapitalverkehr zwischen den meisten wichtigen Volkswirtschaften weitestgehend liberalisiert. Die Internationalisierung eröffnet Staaten, Banken und Unternehmen die Möglichkeit, auch in fremden Währungen Geschäfte zu tätigen und Kredite aufzunehmen.[56] So werden Handelsgeschäfte in fremder Währung oft an ausländischen Finanzmärkten abgesichert. Staaten und Unternehmen begeben Anleihen in fremder Währung. Unternehmen besorgen sich Eigenkapital an fremden Börsenplätzen oder fusionieren mit ausländischen Konkurrenten.

Das Volumen dieser grenzüberschreitenden Finanztransaktionen wächst seit Jahrzehnten. Daraus erwachsen der Wirtschaft viele Vorteile, aber auch Risiken. Falls sich Staaten von ausländischem Kapital abhängig ge-

---

[51] Ron Paul schreibt „The Fed today has ominous powers that Congress barely understands. There is essentially no oversight, no audit and no control", Ron Paul (2009), S. 50.

[52] https://mises.org/library/central-banking-engine-corruption

[53] Nomi Prins, *Collusion: How cenztral bankers rigged the world*, New York (2018), S. 27

[54] Ron Paul (2009), S. 21.

[55] Eine ausführliche Beschreibung der Gründungsgeschichte findet sich bei G. Edward Griffin, *Die Kreatur von Jeckyll Island: Die US-Notenbank Federal Reserve*, 2. Aufl., Rottenburg (2009).

[56] Alle Mitgliedsaaten der Eurozone verschulden sich definitionsgemäß immer in fremder Währung, weil kein Euro-Land allein die Geldpolitik der EZB bestimmen kann.

macht haben, kann es zum Beispiel zu Zahlungsbilanzkrisen kommen, wenn das ausländische Kapital wieder abgezogen wird. Staaten und Zentralbanken haben verschiedene internationale Finanzinstitutionen gegründet, die in derartigen Krisensituationen tätig werden. Die chronologische Übersicht in Tabelle 1 führt neben den großen Zentralbanken auch die wichtigsten internationalen Einrichtungen wie die Bank für Internationalen Zahlungsausgleich (BIZ) den Internationalen Währungsfonds (IWF), Weltbank und die New Development Bank (NDB) auf, die jede für sich bedeutsame Funktionen im globalen Währungsgefüge einnehmen. Die BIZ fungiert dabei als eine Art Zentralbank der Zentralbanken. Sie dient zudem als Denkfabrik zu aktuellen globalen Finanzthemen sowie als Plattform zur internationalen Koordination der Banken- und Finanzmarktregulierung. Die Aufgaben der übrigen internationalen Organisationen werden noch an anderer Stelle näher beleuchtet.

Tab. 1: Chronologie der Zentralbankengründungen

| Jahr | Ort | Ereignis / Institution |
|---|---|---|
| 1609 | Amsterdam | Gründung der Amsterdamer Wechselbank als erste zentralbankartige Einrichtung |
| 1656 | Stockholm | Stockholms Banco (Schwedische Reichsbank) wird von der schwedischen Regierung als private Einrichtung unter staatlicher Lenkung zugelassen |
| 1694 | London | Gründung der Bank of England als privilegierte Aktiengesellschaft zur Kreditvergabe an den Staat |
| 1716 | Paris | Gründung der Banque Générale mit John Law als Direktor, sukzessiver Erwerb von Zentralbankkompetenzen |
| 1791 | Washington | Gründung der First United States Bank auf Betreiben von Alexander Hamilton (Vertrag endet 1811 ohne Verlängerung durch den Kongress aufgrund fehlender Mehrheit) |
| 1800 | Paris | Gründung der Banque de France |
| 1816 | Washington | Gründung der Second United States Bank auf Betreiben von Alexander Hamilton (Vertrag endet 1836 ohne Verlängerung durch den Kongress aufgrund fehlender Mehrheit) |

| | | |
|---|---|---|
| 1875 | Berlin | Gründung der Deutschen Reichsbank |
| 1882 | Tokio | Gründung der Bank von Japan |
| 1907 | Bern/Zürich | Gründung der Schweizer Nationalbank |
| 1913 | Washington | Kongressbeschluss Gründung des Federal Reserve System auf Initiative privater Bankiers |
| 1930 | Basel | Gründung Bank für Internationalen Zahlungsausgleich (BIZ) zur Abwicklung deutscher Reparationszahlungen und ab 1945 Weiterentwicklung zur Bank der Zentralbanken, Fortentwicklung zu Bank der Banken |
| 1944 | Washington | Bretton Woods-Beschluss zur Gründung von IWF und Weltbank |
| 1998 | Frankfurt | Errichtung der Europäischen Zentralbank (EZB) als zentrale Institution der europäischen Währungsunion |
| 2012 | Luxemburg | Gründung des ESM durch völkerrechtlichen Vertrag |
| 2014 | Shanghai | Gründung der New Development Bank als multilaterale Entwicklungsbank durch Brasilien, Russland, Indien, China und Südafrika als Alternative zum IWF |

## 2.6 Der Erste Weltkrieg und die Notenpresse

Der Erste Weltkrieg markiert nicht nur für die globale politische Ordnung, sondern auch für das Geldwesen eine tiefe Zäsur. Zuvor war Europa aufgrund eines Gleichgewichts der Kräfte für fast ein Jahrhundert von schweren Kriegen verschont geblieben.[57] Große Verwüstungen, wie sie der 30-jährige Krieg[58] oder die Napoleonischen Kriege hinterlassen hatten, waren daher 1914 im kollektiven Bewusstsein der Europäer verblasst

57 Henry Kissinger, *Weltordnung*, München (2014), S. 74.

58 Peter Englund, *Die Verwüstung Deutschlands: Eine Geschichte des Dreißigjährigen Krieges*, 4. Aufl. Stuttgart (2001).

Insbesondere die Jahrzehnte vor dem Ersten Weltkrieg waren von einer nur sporadisch unterbrochenen Phase des Wirtschaftsaufschwungs bei stabilen Preisen geprägt. Zahlreiche technische Errungenschaften, unter anderem die Elektrizität, das Telefon, die Eisenbahn und das Automobil haben die Lebensbedingungen damals für breite Bevölkerungsschichten erheblich verbessert. Trotz Einkommensteuersätzen zwischen null und zehn Prozent konnten erste soziale Sicherungssysteme geschaffen werden. Die Periode von 1870 bis 1914 war auch das erste Zeitalter einer wirtschaftlichen Globalisierung.[59] Alle bedeutenden Handels- und Industrienationen verfügten über Währungen, die auf dem Goldstandard basierten, wodurch der internationale Warenhandel erleichtert wurde und erheblich zunahm.

Trotz der allgemeinen Prosperität bahnte sich bereits vor der Jahrhundertwende zwischen den mächtigsten Staaten ein Konflikt um die geopolitische Vorherrschaft an. Es ging sowohl um eine Klärung der wirtschaftlichen Machtverhältnisse als auch um die militärische Rangordnung in Europa und der Welt. Mit der deutschen Reichseinigung unter Reichskanzler Otto von Bismarck 1871 war in der Mitte Europas eine dominante Kontinentalmacht entstanden.[60] Das Deutsche Kaiserreich suchte in der Folge seinen berühmten „Platz an der Sonne“ und die Anerkennung als gleichberechtigte Weltmacht.[61] Dieser Aufstieg stieß aber auf große Widerstände. Zwischen den Kontinentalmächten Deutschland und Frankreich hatte sich schon in Folge des deutsch-französischen Krieges von 1870/71 eine Erbfeindschaft entwickelt. Führende französische Politiker sannen auf eine Revanche zum gegebenen Zeitpunkt, insbesondere um die Provinz Elsass-Lothringen zurückzuerobern.[62]

Der wirtschaftliche Aufstieg Deutschlands, die späten koloniale Erwerbungen und der Aufbau einer eigenen Flotte weckten aber auch anderswo Argwohn. Nach dem Abgang Bismarcks war die ungeschickte kaiserliche Diplomatie nicht mehr in der Lage, auf internationaler Bühne genügend Vertrauen zu erwecken und Frankreich zu isolieren. Großbritannien, als bis dahin mit Abstand größte und mächtigste Weltmacht der Geschichte,[63]

---

[59] James Rickards, Währungskrieg: *Der Kampf um die monetäre Weltherrschaft, München*, 2012, S. 72.

[60] James Joll, *Die Ursprünge des Ersten Weltkrieges*, München (1988), S. 60.

[61] Ausführliche kritische Darstellung aus der Fritz Fischer-Schule bei Volker Ulrich, *Die nervöse Großmacht 1871-1918*, Frankfurt am Main (1999).

[62] Christopher Clarke, *Die Schlafwandler*, München (2012), S. 172.

[63] Niall Ferguson, Empire: *How Britain made the modern world*, Suffolk (2003).

witterte einen gefährlichen neuen Rivalen. Neben der deutschen Seerüstung irritierte in London die gemeinsam mit dem osmanischen Reich geplante Bagdad-Bahn. Dieses Großprojekt hatte eine engere wirtschaftliche Vernetzung der Länder auf dem Eurasischen Kontinent zum Ziel, was aus Sicht Großbritanniens aber den strategischen Vorteil der eigenen Seeherrschaft unterminierte. Die Seemacht war die Basis einer globalen Vormachtstellung, die es aus Sicht der englischen Oberschicht um jeden Preis zu verteidigen galt. Die Mächtigen des Landes waren seit dem Ende des 19. Jahrhunderts bereit, zu gegebener Zeit einen Krieg gegen Deutschland diplomatisch in die Wege zu leiten und sich wenn erforderlich auch selbst daran zu beteiligen.[64] Großbritannien kooperierte daher seit 1904 im Rahmen der Entente cordiale auch militärisch eng mit Frankreich.

Auch andere Nationen verfolgten damals strategische Ziele, die ohne einen Krieg nicht zu erreichen waren. Österreich-Ungarn und das russische Zarenreich stritten sich um die Vorherrschaft auf dem Balkan.[65] Die eurasische Großmacht war expansiv ausgerichtet[66] und sah sich als Schutzmacht ihrer slawischen Bruderstaaten, insbesondere des expansiven Königreichs Serbien. Zudem strebte das zaristische Großreich im Selbstverständnis eines Hüters des byzantinisch-orthodoxen Christentums die Kontrolle über Konstantinopel an. Dadurch wollte es nach dem 1905 verlorenen russisch-japanischen Krieg auch wieder einen ungehinderten Warmwasserzugang zu erhalten.[67] Konstantinopel war aber die Hauptstadt des Osmanischen Reichs, weshalb nur ein Krieg die Verhältnisse ändern konnte. Zu gemeinsamen Durchsetzung ihrer Interessen haben sich Frankreich und Russland bereits 1892 gegen Deutschland verbündet und eine intensive militärische Zusammenarbeit begonnen.[68]

Im Jahr 1914 löste die Ermordung des österreichischen Thronfolgers Franz Ferdinand durch einen serbischen Nationalisten aufgrund von Bündniszusagen den großen Krieg aus.[69] Die Zentralbanken aller beteiligten Staaten hatten sich schon bei Kriegsausbruch vom Goldstandard gelöst, um mehr

---

[64] Eine ausführliche Darstellung der langen Vorgeschichte des Ersten Weltkrieges und der geopolitischen Planungen auf alliierter Seite geben Gerry Docherty und Jim Macgregor, *Hidden History*, Edinburgh (2013).

[65] Christopher Clarke (2012), S. 318.

[66] Henry Kissinger (2014), S. 66.

[67] Sean McMeekin, *The Russian Origins oft he First World War*, Cambridge/Massachusetts (2011), S. 115.

[68] Philippe Simonnot, *Es war nicht die Schuld der Deutschen*, Berlin (2012), S. 51.

[69] Sehr ausführlich geschildert bei Christopher Clarke (2012).

Flexibilität bei der Kriegsfinanzierung zu haben. In Deutschland wurde per Gesetz vom 4. August 1914 die jederzeitige Pflicht der Reichsbank aufgehoben, Reichsnoten gegen Gold einzutauschen.[70] Alle Kriegsparteien gingen aber damals davon aus, dass sie den Krieg schnell siegreich beenden könnten. Sie haben daher die finanziellen Auswirkungen anfänglich unterschätzt. Aufgrund des unerwartet langen Verlaufs des Krieges mussten in den folgenden Jahren aber immer mehr Anleihen bei den Bürgern aufgenommen werden, so dass die Staatsverschuldung in allen Ländern rapide anstieg.

Frankreich war zudem mit US-Dollar 4 Mrd. und Großbritannien mit US-Dollar 4,7 Mrd. für Waffenlieferungen bei Banken in den Vereinigten Staaten Geld verschuldet, nach damaligen Verständnis astronomische Summen.[71] Nach der Kapitulation Russlands im Jahre 1917 stieg die Wahrscheinlichkeit eines Sieges der Mittelmächte, was wahrscheinlich einen Zahlungsausfall der britischen und französischen US-Verbindlichkeiten zur Folge gehabt hätte. In den sich daraus ergebenden Verlustrisiken für amerikanische Banken lag vermutlich der entscheidende Grund für den späten, den Konflikt entscheidenden Kriegseintritt der Vereinigten Staaten.[72] Eine weitere Komplikation ergab sich aus dem Umstand, dass das russische Zarenreich bereits vor dem Krieg Staatsanleihen bei französischen Anlegern platziert hatte, an deren Rückzahlung sich die Revolutionsregierung Lenins nicht gebunden fühlte.

Am Ende des Ersten Weltkriegs war die Wirtschaft aller beteiligten europäischen Länder schwer beschädigt, die Bevölkerungen waren verarmt und die Staatshaushalte sowie die Währungen zerrüttet. Der Erste Weltkrieg hat somit nicht nur zum Ende von drei Kaiserreichen und zur Gründung etlicher neuer Staaten geführt, sondern auch gravierende Auswirkungen auf die Weltwirtschaft und das globale Finanzsystem gehabt. Zwar kam es aufgrund von Kriegsfinanzierungskosten schon früher gelegentlich zu einer temporären Abkehr vom Edelmetallstandard in den kriegführenden Ländern, zum Beispiel in Frankreich nach der Revolution oder in den Vereinigten Staaten während des Sezessionskrieges.[73] Aber erst infolge des besonders teuren Ersten Weltkriegs wurde der Goldstandard weltweit, unter gewissen „Rückzugsgefechten", sukzessive abgeschafft.[74]

---

70 Richard Gaettens, *Inflation in Deutschland*, Bochum 2012, S. 46.

71 James Rickards (2012), S. 83.

72 Wolfgang Effenberger und Willy Wimmer, *Wiederkehr der Hasardeure*, Höhr-Grenzhausen (2014), S. 361.

73 Neill Ferguson (2014), S. 88.

74 Murray Rothbard (2005, S. 92.

## 2.7 Die Hyperinflation von 1923

Bei der berühmte große Inflation von 1923 in Deutschland handelte sich um eine Spätfolge des fünf Jahre zuvor verlorenen Weltkriegs. Das deutsche Kaiserreich hatte für die Kriegsfinanzierung hohe Schulden bei der eigenen Bevölkerung aufgenommen. Nach der Niederlage waren die Staatsfinanzen entsprechend ruiniert. Mit dem Versailler Vertrag haben die Siegermächte dem Verlierer zusätzlich hohe Reparationsleistungen aufgebürdet, um die eigenen Schulden abzudecken.

Der Gesamtbetrag der Forderungen der Siegermächte belief sich zunächst auf 286 Mrd. Goldmark und wurde mit dem Zahlungsplan des Londoner Ultimatums auf immer noch gewaltige 123 Mrd. Goldmark reduziert.[75] Neben hohen Barzahlungen kam es zu Enteignungen des deutschen Auslandsvermögens, unter anderem von Tochtergesellschaften deutscher Industriekonzerne. Deutschland musste zudem seine Kolonien abtreten und verlor so eine wichtige Grundlage seines globalen Handelsnetzes, wodurch die Exportwirtschaft zusätzlich geschädigt wurde. Die Höhe der Reparationen war auch bei den Alliierten nicht unumstritten. Der Ökonom John Maynard Keynes war Mitglied der britischen Delegation in Versailles. Er hatte sofort erkannt, dass die hohen Reparationsforderungen vom Verlierer in der Höhe gar nicht leistbar waren und so mit hoher Wahrscheinlichkeit zu einem weiteren Krieg beitragen würden. Keynes riet deswegen erfolglos zu deutlich milderen Bedingungen. Wenig später verließ er die Delegation aufgrund der Nichtberücksichtigung seiner Einwände unter Protest und widmete dem Thema ein fast vergessenes eigenes Buch.[76]

Den wenigsten deutschen Bürgern waren diese Zusammenhänge damals bekannt. Viele Menschen glaubten irrtümlich daran, dass es sich bei den Preissteigerungen der frühen Zwanzigerjahre um ein temporäres Phänomen handelte, das durch die Warenknappheit ausgelöst wurde.[77] Die Regierung der Weimarer Republik und die Reichbank als Zentralbank des

---

[75] Richard Gaettens (2012), S. 73. Die französischen Reparationen nach dem Krieg von 1870-1871 betrugen im Vergleich sehr niedrige 4 Mrd. Goldmark.

[76] John Maynard Keynes, *Krieg und Frieden: Die Wirtschaftlichen Folgen des Vertrages von Versailles*, aus dem Englischen von Joachim Kelka, ohne Erscheinungsdatum. Die englische Originalfassung erschien unter dem Titel *The Economic Consequences of the Peace* im Jahr 1919.

[77] Henry Werner (2015), S. 146.

Landes haben aber in Wirklichkeit versucht, sich des Problems ihrer unerfüllbaren Zahlungspflichten ab 1919 durch Gelddrucken zu entledigen. Allein von 1919 bis 1921 hat sich die Geldmenge etwa verdreifacht.[78]

Die Folge war ein rapider Kaufkraftverlust der Mark im Inland und ein Absinken des Wechselkurses in Bodenlose. Am Ende des Prozesses kostete ein Brot ungefähr 500 Mrd. Mark und der US-Dollar notierte über 4 Billionen Mark.[79] Am 15. November 1923 wurde eine Währungsreform im Verhältnis 1 zu 1 Billion durchgeführt. Die neue Rentenmark wurde mangels nennenswerter Goldreserven durch Immobilien und Grundschulden besichert und erwarb tatsächlich das Vertrauen der Bürger. Kleinere Erleichterungen bei den Versailler Zahlungsmodalitäten und US-amerikanische Bankkredite haben danach für ein paar Jahre, die sogenannten „Goldenen 20er", die wirtschaftliche Lage wieder beflügelt.[80]

Viele Bürger hatten aber in der kurzen Inflationszeit ihr gesamtes Vermögen verloren. Insbesondere die gewerbliche und bildungsbürgerliche Mittelschicht war wirtschaftlich ruiniert. Nur einige geschickte Spekulanten wie der Industrielle Hugo Stinnes kauften Sachwerte auf Kredit und wurden dadurch reich.[81] Das Inflationserlebnis wirkt daher bis heute im Bewusstsein der Deutschen nach.

Für Volkswirte ist die damalige Hyperinflation ein Musterbeispiel für ein Geldsystem, dem das Vertrauen der Bürger verloren gegangen ist. Das Beispiel der Weimarer Hyperinflation verdeutlicht, dass Regierungen und Notenbanken bei hoher Auslandsverschuldung die Kontrolle über ihr Geldsystem schnell verlieren können. Das vermehrte Drucken der heimischen Währung durch die Notenbank ermöglicht keine Begleichung der Fremdwährungsschulden, sondern führt nur zur Zerstörung der eigenen Währung. Ländern wie Argentinien, Mexiko, Venezuela, Griechenland und Zimbabwe haben den Fehler trotzdem später wiederholt, einige dieser Staaten sogar mehrfach.[82]

---

[78] Richard Gaettens (2012), S. 56.

[79] Henry Werner (2015), S. 146.

[80] Nomi Prins (2014), S. 81.

[81] Hugo Stinnes war in weiten Teilen der Bevölkerung entsprechend verhasst. Jenseits moralischer Wertungen zeigt sein Beispiel aber auch, dass sich selbst in schweren Krisenzeiten für mutige Investoren Chancen ergeben.

[82] Prägnant erklärt am Beispiel Argentiniens, Joseph Salerno, *Myths and Lessons of the Argentine,"Currency Crisis"*, Auburn (2014), online unter https://mises.org/library/myths-and-lessons-argentine-"currency-crisis"

## 2.8 Börsencrash, Weltwirtschaftskrise und Zweiter Weltkrieg

Das vielleicht bedeutendste Ereignis der Wirtschaftsgeschichte war der Börsencrash von 1929, der die Große Depression ausgelöst hat.[83] Die US-Notenbank verfolgte seit Mitte der 1920er-Jahre eine für damalige Verhältnisse lockere Geldpolitik. Gleichzeitig war die Kreditvergabe der privaten Banken von Sorglosigkeit geprägt. Kurzfristige Wertpapierkredite („Margin loans“) haben die Spekulation an den Aktienmärkten befeuert.

Der Dow Jones Index stieg deswegen in wenigen Jahren von 100 auf 331 Punkte. Die Kehrtwende löste am Schwarzen Donnerstag, dem 24. Oktober 1929 einen ersten Aktiencrash aus. Dieser wurde im Anschluss durch die von der FED veranlasste Geldverknappung um über 30 Prozent weiter verschärft. Viele Wertpapierkredite waren plötzlich nicht mehr durch den Wert der Aktien gedeckt. Es kam zu Zwangsliquidationen von Depots, die den Kurseinbruch verstärkten. Als die Erlöse nicht mehr für die Tilgung reichten, gerieten zuerst die Wertpapierbanken in Schieflage. Einige dieser Spezialinstitute verwendeten dann rechtswidrig private Kundengelder, um Liquiditätsengpässe zu überbrücken. In Folge der Verflechtungen kam schließlich das gesamte Bankensystem in schweres Fahrwasser.[84] Zum Schluss brach auch die Realwirtschaft ein.

Da die amerikanischen Banken aus Liquiditätsgründen ihre Kredite aus Europa abziehen mussten, wovon insbesondere Deutschland betroffen war, wurde aus der amerikanischen Krise schnell eine Weltwirtschaftskrise. Die Wirtschaft brach in Europa massiv ein, die Arbeitslosigkeit erreichte Rekordstände. Die großen Länder haben sich daraufhin in einen regel-

---

[83] John Kenneth Galbraith: *Der große Crash 1929. Ursachen, Verlauf, Folgen.*, München 2005

[84] Eine der wichtigsten Reformen des US-Finanzsystems war neben der Gründung der mächtigen Börsenaufsicht SEC die Einführung eines Trennbankensystems über den Glass-Steagall Act, benannt nach den beiden Senatoren, die das Gesetz formuliert und eingebracht haben. Das Gesetz schrieb vor, dass Kreditbanken und Investmentbanken nicht an einander beteiligt sein durften, um Interessenkonflikte zu vermeiden. Bestehende Universalbanken wurden getrennt. Das Trennbankengesetz wurde erst 1999 unter Präsident Bill Clinton und Finanzminister Robert Robin wieder aufgehoben. Rubin wurde pikanterweise kurz darauf Chef der neu formierten Universalbank Citigroup.

rechten Währungskrieg begeben. Sie lieferten sich mit ihren nun ungedeckten Währungen[85] zur Verschaffung von Außenhandelsvorteilen einen Abwertungswettbewerb, der im Ergebnis niemandem helfen konnte.[86]

Die resultierende wirtschaftliche Perspektivlosigkeit Anfang der 1930er-Jahre sorgte in vielen Ländern für eine politische Radikalisierung weiter Teile der Bevölkerung. In Deutschland ermöglichte die Krise die Machtergreifung der NSDAP mit ihren schrecklichen Folgen. Im Nationalsozialismus wurde auch erneut das Geldwesen zur Kriegsfinanzierung missbraucht. Als Instrument der Kriegs- und Infrastrukturfinanzierung dienten dem Hitler-Regime vor allem die vom Reichsbankpräsidenten Hjalmar Schacht erfundenen, ungedeckten Mefo-Wechsel.[87]

Nach dem Krieg bekamen wieder die Bürger die Rechnung. Im Jahr 1948 wurde die Währungsreform durchgeführt. Die Umtauschverhältnisse in die neue Währung DM (in Westdeutschland) im Verhältnis 1:10 bzw. 6,5:100 vollzogen einen erneuten massiven Vermögensverlust der Bürger.[88]

Geopolitisch haben sich mit dem Zweiten Weltkrieg die Machtverhältnisse grundlegend verändert. Schon der Erste Weltkrieg hatte alle europäischen Kriegsparteien wirtschaftlich sehr geschwächt. Im Jahr 1945 lagen aber weite Teile Europas in Trümmern. Die ehemaligen Großmächte des europäischen Kontinents, Sieger wie Besiegte, haben mit Ausnahme der Sowjetunion ihre dominante globale Position politisch und wirtschaftlich endgültig verloren. Deutschland und Italien waren Kriegsverlierer. Frankreich hatte 1940 kapituliert und danach nie mehr die alte Grandeur erreicht. Auch das britische Empire stand 1945 am Rande der Zahlungsunfähigkeit.

Ganz anders verlief es jenseits des Atlantiks. Im Kleinen profitierten Agrarländer wie Argentinien und Brasilien. Der große Gewinner waren aber die Vereinigten Staaten. Zwar hielt die Depression dort noch viele Jahre

---

[85] Lediglich Großbritannien hat erfolglos versucht, zum Goldstandard zurückzukehren. Da alle anderen Länder keine Golddeckung hatten, stieg der Kurs des britischen Pfundes, was eine besonders hohe Arbeitslosigkeit zur Folge hatte.

[86] James Rickards (2011), S. 89.

[87] Gerd Bucerius, *Hintergründe eines Wirtschaftswunders: Der Fall Schacht*, Die Zeit (2012), online https://www.zeit.de/1947/14/hintergruende-eines-wirtschafts wunders

[88] Christoph Buchheim: *Die Währungsreform 1948 in Westdeutschland.* In: Vierteljahrshefte für Zeitgeschichte, (1988), S. 189–231,
online https://www.ifz-muenchen.de/heftarchiv/1988_2_1_buchheim.pdf

nach 1929 an und wurde entgegen weitverbreiteter Legenden auch durch den „New Deal“ des Präsidenten Franklin D. Roosevelt noch lange nicht beendet.[89] Es kam zu einem Goldverbot für Privatleute und einem Zwangsumtausch des privaten Goldbesitzes in Papierdollar.[90] Aus den Erlösen und mittels Kreditaufnahme wurden umfangreiche Konjunkturprogramme finanziert, die aber verpufften. Erst der Ausbruch des Zweiten Weltkrieges 1939 bewirkte wegen der Kriegsgüterproduktion eine massive Erholung der US-Wirtschaft.[91]

Die Waffenverkäufe und Rüstungskredite machten das Land zur vorherrschenden Industriemacht und zum weltweit größten Gläubiger. Zum Ende des Krieges lagen auch mehr als 70 Prozent der globalen Goldreserven in den USA. So wurden die USA die wirtschaftlich und militärisch mit großem Abstand mächtigste Nation der Welt. Diese neugewonnene Macht sollte durch eine Neuordnung des Finanzsystems zementiert werden.

## 2.9 Bretton Woods, globale Ordnung des Finanzsystems

Die USA haben kurz vor Kriegsende 1944 insgesamt 44 Länder auf eine Finanzkonferenz in die Kleinstadt Bretton Woods eingeladen, darunter Großbritannien, Frankreich, einige weitere europäische Länder, aber auch China und die Sowjetunion.[92] Vorrangige Ziele der Konferenz waren die Schaffung eines neuen internationalen Währungssystems sowie die Etablierung eines globalen Institutionengefüges.

Die Bretton Woods-Initiatoren wollten eine Währungsordnung etablieren, welche die Vorteile eines flexiblen Wechselkurssystems mit denen eines festen Regimes vereint. Die führenden Unterhändler der Konferenz waren der leitende Beamte im US-Finanzministeriums Harry Dexter White und der britische Ökonom John Maynard Keynes. Eine Kernfrage der Konferenz war, welche Währung das britische Pfund als Leitwährung ablösen

---

[89] Murray Rothbard, *America's Great Depression*, Auburn (1963).

[90] Das Gesetz online, https://web.archive.org/web/20030209175223/http://www.the-privateer.com/1933-gold-confiscation.html

[91] Murray Rothbard (1963).

[92] Die Sowjetunion hat das in Bretton Woods verhandelte Abkommen allerdings nicht ratifiziert, weil es die dort geschaffenen Institutionen als Filialen der Wall Street angesehen hat.

sollte. Lord Keynes plädierte als britischer Unterhändler in Bretton Woods für einen „Bancor" oder „Unitas" genannten künstlichen internationalen (Papier-)Währungskorb.[93] Keynes wollte so die Bedeutung des Goldes sukzessive reduzieren und zudem die dominante Rolle der USA begrenzen.[94] Harry Dexter White als Chefverhandler der Vereinigten Staaten bevorzugte dagegen eine zentrale Stellung der US-Währung, was auch den Präferenzen der mächtigen Wall Street Banken entsprach.[95] White war zudem davon überzeugt, dass eine Golddeckung auch mittelfristig noch essentiell war, um das Vertrauen der Bevölkerung in das Finanzsystem sicherzustellen. Nur der US-Dollar war aber seinerzeit noch goldgedeckt. Aufgrund der dominanten ökonomischen und politischen Stellung der USA wurde der US-Dollar letztlich in Bretton Woods als Leitwährung allgemein akzeptiert, zumal auch die meisten anderen Teilnehmerländer damals noch nicht bereit waren, ihre Exportüberschüsse mit einer Papierwährung begleichen zu lassen. Für die anderen Währungen wurden enge Wechselkursbandbreiten zur Ankerwährung US-Dollar vereinbart, die mit festen Interventionspflichten der Teilnehmerländer verbunden waren. Der US-Dollar hatte seinerseits eine feste Parität zum Gold, mit 35 US-Dollar pro Feinunze.[96] Die Zentralbanken anderer Länder konnten bis 1971 zu diesem Kurs US-Dollar bei der FED gegen Geld tauschen. Dieses Währungsregime war also keinesfalls marktwirtschaftlich. Harry Dexter White sah die Konferenz auch explizit als Instrument, die Regelung der wirtschaftlichen und politischen Weltangelegenheiten auf dazu berufene Technokraten zu übertragen.[97] White hat sich auch mehrfach sehr wohlwollend über das politische System der kommunistischen Sowjetunion geäußert. Er hat nach Aussage von Zeitzeugen nicht an die Überlegenheit des Kapitalismus gegenüber dem Sozialismus geglaubt.[98]

---

[93] Nomi Prins, *All the presidents' bankers: The hidden alliances that drive American power,* New York (2019), S. 171.

[94] Benn Stell, *The Battle of Bretton Woods: John Maynard Keynes, Harry Dexter White and the Making of a New World Order*, Princeton (2013), S. 148.

[95] Nomi Prins, (2019; S. 170.

[96] Peter Bofinger, Julian Reischle und Andrea Schächte: *Geldpolitik: Ziele, Institutionen, Strategien und Instrumente*, München, 1996, S. 301.

[97] Benn Stell (2013), S. 36.

[98] Benn Stell (2013), S. 42. White wurde sogar später von Senator John McCarthy bezichtigt, als kommunistischer Spion aktiv gewesen zu sein.

Die Dominanz der USA auf der Konferenz wird auch durch die Stimmrechtsverteilung bei den in Bretton Woods geschaffenen globalen Institutionen IWF und Weltbank deutlich.[99]

Die Weltbank-Gruppe stellt Finanzierungsinstrumente für langfristige Entwicklungs- und Aufbauprojekte im Bereich der Realwirtschaft zur Verfügung.

Der IWF kümmert sich um Länder mit Zahlungsbilanzschwierigkeiten. Zu den offiziellen IWF-Aufgaben gehören die Förderung der internationalen Zusammenarbeit in der Währungspolitik, die Ausweitung des Welthandel, die Stabilisierung von Wechselkursen, die Kreditvergabe, die Überwachung der Geldpolitik und technische Hilfe in Krisenstaaten. Wenn ein Mitglied in Zahlungsschwierigkeiten gerät, kann es beim IWF Hilfe beantragen. Die befristeten Kredite werden aber von der Erfüllung bestimmter Bedingungen abhängig gemacht. Dabei handelt es sich im Regelfall um Wirtschaftsreformen, Haushaltskonsolidierung und in diesem Kontext insbesondere die Privatisierung von Staatseigentum. Die Erfüllung dieser Bedingungen wird von Mitarbeitern des IWF überwacht.

Sowohl die Weltbank als auch der IWF haben ihren Sitz in Washington genommen. Die Weltbank wird stets von einem US-Amerikaner geführt, der IWF meistens von einem Europäer. Auch die Bundesrepublik Deutschland trat dem Bretton-Woods-System im Jahr ihrer Gründung 1949 bei und ratifizierte das Abkommen per Gesetz vom 28. Juli 1955.

Politisch ist bedeutsam, dass sich IWF und Weltbank seither zu global mächtigen Institutionen entwickelt haben. Radikale Kritiker aus dem linken politischen Spektrum wie Ernst Wolf sehen die Rolle des IWF im internationalen Finanz- und Politiksystem deswegen trotz der technokratischen Struktur sehr kritisch.[100] Sie betrachten die stets zur Krisenbewältigung implementierte Austeritäts- und Privatisierungspolitik als zerstörerisch für überschuldete Länder. Der IWF wird gemäß dieser Narrative als eine Art böser Vollstrecker der Enteignung angesehen, die zuvor absichtlich durch eine Kreditvergabe in Fremdwährungen der Boden bereitet wird.[101]

---

[99] Die Mitgliedstaaten mit den größten Stimmanteilen im IWF sind die USA (16,75 %), Japan (6,23 %), Deutschland (5,81 %), Frankreich (4,29 %), UK (4,29 %) und China (3,81 %).

[100] Ernst Wolf, *Weltmacht IWF: Chronik eine Raubzugs*, Marburg 2014.

[101] Noch einen Schritt weiter geht der Bestseller-Autor John Perkins, der in seiner Autobiographie beschreibt, wie er als eine Art Finanzagent selbst aktiv den

Unabhängig von der politischen Bewertung der konkreten Ergebnisse war die Schaffung eines globalen, durch Experten geführten Steuerungsapparates für das Finanzsystem ein wesentliches Ergebnis von Bretton Woods. Spätestens seit Bretton Woods findet der Kampf ums Geld auf globaler Bühne statt.

## 2.10 Vom Golddollar zum Petrodollar

Die US-Notenbank war laut Bretton Woods-Abkommen verpflichtet, die aus Handelsüberschüssen resultierenden Dollarbestände anderer Zentralbanken zu einem festen Kurs in Gold zu tauschen. Aufgrund der Außenhandelsdefizite der USA häuften sich aber in vielen Länder immer größere Dollarbestände an. Die Notenbanken einiger Länder wie Frankreich und Spanien haben ihr Umtauschrecht vereinbarungsgemäß ausgeübt,[102] damit aber in den Vereinigten Staaten für Verdruss gesorgt.[103] Präsident Richard Nixon hat dann am 15. August 1971 die Umtauschverpflichtung einseitig aufgehoben, weil das Außenhandelsdefizit der USA außer Kontrolle geraten war und die Finanzierungskosten des Vietnamkriegs den Staatshaushalt enorm belastet haben.

Der trotz mehrerer Anpassungen hohe Dollarkurs bremste die US-Exporte.[104] Als Schutzbehauptung führte Nixon allerdings an, dass „internationale Spekulanten" das Handels- und Finanzsystem in Geiselhaft genommen hätten.[105] Die folgenden Jahre waren von heftigen wirtschaftspolitischen und währungstechnischen Auseinandersetzungen geprägt. Prä-

---

Zusammenbruch lateinamerikanischer Volkswirtschaften herbeigeführt hat, um den späteren Ausverkauf durch den IWF vorzubereiten, John Perkins, *Bekenntnisse eines Economic Hit Man,* erweiterte Ausgabe, München, 2016. Unabhängig vom Wahrheitsgehalt der Geschichte und der Gesamtbewertung der IWF-Rolle ist das Buch auf jeden Fall spannend zu lesen und rangierte vermutlich auch deswegen über Wochen auf der New York Times-Bestsellerleiste.

102 https://www.zeit.de/1966/36/besiegt-de-gaulle-den-dollar/komplettansicht

103 James Rickards (2011), S. 123.

104 Einige Länder, unter anderem Frankreich unter Präsident de Gaulle, haben plötzlich auf Ausgleich der amerikanischen Außenhandelsdefizite durch Gold bestanden.

105 James Rickards (2011), S. 129. Das (fragwürdige) Spekulanten-Argument sollte später von der Politik auch in der Eurokrise bemüht werden, um vom vorangegangenen politischen Versagen abzulenken und kostspielige Rettungsaktionen zu rechtfertigen.

sident Nixon und sein Finanzminister John Connally[106] forderten von den anderen Industriestaaten höhere US-Importe.[107] In den folgenden Jahren kam es zunächst zu konzertierten Abwertungen in politischen Vereinbarungen, später zu gezielten Abwertungen im Regime flexibler Wechselkurse.

Nach Schließung des Goldfensters konnte der Status des US-Dollars als Weltreservewährung durch einen geschickten Deal des damaligen Außenministers Henry Kissinger sowie leitender Beamter des Finanzministeriums mit einigen Golfstaaten bewahrt werden. Darin verpflichten sich die größten Ölexporteure, ihr Öl nur gegen US-Dollar zu verkaufen, wodurch alle Nettoimporteure zu einer entsprechenden Devisenhaltung gezwungen wurden, um ihre Energieversorgung zu sichern. Außerdem wurde vereinbart, dass die Währungsreserven der Ölexportländer vorrangig in US-Staatsanleihen angelegt wurden.[108] Im Gegenzug erhielten die Ölstaaten und ihre Herrscherfamilien umfassende Sicherheitsgarantien der Vereinigten Staaten. Das neue Währungsregime wird auch als Petrodollar-System bezeichnet. Die Trennung des US-Dollars vom Goldstandard schuf die Grundlage für das heutige globale System gänzlich ungedeckter Papierwährungen.[109]

Der Bevölkerung der Vereinigten Staaten kann seither kontinuierlich über die eigenen Verhältnisse leben, weil dauerhaft mehr Güter konsumiert als produziert werden und die Rechnung im Ergebnis mit einem stetig anwachsenden Dollar-Papiergeldberg bezahlt wird.[110] Auch der gewaltige US-Militärhaushalt kann mit der eigenen dominanten Währung leichter finanziert werden.[111] Die Herrschaft über die Reservewährung ermöglicht auch den Aktien- und Private Equity-Fonds der USA zu minimalen Finanzierungskosten den Erwerb von Anteilen an produktiven und profitablen Unternehmen in anderen Ländern. Auf diese Weise wandert seitdem ein

---

[106] Von Connally stammt angeblich auch das Zitat, „*Der Dollar ist unsere Währung, aber Euer Problem*".

[107] James Rickards (2011), S. 129. Hier besteht eine interessante Analogie zur Politik von Präsident Donald Trump 2018.

[108] Andrea Wong, *The Untold Story Behind Saudi Arabia's 41-Year U.S. Debt Secret*, Bloomberg News, 31.5.2016; online https://www.bloomberg.com/news/features/2016-05-30/the-untold-story-behind-saudi-arabia-s-41-year-u-s-debt-secret

[109] Ein häufig benutzter Begriff für dieses System ist daher „Fiatgeld" (Lat. „Es werde Geld") oder auch Zeichengeld.

[110] Christoph Berking,, *Der Umverteilungseffekt des Fiat-Dollars*, in Smart Investor Sonderausgabe „Gutes Geld", 2011, S. 82.

[111] Christoph Berking (2011), S. 83.

wachsender Teil der Exportgewinne europäischer Unternehmen in die Taschen amerikanischer Investoren. Die ständigen Beschwerden des US-Präsidenten Donald Trump über die US-Handelsdefizite sind vor diesem Hintergrund nicht nachvollziehbar.

## 2.11 Wo fallen auf globalisierten Finanzmärkten die Entscheidungen?

Das heutige globale Finanzsystem ist davon geprägt, dass sich das Kapital zwischen den wichtigsten Volkswirtschaften der Welt weitgehend frei bewegen kann.[112] Die wichtigsten Institutionen des globalen Finanzsystems sind dabei an wenigen Standorten konzentriert. Die dominanten Finanzplätze sind New York und (danach) London. Mit großem Abstand folgen laut einer aktuellen Befragung von 2.400 Marktteilnehmern andere Standorte wie Hongkong (3), Singapur (4), Shanghai (5), und weiter unten Frankfurt (10) und Paris (23).[113]

In New York und London haben die meisten großen Aktienfonds und Beteiligungsgesellschaften ihren Sitz. Eine signifikante Bedeutung als Börsenplätze haben zudem die asiatischen Märkte Hong Kong, Shanghai und Tokio. Weltbank und IWF sind in Washington angesiedelt, der Hauptstadt der Vereinigten Staaten. Die großen privaten Banken, gemessen an ihrer Marktkapitalisierung, sind fast ausnahmslos in den Vereinigten Staaten und in China ansässig,[114] während in Europa als Geschäftsbank streng genommen nur noch die britisch-asiatische HSBC von globaler Relevanz ist.[115] Bei großen Finanztransaktionen im Konsortialkredit-, Anleihe- und Aktiengeschäft verfügt aufgrund ihrer Kapitalkraft heute ein gutes Dutzend Banken über eine quasi-oligopolistische Stellung.

Ähnlich einflussreich wie die Kreditinstitute sind mittlerweile Hedgefonds, Kreditfonds und Beteiligungsgesellschaften. Auch die Entschei-

---

[112] James Rickards (2011), S. 202.

[113] Der Global Financial Centres Index wird zweimal jährlich vom Londoner Analysehaus Z/Yen Group gemeinsam mit dem China Development Institute veröffentlicht, aktuelle Ergebnisse online http://www.faz.net/aktuell/finanzen/finanzmarkt/finanzplatz-frankfurt-steigt-vor-luxemburg-und-paris-auf-15784897.html

[114] https://de.statista.com/statistik/daten/studie/38289/umfrage/top-10-banken-nach-boersenwert/

[115] https://de.statista.com/statistik/daten/studie/38289/umfrage/top-10-banken-nach-boersenwert/

dungszentren dieser mächtigen, oft als Schattenbanken bezeichneten Institutionen befinden sich überwiegend in New York und zu einem kleineren Teil in London.[116]

Neben der Federal Reserve sowie den russischen und chinesischen Notenbanken ist auch die EZB mit Sitz in Frankfurt als Zentralbank von internationaler Bedeutung. An den genannten Standorten werden alle für das globale Finanzsystem wesentlichen Entscheidungen getroffen. Das eigentliche Machtzentrum der Finanzwelt liegt aber, wenn alle genannten Spieler und Faktoren berücksichtigt werden, in New York und Washington.

Die meisten Währungen sind heute frei konvertibel, basieren aber nicht wie im ersten Globalisierungszeitalter auf dem Goldstandard. Ihr Außenwert kann daher von den Zentralbanken nach oben oder unten manipuliert werden. Die meisten Zentralbanken streben dabei einen niedrigen Außenwert ihrer Währung an, um die Exportchancen der heimischen Unternehmen zu verbessern.

Die Konvertibilität der Währungen erleichtert zudem eine Kreditaufnahme in Fremdwährungen. Die Kapitalverkehrsfreiheit ermöglicht es Unternehmen, Banken, Beteiligungsgesellschaften oder auch staatlichen Investitionsfonds, im Ausland Beteiligungen in Form von Aktien oder Direktbeteiligungen zu erwerben. Dadurch wurden allerdings auch wirtschaftliche Konzentrationsprozesse bis hin zur Marktbeherrschung auf eine globale Ebene gehoben und der Einfluss des Finanzsektors auf die Realwirtschaft verstärkt.

Staatsfonds aus Ländern mit großen Handelsüberschüssen wie China, Singapur oder auch aus den Ölexportländern Saudi-Arabien, Katar und Norwegen nutzen die Kapitalverkehrsfreiheit zudem gezielt, um Anteile an ausländischen Unternehmen zu erwerben.[117] Eine Einschränkung im Kapitalverkehr besteht in den meisten Ländern nur bei Beteiligungen an strategisch bedeutsamen Unternehmen, etwa aus der Rüstungsindustrie.

Die freie Kreditvergabe ermöglicht es ferner Unternehmen und Staaten, sich im Ausland zu verschulden. Ein beliebtes Instrument ist die Finanzierung über die Begebung von Anleihen am Kapitalmarkt. Der Anreiz liegt

---

[116] Aus steuerlichen Gründen ist der Rechtssitz allerdings häufig in der Karibik, auf den Kanalinseln oder in anderen Steueroasen angesiedelt.

[117] https://www.n-tv.de/mediathek/bilderserien/wirtschaft/Die-groessten-Investoren-der-Welt-article20113770.html

in der Regel in einer niedrigeren Verzinsung der Fremdwährungskredite gegenüber Krediten in der Landeswährung. Wenn eine Anschlussfinanzierung in ausländischer Währung nicht gewährleistet ist, kann es aber wie beschrieben zu erheblichen Komplikationen kommen.

## 2.12 Formelbasierte Planwirtschaft

Das heutige Finanzsystem erreicht zwar eine annähernd globale Ausdehnung und zeichnet sich durch weitgehend freien Kapitalverkehr aus. Das System ist dennoch keineswegs marktwirtschaftlich. Zum einen legen die Zentralbanken die Leitzinsen fest und beeinflussen so das kurzfristige Zinsniveau, anstatt die Preisbildung dem Markt zu überlassen. Zum anderen wird die Geldproduktion selbst zentral von den Notenbanken gesteuert. Die Zentralbanken emittieren die Geldmenge M0[118] (Geldbasis), die sich aus dem Bargeld und den Einlagen der Geschäftsbanken bei der Zentralbank zusammensetzt. Die Zentralbank kann die Geldmenge M0 zum Beispiel dadurch erhöhen, dass sie den Geschäftsbanken mit speziell zu diesem Zweck neu geschaffenen Zentralbankguthaben Anleihen abkauft, wodurch sich auch unmittelbar der Kurs dieser Wertpapiere erhöht und deren Rendite sinkt.

Wie wird die Steuerungsfunktion der Zentralbanken begründet? Die Zentralbanken behaupten, über eine Steuerung der Geldmenge Preisstabilität und ggfs. auch konjunkturelle Ziele erreichen zu können. Für die Umsetzung ihrer Steuerungsideen haben die Zentralbanken mit Hilfe der universitären Volkswirte ein System aus mathematischen Modellen entwickelt, welches für ökonomische Laien meistes unverständlich bleibt.[119]

Die wichtigsten Grundlagen dieses Systems sind die Taylorregel[120] und die berühmte Quantitätstheorie des Geldes, in der die Geldmenge M (in

---

[118] M steht für „Money".

[119] Kritiker des Systems sehen in der wachsenden Komplexität der ökonomischen Modelle einen Abschreckungsversuch, um lästige Fragen zu den Grundparametern des Systems zu unterbinden, Andreas Marquart und Philip Bagus, *Warum andere auf Ihre Kosten immer reicher werden,* München 2014, S. 169.

[120] Gemäß der Taylorformel soll eine Notenbank ihre Leitzinsen an der erwarteten Inflationsrate, der Abweichung der Inflationsrate vom Inflationsziel, dem Gleichgewichtszins und der Produktionsauslastung ausrichten. Der Ökonom John B. Taylor hat diese Regel ursprünglich als Ex-post-Erklärung der Leitzinspolitik der FED formuliert.

der Regel als breiter definiertes Aggregat M2 oder M3) und Geldumlaufgeschwindigkeit V ins Verhältnis gesetzt werden zum Preisniveau P und der Wirtschaftstätigkeit Y.[121]

$$M * V = P * Y$$

Eine Erhöhung der Geldmenge kann der Formel zufolge bei konstanter Umlaufgeschwindigkeit Preissteigerungen oder Wirtschaftswachstum bewirken. In jüngerer Vergangenheit hat sich allerdings mit der Zunahme der Geldmenge vor allem die Umlaufgeschwindigkeit gesenkt.[122]

Diese theoretischen Grundlagen wurden in der Wirtschaftswissenschaft noch weiter entwickelt. In der Volkswirtschaftslehre existieren dabei zwei einflussreiche Denktraditionen.[123] Zum einen handelt es sich dabei um den (Neo-)Keynesianismus[124], zum anderen um den von Milton Friedman geprägten (neoklassischen) Monetarismus.[125]

Die Keynesianer konstatieren einen Zusammenhang von Geldmenge und Preisen, sehen aber kurzfristig die Chance, mit einer Geldmengenerweiterung die Wirtschaft anzukurbeln.[126] Die Notenbanken sollen daher nicht nur auf Preisstabilität, sondern auch auf Wachstum und Beschäftigung achten. Keynesianer gehen dabei davon aus, dass die Nachfrage für die wirtschaftliche Entwicklung entscheidend ist. Keynesianer befürworten

---

121 Der jüngst verstorbene legendäre Physiker Stephen Hawking zitierte in seinem Buch *„Eine kurze Geschichte der Zeit“* seinen Verleger mit der Aussage, dass jede Formel die Auflage eines Buches halbiert und beschränkte sich auf Newton. Dieses Buch ist allerdings so viel weniger bedeutend als Hawkings Werk, dass es den Reichweitenverlust entsprechend problemlos verkraften wird.

122 https://www.welt.de/newsticker/bloomberg/article131898220/Umlaufgeschwindigkeit-des-Geldes-daempft-in-USA-Inflation-Grafik.html.
Die fehler- bzw. lückenhafte Messung der Preissteigerungen anhand von Verbraucherpreisindizes ist ein wesentlicher Gegenstand des Kapitels 3.5.

123 Eine umfassende Darstellung der Theorien würde den Rahmen dieses Buches sprengen. Nachfolgend werden aber einige wichtige Grundprinzipien der Theorien dargestellt, die der uninteressierte Leser überspringen kann.

124 Benannt nach dem mehrfach erwähnten britischen Ökonomen John Maynard Keynes.

125 Milton Friedman war zu Lebzeiten der Hauptprotagonist der abseits der Geldpolitik strikt marktwirtschaftlich geprägten „Chicago School“. Die Chicago School wird von Kritikern auch gern als „neoliberal“ bezeichnet.

126 Und langfristig können sie sich immer auf das berühmte Dogma ihres geistigen Vaters Lord Keynes berufen, *„in the long run we are all dead“*. Diese Sichtweise kommt auch politischen Entscheidungsträgern entgegen, deren persönlicher Zeithorizont sich an Wahlperioden und nicht an der Ewigkeit ausrichtet.

deswegen explizit nicht nur fiskalische[127], sondern auch geldpolitische Maßnahmen des Staates bzw. der Zentralbanken (auch durch Leitzinssenkungen), um die Nachfrage bei Bedarf zu stimulieren.

Die Monetaristen denken makroökonomisch angebotsorientiert. Sie messen dem Erhalt des Geldwertes eine vergleichsweise höhere Priorität bei als die Keynesianer. Die Geldmenge soll im Regelfall nur moderat wachsen, etwa korrespondierend mit dem Wirtschaftswachstum, weil es sonst nur zu Preissteigerungen kommt.[128] Staatliche Konjunkturbelebungsversuche verdrängten nur private Nachfrage und führen im Ergebnis lediglich zu einer höheren Staatsverschuldung. Trotzdem sehen Monetaristen in einem System konkurrierender Papiergeldwährungen den Vorteil, dass es, anders als ein Goldstandard, flexible Wechselkurse ermöglicht. Devisenkursanpassungen böten demzufolge einen Schutzmechanismus gegen ausländische Konjunktureinflüsse.[129]

Die unterschiedlichen geldpolitischen Prioritäten der Keynesianer und Monetaristen wirken sich – bei insgesamt überall signifikanter Geldentwertung – erheblich auf das Preisniveau in einer Volkswirtschaft aus. Peter Bernholz hat die Konsumentenpreissteigerungen verschiedener Länder (USA, Deutschland, Schweiz sowie Großbritannien, Frankreich und Italien) zwischen 1950 und 2000 verglichen und erhebliche Unterschiede festgestellt.[130]

Die Preissteigerungsraten Deutschlands[131] und der Schweiz, aber auch die der USA lagen stets deutlich unter den Preissteigerungsraten der anderen drei Länder, wobei sich die Divergenz ab 1970 (der endgültigen Abkoppelung des US-Dollars von der Goldbindung) noch vergrößert hat. Der zeit-

---

[127] Unter fiskalischen Maßnahmen sind (zusätzliche) kreditfinanzierte staatliche Ausgabenprogramme zur Konjunkturankurbelung zu verstehen. Ein recht aktuelles Beispiel war die „Abwrackprämie", mit der die Bundesregierung auf dem Höhepunkt der Finanzkrise Anreize zum Erwerb von Neuwagen setzen wollte.

[128] In den Vorständen der Zentralbanken werden Monetaristen auch oft als „Falken" und Neo-Keynesianer als Tauben bezeichnet. Die Falken wollen im Ergebnis in der Regel weniger Inflation als die Tauben und plädieren daher öfter für höhere Leitzinsen und eine weniger stark wachsende Geldmenge als die Tauben.

[129] Guido Hülsmann, *Das Scheingeldexperiment*, in Smart Investors, Sonderausgabe „Gutes Geld", 2011, S. 11.

[130] Peter Bernholz, *Monterary Regimes and Inflation*, Cheltenham 2003, S. 4.

[131] Insbesondere die Deutsche Bundesbank war früher noch stark vom Monetarismus geprägt, hat aber seit Gründung der EZB stark an Einfluss verloren.

weilig größere Einfluss der Monetaristen in den Zentralbankräten der drei stabileren Länder ist die Ursache der Divergenzen.

Neokeynesianer und Monetarismus stimmen aber in der zentralen Frage überein, dass ein staatliches Papiergeldsystem[132], welches von Zentralbanken[133] gelenkt wird, sinnvoll ist. Aus der Kombination beider Ansätze hat sich auch die sogenannte neokeynesianisch-neokeynesianische Synthese (NNS) entwickelt. Die NNS propagiert die Verfolgung eines konkreten Inflationsziels, eine weitgehende Ignorierung der Vermögenspreisentwicklung und eine moderate Regulierung des Finanzsektors.[134] Dieser Mischansatz dominiert heute auch die meisten Zentralbankräte, wobei die keynesianische Komponente ein Übergewicht errungen hat.

Aus der Kontrolle über das Geldsystem erwächst den Zentralbanken große Macht. Unabhängig von der Frage, ob ihre Analysen richtig sind und ihre Steuerungsversuche des Preisniveaus und der Konjunktur zum gewünschten Ergebnis führen, beeinflussen sie direkt oder indirekt sämtliche Märkte und Preise. Sie verfügen sogar über die Macht, durch das Drucken von Geld Staats- und Bankpleiten zu verhindern. Die Politik einer großen Zentralbank wirkt sich zudem über die Wechselkursanpassungen auch auf andere Währungsräume aus.

Das Verhältnis zwischen den verschiedenen Zentralbanken ist daher keineswegs immer harmonisch. Rickards spricht sogar von einem laufenden dritten Währungskrieg[135], weil die Zentralbanken immer wieder gezielt Einfluss auf die Märkte nehmen, um Vorteile für die eigenen Volkswirtschaften zu erzielen.

---

[132] Detlev Schlichter, *Das Ende des Scheins*, Weinheim (2013), S 31.

[133] In der Folge werden die Begriffe Zentralbank und Notenbank aus Vereinfachungsgründen synonym verwendet, eine detaillierte Erläuterung ihrer Aufgaben folgt am Ende dieses Kapitels.

[134] Thomas Mayer, *Die Ökonomen im Elfenbeinturm*, Tübingen (2014), S. 13.

[135] James Rickards (2011), S. 143.

## 2.13 Kreditinstitute profitieren bis heute von privater Geldschöpfung

Die zweite Säule der öffentlich-privaten Gelderzeugungspartnerschaft[136] bilden die Geschäftsbanken. Deren Giralgeldschöpfung wird sehr anschaulich in einem Arbeitspapier der Bank of England erklärt.[137] Das Giralgeld der Banken wird in den breiter definierten Geldmengen M1-M3 gemessen.[138] In der Euro-Zone betrug die aus Bargeld und Sichteilagen bestehende Geldmenge M1 per Februar 2018 laut EZB EUR 7.830 Mrd. (2000: EUR 1.983 Mrd.), die auch zusätzlich Termin- und Spareinlagen umfassende Geldmenge M2 EUR 11.275 (EUR 4.138 Mrd.).[139] Mit einer Erhöhung der Geldmenge M0 setzt die Zentralbank gewissenmaßen den entscheidenden Impuls für die Ausweitung der gesamten Geldmenge durch die Geschäftsbanken. Mengenmäßig dominiert das Giralgeld die Geldbasis etwa im Verhältnis 10:1. Wollten alle Bankkunden ihre Kontoguthaben zeitgleich abheben, wäre folglich weniger als 10 Prozent der Summe durch vorhandenes Bargeld gedeckt.

Die Geschäftsbanken schöpfen Giralgeld technisch mittels einer Bilanzverlängerung, durch die gleichzeitige Schaffung eines Einlagen- und eines Kreditkontos. Dadurch vergrößern sich die Aktiva und die Passiva der Bank. Das bedeutet, dass die Kreditvergabe zum Beispiel für eine Immobilienfinanzierung die Voraussetzung für die Entstehung der Einlage ist und nicht umgekehrt.[140] Das Guthabenkonto ist Teil der vergrößerten Geldmenge M1-M3. Wenn die Zentralbank die relevanten Geldmenge M1-M3 beeinflussen will, kann sie Zentralbankgeld dadurch schaffen, dass sie den Geschäftsbanken Wertpapiere für Zentralbankgeld abkauft, in der Erwar-

---

[136] Der Begriff stammt von Thomas Mayer (2015), S. 49.

[137] Michael McLeay, Amart Radia und Thomas Ryland, *Money Creation n in the Modern Economy*, Bank of England Quarterly Bulletin 01/2014, London (2014) http://www.bankofengland.co.uk/publications/Pages/quarterlybulletin/2014/qb14q1.aspx

[138] Deswegen auch der englische Ausdruck „Broad Money".

[139] Die noch breiter definierte Geldmenge M3 schließt auch Geldmarktfonds, Repoverbindlichkeiten, Geldmarktpapieren und Bankschuldverschreibungen ein.

[140] So auch mit ausführlicher Erläuterung Thomas Mayer (2015) und Mathias Binswanger (2015), S. 19.

tung, dass die Zentralbankguthaben für eine erhöhte Kreditvergabe an den privaten Sektor für Investitionen und Konsum genutzt werden. Wenn Unternehmen und private Haushalte keine Kredite nachfragen, laufen diese Maßnahmen aber ins Leere.

Im bestehenden System stehen dem Geldvermögen einer Partei stets Schulden einer anderen Partei in gleicher Höhe gegenüber. Die Werthaltigkeit des Geldvermögens hängt folglich davon ab, dass die Schuldner in der Lage sind, ihren Verpflichtungen nachzukommen. Die unmittelbare Begrenzung der (Schuld-)Geldschöpfungsmöglichkeiten der Geschäftsbanken ergibt sich aus der Höhe ihres Eigenkapitals und wie beschrieben aus der Höhe des Mindestreservesatzes. Je höher der Mindestreservesatz ist, desto höher ist der Einlagenanteil, der bei der Zentralbank hinterlegt werden muss. Die Bundesbank hat dieses Instrument zu DM-Zeiten intensiv zur Geldmengensteuerung genutzt. Der Mindestreservesatz der EZB ist mit 1 Prozent der Mindestreservebasis (am 1. März 2018) inzwischen aber so niedrig, dass er keine echte Begrenzung der privaten Geldschöpfung mehr darstellt.

Die private Geldschöpfung ist nicht unumstritten. Der Bankensektor generiert aus der Differenz der Einlagen und Kreditzinsen erhebliche Gewinne, die sich allein in der kleinen Schweiz auf fast 3 Mrd. SFR p.a. belaufen. Zuletzt wurde öffentlich die Einführung eines sogenannten „Vollgeldes“ diskutiert und in der Schweiz am 10. Juni 2018 sogar Gegenstand einer Volksabstimmung.

Die Grundidee des Vollgeldes ist ein Verbot der privaten Giralgeldschöpfung, so dass nur noch die Zentralbanken Geld schöpfen können.[141] Mit diesem Reformansatz würden die konjunkturellen Risiken der privaten Geldmengenausweitung begrenzt.

Der Preis für diese Veränderung wäre aber, dass die dominante – und weder durch den Markt noch durch den Wähler kontrollierte – Rolle der Zentralbanken im Finanzsystem noch weiter gestärkt würde. Da nicht einmal die auf Stabilität bedachten Schweizer Bürger dem Vollgeldkonzept ihre Zustimmung erteilt haben, ist mit dessen globaler Einführung aber einstweilen nicht zu rechnen.[142] Die Geschichte hat im Übrigen gezeigt, dass es auch im Goldstandard immer wieder zu privater Geldschöp-

---

141 Thomas Mayer und Roman Huber: *Vollgeld. Das Geldsystem der Zukunft. Unser Weg aus der Finanzkrise*, Marburg (2014)

142 https://www.zeit.de/wirtschaft/2018-06/vollgeld-initiative-schweiz-abstimmung-nein-geldsystem

fung durch Schuldverhältnisse kommt. Es stellt sich entsprechend die Frage, ob Staaten und Zentralbanken das wirksam verhindern können oder die Übertreibungen nicht einfach besser durch den Markt bereinigt werden sollten.

## 2.14 Das Experiment Europäische Währungsunion

Bis zum Ende des 20. Jahrhunderts war die Basis des Geldsystems überall national strukturiert. Erst mit der europäischen Währungsunion wurde eine Einheitswährung für mittlerweile 18 Staaten geschaffen, die dafür ihre Souveränität über das nationale Geldwesen an eine zentrale Institution übertragen haben. Bei der Währungsunion handelt es sich um ein großes politisches und ökonomisches Experiment, das eine lange Vorgeschichte hat.

Vorschläge für eine Gemeinschaftswährung konzipierte der belgische Politiker Paul van Zeeland bereits in den 1940er-Jahren. Anfang der 1960er-Jahre stellte die EWG-Kommission grundlegende Überlegungen zur Errichtung einer Währungsunion vor. Eine europäische Kommission unter Leitung von Pierre Werner erarbeitete einen mehrstufigen Plan. Im Jahr 1972 wurden erstmals innerhalb der EWG feste Wechselkursbandbreiten von +/- 2,25 Prozent eingeführt, die aber nicht lange zu halten waren. Sechs Jahre später beschloss der europäische Rat die Gründung des Europäischen Wechselkurssystems (EWS). Die Bandbreiten waren dieselben, im Zentrum des Wechselkursmechanismus stand aber eine neu geschaffene europäische Kunstwährung namens ECU („European Currency Unit“).

Der ECU war ein Währungskorb, in dem die Währungen der teilnehmenden Staaten entsprechend ihrer Wirtschaftskraft repräsentiert waren. Die einzelnen Währungen durften nun relativ zu ihrem jeweiligen ECU-Leitkurs um +/- 2,25 Prozent schwanken. Allerdings kam es im weiteren Verlauf immer wieder zu Marktturbulenzen, massiven Abwertungen und Austritten.[143]

---

[143] Widerstrebende Interessen und Intrigen der Teilnehmerregierungen, der nationalen Notenbanken und der europäischen Behörden sowie die erfolgreichen Spekulationen von Investoren wie George Soros werden kritisch, aber auch sehr

Aus dem ECU sollte sich später eine Gemeinschaftswährung entwickeln. Eine wichtige Triebfeder war die unter Politikern in der EU verbreitete Überzeugung, dass mit der Gemeinschaftswährung der politische Einigungsprozess vorangetrieben werden sollte. Als ökonomischer Vorteil einer Gemeinschaftswährung wurde oft die Senkung von Transaktionskosten aufgrund entfallender Umtauschvorgänge und Kurssicherungskosten angeführt. Einige Befürworter erhofften sich von der Schaffung eine großen Währungsraumes auch eine führende Rolle des Euro als Reservewährung.

Viele bekannte Ökonomen waren vor der Euroeinführung skeptisch, ob diese Einheitswährung dauerhaft funktionieren kann.[144] Ein wichtiger Einwand war die seinerzeit fehlende wirtschaftliche Konvergenz unter den Mitgliedstaaten der EU, die zuvor wiederholt zum Scheitern der Bandbreitensysteme geführt hat. Unterschiedliche Inflationsraten, Außenhandelsungleichgewichte und Arbeitslosigkeit haben jeweils eine Abwertung der „weicheren“ Währungen erzwungen. Viele frühe Kritiker sahen die Gefahr eines Missbrauchs der Währungsunion durch einen Missbrauch der Notenpresse einzelne Mitgliedstaaten, an der auch andere Währungsgemeinschaften souveräner Staaten in der Geschichte stets gescheitert sind.[145]

Auch der bekannte US-Ökonom Milton Friedman warnte in einen kurzen Aufsatz vor der neuen Währung. Durch das gemeinsame Geld würden wirtschaftliche Anpassungsprozesse, die durch Änderung der Wechselkurse leicht in den Griff zu bekommen worden, zu umstrittenen politischen Themen.[146] Zu den Warnern zählte auch der liberale Oxford-Professor und ehemalige EU-Kommissar Lord Ralph Dahren-

---

facettenreich und unterhaltsam geschildert in Bernard Connolys Buch *The Rotten Heart of Europe.*

144 Der kritische Ökonomenaufruf von 155 deutschen Ökonomen aus dem Jahr 1998 online verfügbar unter http://www.d-perspektive.de/wp-content/uploads/2016/01/155-Profs_Der-Euro-kommt-zu-frueh.pdf

145 Beispiele für ein derartiges Scheitern sind die lateinische Münzunion, die Skandinavische Münzunion sowie das Rubelsystem nach dem Zusammenbruch der Sowjetunion in den damaligen GUS-Staaten.

146 Milton Friedman (1997), *The Euro: Monetary Unity To Political Disunity?*, online https://www.project-syndicate.org/commentary/the-euro--monetary-unity-to-political-disunity

dorf, der davor warnte, dass der Euro Europa nicht einen, sondern spalten würde.[147]

Diese Bedenken wurden aber von der Politik für weniger wichtig gehalten. Priorität hatte das Ziel der europäischen Einigung. Zusätzlich unterstützten in manchen EU-Staaten noch Partikularinteressen der Euroeinführung.

In Deutschland hatte die Exportwirtschaft ein ausgeprägtes Interesse an einer weicheren Währung, um die internationalen Absatzchancen ihrer Produkte zu verbessern. Einige französische Politiker sahen in der Einführung einer Gemeinschaftswährung die Gelegenheit, die wirtschaftliche Vorherrschaft Deutschlands in Europa zu brechen.[148] Sie nahmen Anstoß an der Dominanz der Bundesbank im europäischen Währungsgefüge, weil diese an den Märkten das größte Vertrauen genoss und deshalb den anderen EU-Zentralbanken ihre Zinspolitik aufzwingen konnte. Präsident Mitterand und seine Berater waren in den 1990er-Jahren besorgt, dass Deutschland in Europa nach der Wiedervereinigung zu dominant werden könnte. Jacques Attali[149], der damalige Leiter des Präsidialamtes, sprach von der DM als deutscher Atombombe, die es zu entschärfen gälte. Die meisten prospektiven Teilnehmer verbanden zudem mit der Einführung der Währungsunion die wirtschaftliche Aussicht auf eine Angleichung der Zinssätze auf das niedrigere deutsche Niveau.

Das Risiko des Missbrauchs einer Währungsgemeinschaft sollte auf Drängen der deutschen Verhandlungsdelegation durch zwei Regeln im Maastrichter Vertrag verhindert werden. Art. 125 AEU-Vertrag untersagt die Haftung von Mitgliedsstaaten für die Schulden anderer Länder („No Bailout“).[150] Die No-Bail-out-Klausel sollte verhindern, dass Länder Schulden auf Kosten bzw. Risiko der Partnerländer eingehen.

---

[147] https://www.tagesspiegel.de/wirtschaft/dahrendorf-der-euro-wird-europa-spalten/68204.html

[148] Roland Vaubel beschreibt mit vielen Belegen, wie Präsident Mitterand die deutsche Wiedervereinigung genutzt hat, um die Gemeinschaftswährung aus französischer Sicht „endlich“ durchzusetzen, Roland Vaubel (2018), Seite 2.

[149] Jacques Attali war viele Jahre ein einflussreicher Berater von François Mitterrand und wurde später EBRD-Chef. Er förderte später maßgeblich den politischen Aufstieg der Präsidenten Hollande und Macron.

[150] Der Originaltext lautet wie folgt: (1) Die Union haftet nicht für die Verbindlichkeiten der Zentralregierungen, der regionalen oder lokalen Gebietskörper-

Um aber von vorneherein wirtschaftliche Verwerfungen in der Gemeinschaftswährung zu verhindern, sah der Vertrag von Maastricht zudem vier Konvergenzkriterien vor, die jeder Mitgliedstaat erfüllen musste, der den Euro einführen wollte.

[1] **Staatsschulden**: Das öffentliche Defizit darf 3 Prozent des Bruttoinlandsprodukts nicht überschreiten, und der öffentliche Schuldenstand darf nicht mehr als 60 Prozent des Bruttoinlandsprodukts betragen.

[2] **Inflation**: Der Grad an Preisstabilität muss anhaltend hoch sein, und die (während des letzten Jahres vor der Prüfung gemessene) durchschnittliche Inflationsrate darf um nicht mehr als 1,5 Prozentpunkte über der Inflationsrate der drei Mitgliedstaaten liegen, die auf dem Gebiet der Preisstabilität das beste Ergebnis erzielt haben.

[3] **Zinsen**: Der durchschnittliche langfristige Nominalzinssatz darf um nicht mehr als 2 Prozentpunkte über dem entsprechenden Satz in den drei „preisstabilsten" Mitgliedstaaten liegen

[4] **Wechselkursstabilität**: Die im Rahmen des Wechselkursmechanismus vorgesehenen normalen Bandbreiten müssen zumindest in den letzten zwei Jahren vor der Prüfung ohne starke Spannungen eingehalten worden sein

Die Erfüllung der Konvergenzkriterien – insbesondere der Staatsverschuldung - wurde und wird theoretisch anhand von Berichten der Kommission und der Europäischen Zentralbank überprüft.

Aber schon zu Beginn der Währungsunion wurden aus politischen Gründen mit Italien und Belgien Länder aufgenommen, deren Schuldenstand weit über den Höchstgrenzen lag. Zwei Jahre später folgte mit Hilfe von

---

schaften oder anderen öffentlich-rechtlichen Körperschaften, sonstiger Einrichtungen des öffentlichen Rechts oder öffentlicher Unternehmen von Mitgliedstaaten und tritt nicht für derartige Verbindlichkeiten ein; dies gilt unbeschadet der gegenseitigen finanziellen Garantien für die gemeinsame Durchführung eines bestimmten Vorhabens. Ein Mitgliedstaat haftet nicht für die Verbindlichkeiten der Zentralregierungen, der regionalen oder lokalen Gebietskörperschaften oder anderen öffentlich-rechtlichen Körperschaften, sonstiger Einrichtungen des öffentlichen Rechts oder öffentlicher Unternehmen eines anderen Mitgliedstaats und tritt nicht für derartige Verbindlichkeiten ein.

Bilanzierungstricks das bankrotte Griechenland.[151] Die wenigsten Mitglieder haben das Neuverschuldungskriterium im Verlauf der Währungsunion zu jeder Zeit respektiert.[152]

---

151 http://www.faz.net/aktuell/wirtschaft/konjunktur/euro-raum-griechenland-erschwindelte-euro-beitritt-1189739.html

152 Die entsprechende Daten finden sich im Detail bei Eurostat, online unter https://ec.europa.eu/eurostat/web/government-finance-statistics/excessive-deficit-procedure/edp-notification-tables

## 2.15 Auswege aus der monetären Planwirtschaft

Die historische Betrachtung hat verdeutlicht, dass die Kapitalmärkte keineswegs frei, sondern vielmehr das Objekt einer konzertierten Steuerung sind. Anders als im Kommunismus, definieren aber keine Ministerialbeamten und Planungsbehörden, sondern die Technokraten der Notenbanken wirtschaftliche Ziele und treffen Entscheidungen, die zu deren Erreichung führen sollen. Es handelt daher um eine Art „monetärer Planwirtschaft". Die geldpolitischen Entscheidungen der Zentralbanken geben gewissermaßen den Takt der Kapitalmärkte vor, andere Finanzinstitutionen kooperieren. Die Zentralbanken bestimmen unmittelbar den Zinssatz, welcher wiederum zahleiche andere Preise am Kapitalmarkt beeinflusst, wie etwa Aktien, Devisen und Derivatekurse. Ultimativ will die Zentralbank Güterpreise, Wirtschaftswachstum und Arbeitslosenzahlen steuern.

Das Finanzsystem ist zudem von Prinzipal-Agent-Konflikten geprägt.[153] Es lohnt sich daher stets, wichtige Entscheidungen der Zentralbanken und anderer Akteure im Lichte der „Cui bono-Frage" zu betrachten, also zu überlegen, wem die Steuerung wirklich nutzt. Die Zentralbanken haben ihre bereits beschriebenen eigenen Machtinteressen. Sie stehen zudem in einem ständigen Dialog mit Politikern, Bankern, Wirtschaftsführern, bedeutenden Investoren und andere mächtige Persönlichkeiten. Diese versuchen, im jeweiligen eigenen Interesse gezielt Einfluss auf Entscheidungen zu nehmen. Banken und andere Finanzinstitutionen nutzen zudem gezielt und kreativ die Privilegien, die ihnen das Geldsystem und der regulative Rahmen einräumen, um Vorteile daraus zu ziehen. Sie verdienen an der Geldschöpfung und Spekulationsgewinnen und profitieren von Bail-outs. Schuldner profitieren von niedrigen Zinsen.

---

153 Dieser Alltagskonflikt wird in der ökonomischen Prinzipal-Agent-Theorie analysiert. Beim Prinzipal handelt es sich um einen Auftraggeber, beim Agent um dessen Beauftragten. Die Interessen der beiden Parteien sind nicht deckungsgleich. Die Agenten besitzt normalerweise einen Wissensvorsprung (Informationsasymmetrie), den er entweder zu seinen eigenen Gunsten – was häufig vorkommt - oder denen des Prinzipals einsetzen kann, dessen Interessenwahrung er sich eigentlich verpflichtet hat. Die Theorie bietet ein Modell, um das tatsächliche Handeln von Menschen in einer Hierarchie zu erklären.

Auch Politiker haben Eigeninteressen, insbesondere den Erhalt ihrer Ämter, der durch eine gute Konjunktur erleichtert wird. Der arbeitslose Italiener profitiert unter dem Strich dagegen kaum vom reduzierten Zinsaufwand seiner Regierung. Die Interessen des deutschen Steuerzahlers sind keinesfalls identisch mit den Interessen der deutschen Exportwirtschaft. Interessenkonflikte sind in der Politik allgegenwärtig.

Das Ergebnis dieser Plan- und Lobbywirtschaft ist nicht effizient. Über die Festlegung der Leitzinssätze, der Mindestreservesätze sowie über die Offenmarktpolitik, also Käufe und Verkäufe von festverzinslichen Wertpapieren, beeinflusst die Zentralbank unmittelbar das gesamte Zins- und Preisgefüge in der Volkswirtschaft. Sparer verlieren in der aktuellen Niedrigzinswelt Milliardenerträge auf ihre Vermögen. Kritiker sehen in der Beeinflussung des Zinsniveaus durch Zentralbanken zudem die wichtigste Ursache einer Fehlallokation von Kapital und, bei zu niedrigen Zinsen, einen Fehlanreiz für eine erhöhte Staatsverschuldung.[154] Gezielte Manipulationen der Devisenkurse sorgen für Ungleichgewichte im Außenhandel.

In der Theorie sind die beschriebenen Fehler und Fehlallokationen durchaus vermeidbar. Einen alternativen volkswirtschaftlichen Erklärungsansatz zu Keynesianismus und Monetarismus bietet die Österreichische Schule.[155]

Aus „Österreichischer Sicht" sollten sich Staaten ganz aus dem Geldwesen heraushalten, weil eine derartige Rolle marktwirtschaftlichen Prinzipien widerspricht und ultimativ immer zu Machtmissbrauch führe.[156] Für Zentralbanken sei demgemäß in einer freien Marktwirtschaft gar kein Platz. Auch das theoretische Konzept der Quantitätsgleichung wird als unvollkommen angesehen, weil ihre Beschreibung der Zusammenhänge zu mechanisch ist und die Formel Vermögenswertsteigerungen und relative Preisveränderungen zwischen den Konsumgütern ignoriert.[157] Die Preise der Verbrauchsgüter können außerdem bei schlechter Konsumentenstimmung trotz einer Ausweitung der Geldmenge zumindest kurzfristig konstant bleiben oder sogar sinken.

Die Zentralbanken leisten aber, wie im nächsten Kapitel noch deutlicher werden wird, der Politik wichtige Dienste. Der Buchautor Stephen Zar-

---

[154] Thorsten Polleit, *Der Fluch des Papiergeldes*, München (2011), S. 26

[155] Das Grundlagenwerk ist Ludwig von Mises, *Theorie des Geldes und der Umlaufmittel*, Neuauflage, Berlin (2005.

[156] Murray Rothbard (2005), S. 83.

[157] Die Quantitätsgleichung unterstellt dagegen eine Neutralität der Geldmengenentwicklung hinsichtlich relativer Preise.

lenga hat treffend bemerkt, *dass niemand, der über monetäre Privilegien verfügt, widerstandlos auf diese verzichtet, wenn er dazu aufgefordert wird.*[158]

Die meisten Politiker, Zentralbanker und sonstige Entscheidungsträger sind ohnehin von ihrer eigenen überlegenen Kompetenz und der Gestaltungsmacht von Experten und deren Institutionen überzeugt. Die Österreichische Schule ist damit vor allem für die meisten Politiker und Zentralbanker eine unwillkommene Ökonomie der unbequemen Wahrheiten. Die anderen beiden Denkschulen repräsentieren dagegen, wenn auch mit unterschiedlichen Akzentuierungen, die Ökonomie der modellhaften Planung und der Macht. Es ist daher keinesfalls damit zu rechnen, dass sich an den Strukturen des Geldsystems in absehbarer Zeit etwas ändern wird. Der Anleger muss vielmehr pragmatisch sein. Das bedeutet, dass er sich mit den Ergebnissen eines nicht optimal konstruierten Geldsystems arrangieren und für sich das Beste daraus machen sollte.

## Executive Summary

- Im freien Wettbewerb hat sich historisch stets warengedecktes Geld durchgesetzt, in den meisten Fällen in Form von Edelmetallen
- Geld dient als Zahlungsmittel, Recheneinheit und zur Wertaufbewahrung
- Gold und Silber waren historisch in den meisten Kulturen und Wirtschaftsräumen die wichtigste Basis des Geldsystems
- Banken erleichtern unter anderem durch Finanzierungen und Zahlungsverkehrsdienstleistungen den Wirtschaftsverkehr
- Staaten und private Banken profitieren von den Geldschöpfungsmöglichkeiten eines ungedeckten Papiergeldsystems, wie es heute Usus ist
- Viele Papiergeldwährungen haben in der Geschichte wirtschaftliche Katastrophen ausgelöst, weil die Geldschöpfung außer Kontrolle geraten ist
- Zentralbanken erleichtern es Staaten und Banken, die Kontrolle über das Geldsystem zu auszuüben

[158] Stephen Zarlenga (2008).

- Die verschiedenen Notenbanken steuern Geldmenge und Zinsentwicklung in ihren jeweiligen Währungsräumen und beeinflussen dadurch indirekt auch Kaufkraft und Währungskurse
- Währungen von Zentralbanken, die eine lockerere Geldpolitik betreiben, verlieren schneller ihre Kaufkraft
- Kreditinstitute betreiben Geldschöpfung durch Kreditvergabe und Bilanzverlängerung, dadurch generieren sie erhebliche Zinsgewinne
- Die Leitwährung des globalen Finanzsystem ist seit Bretton Woods (1944) der US-Dollar, der nicht mehr durch Gold gedeckt ist, wodurch die USA günstig ihre Haushalts und Handelsdefizite finanzieren können
- Internationale Finanzinstitutionen wie IWF, Weltbank und BIZ finanzieren, Staaten, Wirtschaftsprojekte und Zentralbanken, sie verfügen im globalen Finanzsystem über großen Einfluss
- Das global wichtigste Finanzzentrum ist New York, asiatische Finanzplätze gewinnen aber immer mehr an Bedeutung
- Der Euro funktioniert als Einheitswährung mit gleichen Zinssätzen für alle Mitgliedstaaten, unabhängig von der jeweiligen Wirtschaftslage
- Viele prominente Ökonomen haben vor der Euroeinführung gewarnt, wurden aber von der Politik nicht beachtet
- Es ist möglich, aber unwahrscheinlich, dass das Geldsystem in naher Zukunft nachhaltiger strukturiert wird, wertvolle theoretische Ansätze liefert die „Österreichische Schule“

# 3 Das globale Finanzsystem zehn Jahre nach der Schockstarre

## Wichtige Fragen für Investoren

- Wie ist die Subprime-Krise entstanden und inwieweit sind die Folgen heute von Banken, Staaten und Investoren verarbeitet?
- Ist die Eurokrise inzwischen bewältigt?
- Sind die großen Banken in Europa und der Welt wieder stabil?
- Haben sich die Staatshaushalte und Volkswirtschaften Europas von den Folgen der Eurokrise erholt?
- Haben Unternehmen, Banken und Haushalte ein Schuldenproblem?
- Welche Lösungen hat die Politik gefunden, um die Schuldenkrise zu bewältigen?
- Wie steht es um die Solidität der volkswirtschaftlichen Daten in Europa und den USA?
- Beeinflussen die Zentralbanken mit ihrer Zinspolitik und Marktinterventionen die Bewertungen an den Kapitalmärkten?
- Werden die Zinsen bald wieder steigen?
- Warum geht die Schere zwischen arm und reich auseinander?
- Wie stabil ist das globale Finanzsystem heute?
- Sind Derivate ein Risikofaktor für die Banken?
- Wie kommt es immer wieder zur Blasenbildung an den Kapitalmärkten?
- Können Finanzkrisen eingedämmt werden?
- Wie wirkt sich der technologische Strukturwandel auf den Finanzsektor aus?
- Welchen Beitrag leistet die staatliche Regulierung zur Stabilisierung des Bankensystems?
- Wird der US-Dollar seine dominante Stellung im Weltfinanzsystem bewahren?
- Wie könnte ein globales Finanzsystem künftig aussehen?

## 3.1 Subprime, Lehmann und die Schockstarre nach dem Crash

Im Herbst 2008 standen die Räder des globalen Finanzsystems urplötzlich still. Die Bewertungen für Aktien und Anleihen fielen ins Bodenlose. An einigen Märkten kam gar kein Handel mehr zustande. Auch der Interbankenkreditmarkt war plötzlich eingefroren. Vorgeschichte und Verlauf der jüngsten Finanzkrise zeigen deutliche Parallelen zu vorangegangenen Einbrüchen, aber das Ausmaß der Katastrophe war nur mit der Weltwirtschaftskrise von 1929 vergleichbar. Neben den realen Konsequenzen in Form von Staats-, Banken- und Unternehmenspleiten, Vermögensverlusten und Arbeitslosigkeit waren auch die psychologischen Auswirkungen wesentlich tiefgreifender als noch einige Jahre vorher beim Platzen der „Dotcom-Blase“.[159] Die Finanzkrise hat die Risiken eines fehlkonstruierten Geld- und Finanzsystems offengelegt. Daher lohnt es sich, den Ablauf der Ereignisse zu rekapitulieren.

Der Boden für den Ausbruch der globalen Finanzkrise wurde durch eine lockere Geldpolitik der Zentralbanken und eine ungezügelte Kreditvergabe der privaten Kreditinstitute bereitet. Die US-Notenbank FED hat in Folge des Platzens der Dotcom-Blase im Jahr 2000 und der resultierenden globalen Börsen- und Konjunktureinbrüche die Leizinsen auf Rekordtiefstände gesenkt. Ein niedrigeres Zinsniveau sollte Unternehmen zu Investitionen und private Haushalte zu Konsumausgaben animieren. In Folge der Zinssenkungen kam es tatsächlich zu einer massiven Ausweitung der Kreditnachfrage, allerdings primär im Bereich der Immobilienfinanzierungen.

Die Kreditausweitung führte zu einer erhöhten Nachfrage am Häusermarkt. Steigende Beleihungswerte ermöglichten dabei immer aggressiveren Finanzierungsstrukturen. Die Banken vergaben vermehrt Non-

---

159 Unter der Dotcom-Blase wird die temporäre, massive Überbewertung von Technologiewerten an den Börsen Ende der 1990er-Jahre bezeichnet. Diese Überbewertung haben die Märkte ab April 2000 scharf korrigiert, mit der Folge gewaltiger Spekulationsverluste für die Anleger. Viele Unternehmen konnten sich kein Kapital mehr beschaffen. Es kam zu Pleiten, Konjunktureinbrüchen und Arbeitslosigkeit.

recourse-Finanzierungen[160] mit variablen Zinssätzen[161] an bonitätsschwache Haushalte – auch Ninja-Loans[162] genannt – und refinanzierten diese Kredite über den Kapitalmarkt. Auch viele bonitätsstarke Hauseigentümer nutzten die stark steigenden Immobilienpreise für eine Erhöhung ihrer Hypotheken zu Konsumzwecken.

Die US-Regierung unterstützte aktiv die Ausweitung der Kreditvergabe an Haushalte mit niedrigen Einkommen und wenig Eigenkapital. Sie verbot „Diskriminierungen" von ärmeren Darlehensnehmern und erleichterte die Refinanzierung der Immobilienkreditinstitute durch Verbriefungen in Form von Asset Backed Securities. Dabei fungierten die staatlich gegründeten Immobilieninstitute Fannie Mae und Freddie Mac als Garantiegeber.

Die Immobilienkredite wurden von den Banken als „Asset Originators" gebündelt, in Zweckgesellschaften eingebracht und anschließend in Form von mehreren verzinslichen Anleihen unterschiedlicher Bonitäten (Tranchen) verbrieft. Die jeweilige Anleihebonität wurde von Ratingagenturen anhand des vermeintlichen Ausfallrisikos bestimmt. Die Agenturen gingen davon aus, dass die Vielzahl der eingebrachten Kredite grundsätzlich eine Art Diversifikationseffekt bewirken würde. Die Strukturierung der Anleihen war zudem so konzipiert, dass ein Kreditausfallrisiko zunächst von den Anleihen schlechter Bonität („Subprime") getragen wurde.[163] Dadurch galten die höherstehenden Anleihen als noch sicherer.

Die Anleihen wurden wiederum von der Zweckgesellschaft mit Hilfe von Investmentbanken an Investoren im In-und Ausland verkauft. Die dadurch eingeworbenen Anlagebeträge wurden dann zur Ablösung der Kreditbanken verwendet. Vorsichtige Anleger wie Pensionskassen und

---

[160] Das sind Kredite ohne persönliche Haftung des Kreditnehmers, die in den Vereinigten Staaten damals ohnehin die Regel waren.

[161] Die Kreditzinsen der Hypothekendarlehen waren an die (anfangs niedrigen) kurzfristigen Leitzinsen der Zentralbanken gekoppelt, wodurch aber bei steigenden Zinsen plötzlich die Belastung des Kreditnehmers anstieg. Die Haushalte sind dieses Zinsänderungsrisiko eingegangen, weil Kredite mit kurzfristigen Laufzeiten deutlich niedriger verzinst waren als Kredite mit längerer Zinsbindung (und entsprechender Kalkulationssicherheit).

[162] „Ninja" steht als Abkürzung für Kunden mit „No income, no jobs and (no) assets".

[163] Die lateinische Präposition.„sub" bedeutet unter, also weniger als „prime" (das Beste). Einem sehr bösen Marktgerücht zufolge haben damals einige deutsche Bankvorstände mit schlechten Englischkenntnissen aber „supreme" (oberste Stufe) verstanden und erst recht viel investiert.

Lebensversicherungen erwarben die vermeintlich ganz sicheren Senior Tranchen, die in der Regel eine AAA-Bonität bescheinigt bekamen.

Hedgefonds und andere risikobereite Anleger kauften die höher verzinsten Subprime-Anleihen, weil sie der Meinung waren, dass deren Rendite besonders attraktiv war. Sie unterstellten, dass sich auch bei diesen nachrangigen Papieren aufgrund des Diversifikationseffekts im Portfolio etwaige Verluste in jedem Fall in Grenzen halten würden.

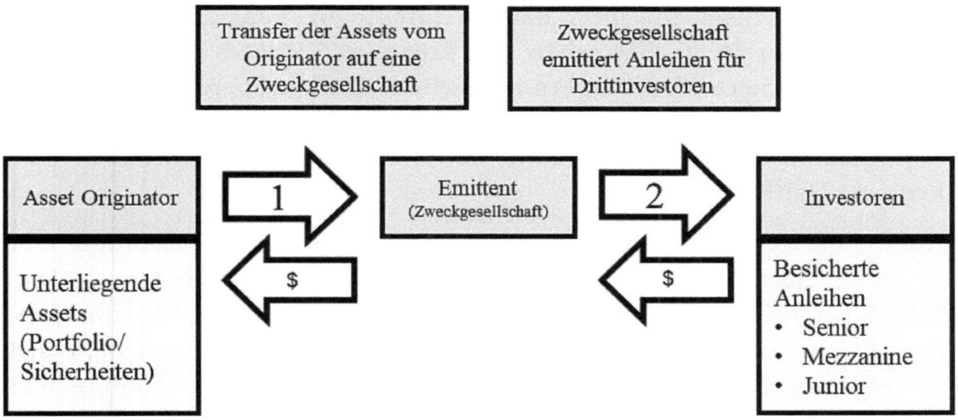


Abb. 1: Prozess der Asset-backed Securitisation

Die Verbriefungsgeschäfte liefen für alle Beteiligten gut, so lange die Zinsen niedrig waren und die Immobilienpreise stiegen. Die Federal Reserve war aber ab 2005 angesichts verbesserter Wachstumsdaten und steigender Verbraucherpreise der Meinung, dass sie die Zinsen wieder anheben sollte. Nach dem Wiederanstieg der Zinsen kam es zu Kreditausfällen, weil zahlreiche bonitätsschwache Kreditnehmer die höheren Raten nicht mehr bedienen konnten. Zwangsversteigerungen von Häusern und rapide fallenden Immobilienpreisen waren die Folge. Weitere private Haushalte, ebenso wie finanzierende Banken und Eigentümer der Hypothekenanliehen konnten die resultierenden Verluste ebenfalls nicht mehr verkraften, so dass ein Teufelskreis entstand. Schließlich gerieten auch große US-Banken aufgrund ihres Engagements im angeschlagenen Hypothekenmarkt in Schwierigkeiten. Die traditionsreiche Investment Bank Lehman Brothers musste am 15. September 2008 Konkurs anmelden, weil sämtliche Versuche einer Rettungsfusion mit anderen Banken scheiterten.

Nach der Lehman-Pleite brach weltweit an den Märkten Panik aus, weil es vielen Investoren bis dahin als selbstverständlich galt, dass systemrelevante Banken im Notfall gerettet würden. Die Volumina des Subprime-

Marktes waren riesig und die gewaltigen Engagements vieler Investoren standen in einem krassen Missverhältnis zu deren jeweiligen Eigenkapital. Aufgrund der vielfältigen Geschäftsbeziehungen unter einander gerieten zudem über den Dominoeffekt immer mehr Finanzinstitute in eine existenzbedrohliche Schieflage. Der Interbanken-Kreditmarkt stand plötzlich still, weil die Institute einander nicht einmal mehr über Nacht vertrauten. Die Anleihekurse fielen ebenso wie die Aktien ins Bodenlose.

Als nächstes hoben die Kleinanleger ihre Ersparnisse von den Konten ab, weil sie eine Insolvenz ihrer Banken fürchteten. Kanzlerin Merkel und Finanzminister Steinbrück sahen sich daher am 5.10.2008 gezwungen, vor laufenden Kameras den Bürgern die Sicherheit ihrer Spareinlagen zu „garantierten“.[164] Der ganze Prozess kam erst durch massives Eingreifen der Zentralbanken sowie einen staatlichen Bail-out der angeschlagenen Banken zum Halten.

Auch viele deutsche Banken waren von der Krise massiv betroffen, weil sie unter Einsatz von viel Fremdkapital in Subprime-Anleihen investieret haben. Die größten Verlierer waren die IKB, die Commerzbank, die Hypo Real Estate (HRE) sowie diverse Landesbanken, die besonders aggressiv ihre günstigen Refinanzierungskosten genutzt hatten.[165] Die Pleitebanken kamen unter den deutschen Rettungsschirm.

Der Gesamtschaden des Subprime-Desasters für deutsche Anleger und Steuerzahler war gewaltig. Eine zentrale Erkenntnis aus der Krise ist, dass sich große Wirtschafts- und Finanzkrisen in der globalisierten Finanzwelt nicht mehr regional eindämmen lassen. Das war noch in den 1980er-Jahren bei der amerikanischen Savings-and-Loans-Krise[166] anders. Die Verluste beschränkten sich damals im Wesentlichen auf den US-Markt.

---

[164] http://www.spiegel.de/wirtschaft/merkel-und-steinbrueck-im-wortlaut-die-spareinlagen-sind-sicher-a-582305.html

[165] Die Landesbanken nutzen die günstigen Refinanzierungsmöglichkeiten, die sich aus der Bonität der Bundesländer als Anteilseigner und Gewährträger ergaben. Da die Gewährträgerhaftung der Länder auf EU-Initiative nach einer Karenzzeit abgeschafft werden sollte und damit das Geschäftsmodell der Landesbanken bedroht wurde, verfielen einige Institute wie die WestLB bei ihren Investitionen in eine regelrechte Torschlusspanik.

[166] „Savings and Loans“-Institute sind die Sparkassen in den Vereinigten Staaten. In den 80er Jahren brachen aufgrund schief gelaufener Zinsspekulationen zahlreiche Sparkassen zusammen Der Gesamtschaden betrug über 150 Milliarden US-Dollar. Etwa 125 Milliarden wurden durch einen staatlichen Bail-out finanziert. Der Schaden führte zu hohen Budgetdefiziten und einer Rezession der US-Volkswirtschaft.

## 3.2 Der Euro auf der Intensivstation

Zusätzlich zu der global ausgreifenden US-Subprime-Krise wurden ab 2009 schwerwiegende strukturelle Probleme in der Eurozone sichtbar. Auch in der Euro-Zone lösten zu niedrige Zinsen, in Verbindung mit fehlender wirtschaftlicher Konvergenz zwischen den Mitgliedstaaten, eine schwere Krise aus. Es werden nachfolgend der Krisenverlauf und die wichtigsten unbewältigten Herausforderungen und Risiken des Euro-Systems in Kurzform dargestellt. Dem interessierten Leser steht darüber hinaus eine umfassende Literatur zur Verfügung, auf die hier verwiesen wird.[167]

Vor der Euroeinführung hatten insbesondere mehrere südeuropäische Länder eine tief verwurzelte Inflationskultur. Löhne und Renten stiegen dort stets schneller als im Norden, was regelmäßig zu Preissteigerungen führte. Um die Anleger für die daraus resultierenden Abwertungsrisiken auf Lira, Pesete oder Escudo zu entschädigen, mussten in diesen Währungen meist zweistellige Zinssätze gezahlt werden.

In Erwartung der Euro-Einführung hatten sich trotz fehlender wirtschaftlicher Konvergenz in der Eurozone Ende der 1990er-Jahre die Anleiherenditen angeglichen, weil das Abwertungsrisiko der Investoren in einer Gemeinschaftswährung definitionsgemäß entfallen würde. Die Märkte unterstellten zudem, dass sie auch keine Bonitätsunterschiede mehr zwischen den staatlichen Schuldnern machen mussten.[168] Einige Mitgliedsländer haben die niedrigen Zinsen für höhere kreditfinanzierte Ausgaben genutzt, wodurch sie ab 2009 in große Schwierigkeiten bei der Refinanzierung ihrer Staatsschulden geraten sind. Das (süd-)europäische Staatsschuldenproblem wurde mit der Zahlungsunfähigkeit Griechenlands auch ein Problem vieler Banken insbesondere in Frankreich, aber auch in Deutschland. Allein das Verlustrisiko der drei größten französischen Ban-

[167] Exemplarisch; Philipp Bagus: *Die Tragödie des Euro,* 2. Auflage München (2012), Joachim Strabatty, *Tatort Euro*, München (2013), Hans-Werner Sinn: *Der Euro*, München 2015, Ashoka Mody, *Euro tragedy. A Drama in nine acts*, Princeton (2018).

[168] Dahinter steckte implizit die Annahme, dass im Krisenfall die No-Bail-out-Klausel des Maastrichter Vertrages nicht halten würde. Die stärkeren Länder würden gemäß dieser Erwartung, entgegen dem expliziten Wortlaut der europäischen Verträge, im Zweifelsfall doch für die Schulden der schwächeren Länder einstehen.

ken wegen ihres Südeuropaengagements war doppelt so groß wie das französische BIP.[169]

Das verringerte Zinsniveau hat zudem in Spanien, Portugal und Irland eine kreditfinanzierte Konsum- und Immobilienblase erzeugt. Die anschließende Marktkorrektur verlief ähnlich drastisch wie in den Vereinigten Staaten. Viele Banken mussten von nationalen Rettungsschirmen oder im Falle Spaniens vom neu gegründeten europäischen Rettungsfonds ESM aufgefangen werden.

Aufgrund der staatlichen Bail-outs und der massiven Steuerausfälle in Folge der Rezession stieg die Staatsverschuldung in den betreffenden Ländern massiv an. Etliche Ländern der Euro-Zone wie Italien (134,1 Prozent zum BIP im dritten Quartal 2017), Frankreich (98,4) Spanien (98,7) oder Portugal (130,8)[170] haben heute Schuldenstände, die weit jenseits der Maastrichter Grenzwerte liegen. Im Laufe der Jahre wurden die Maastricht-Kriterien von fast allen Teilnehmerländern bei Bedarf ignoriert, wenn auch mit sehr unterschiedlichen Folgen für die Währungsgemeinschaft.[171]

Das Kernproblem der Eurozone ist, dass es bis heute keine wirtschaftliche Konvergenz zwischen den Mitgliedstaaten gibt. Inflationsraten, Wirtschaftswachstum, Außenhandel und Arbeitslosigkeit entwickelten sich in den Ländern seit der Euroeinführung stets sehr unterschiedlich. Die EZB kann aber immer nur eine einheitliche Geldpolitik für alle betreiben. In den südlichen Mitgliedsländern sind die Lohnerhöhungen nach der Euro–Einführung weiterhin wesentlich höher ausgefallen als im Norden.[172] Die resultierenden Kostensteigerungen haben die Exportwirtschaft Südeuropas massiv belastet. Unter Leistungsbilanzaspekten ist der Euro aktuell für die Nordländer zu niedrig bewertet und für die Südländer zu hoch.

---

[169] Yanis Varoufakis, Die ganze Geschichte: *Meine Auseinandersetzung mit Europas Establishment*, München (2017), S. 35.

[170] Zahlen von Statista, https://de.statista.com/statistik/daten/studie/163692/umfrage/staatsverschuldung-in-der-eu-in-prozent-des-bruttoinlandsprodukts/

[171] Von Euro-Befürwortern wird gern zu Recht darauf hingewiesen, dass auch Deutschland zu Zeiten der Schröder-Regierung die Defizitgrenze überschritten hat. Diese Verfehlung des einstigen Musterschülers hatte gewiss ungünstige Folgen für die allgemeine Fiskaldisziplin. Die Überschreitung hatte aber – anders als die fatalen Entwicklungen in Südeuropa – keine weiteren wirtschaftlichen Folgen für die anderen Euroländer, etwa in Form von Bürgschaften und Transfers.

[172] Hans-Werner Sinn (2015), S. 179.

Eine Abwertung ist im Euro-Binnenverhältnis aber ausgeschlossen. Eine Faktormobilität[173] besteht in der Euro-Zone ebenfalls nicht. Es kam in den Südländern auch zu keiner ausreichenden relativen Kostensenkung bei Löhnen und Renten und in den öffentlichen Haushalten (Austerität).[174] Außenhandelsdefizite, Unternehmenspleiten und Steuerausfälle kennzeichnen mittlerweile die Volkswirtschaften des Südens. Das Bruttoinlandsprodukt der südeuropäischen Staaten hat das Vorkrisenniveau noch immer nicht erreicht, zudem ist die Arbeitslosigkeit sehr hoch.

Die Methode der Wahl zur Rettung des Eurosystems bestand aus einem Sammelsurium von Rettungspaketen und Zentralbankinterventionen. Ein wesentliches Element war die Gründung und Kapitalisierung der sogenannten Rettungsfonds EFSF und ESM mit europäischen Steuergeldern und Haftungsgarantien der Euro-Mitgliedsländer. Das größte mediale Drama bildete die sogenannte Griechenlandrettung[175] mit Notkrediten der beiden Rettungsfonds, diversen Schuldenschnitten sowie halbherzigen, und trotzdem für viele Betroffene sehr schmerzhaften[176] Austeritätsprogrammen unter Schirmherrschaft der EU-Kommission, der EZB und des IWF.

Für die Solvenz der Krisenländer war das Eingreifen der EZB aber noch wichtiger. Erst als EZB-Präsident in seiner berühmten „Whatever it takes"-Ansprache eine Art EZB-Garantie für alle Staatsschulden der Eurozone ausgegeben hat, haben die Zinssätze der Krisenländer wieder nachgegeben.

Die EZB hat mittlerweile über diverse Programme massive Anleihekäufe getätigt. Sie hat zudem die Finanzierung von Leistungsbilanzdefiziten und Kapitalflucht im Süden über das Zahlungsverkehrssystem Target ermöglicht. Die Bundesbank hatte im März 2018 laut Statista Targetforderungen an die EZB in Höhe von EUR 923,5 Mrd., was dem halben deutschen Net-

---

[173] Abwanderung von Arbeitskräften in die Exportregionen auch über Länder- und Sprachgrenzen hinweg.

[174] Eine Art letzter Versuch, der allerdings noch für die Fußnote qualifiziert, wurde 2011 mit der Reform des Stabilitäts- und Wachstumspaktes unternommen. Ein Maßnahmenbündel („Sixpack") sollte, im Gegenzug für die Rettungsmaßnahmen, wieder für mehr Haushaltsdisziplin der Eurostaaten sorgen. Die neuen Vereinbarungen wurden aber auch ignoriert.

[175] Die „Griechenlandrettung" diente ganz wesentlich auch der Rettung der europäischen (insbesondere der französischen) Banken vor nicht verkraftbaren Abschreibungen.

[176] Yanis Varoufakis (2017), S. 17.

toauslandsvermögen entspricht.[177] Sie ist ihrerseits in gleicher Höhe bei den deutschen Kreditinstituten verschuldet, auf deren Konten zum Beispiel die Exporterlöse verbucht werden. Die EZB wiederum verleiht die Targetmittel an die Zentralbanken der Defizitländer, die das Geld ihrerseits an ihre nationalen Kreditinstitute weitergeben.

Eine Besonderheit an den Targetforderungen ist, dass sie kein Fälligkeitsdatum haben. Selbst zwischen den verschiedenen Regionen des FED-Systems in den USA, also innerhalb eines Landes, müssen alle Salden jährlich ausgeglichen werden. Mit Hilfe des Targetsystems wird nicht nur das anhaltende Außenhandelsdefizit der Eurokrisenstaaten und ein Bailout ihrer (ehemaligen) Gläubiger bezahlt, sondern auch eine Kapitalflucht der Bürger der betreffenden Staaten sowie von Anleger aus Drittländern.

Target erfasst unverzinsliche Kredite ohne Rückzahlungsdatum und damit aus Sicht der Gläubigerländer verschenktes Geld.[178] Hans-Werner Sinn spricht sogar von einer *„Plünderung des deutschen (und niederländischen) Realkapitalbestands“*.[179] Er schätzte bereits 2015 allein das Haftungsrisiko für Deutschland im Falle der Insolvenz oder des Austritts einzelner Mitgliedstaaten auf über EUR 400 Mrd.[180]

Es handelt sich bei den Salden daher nicht, wie gelegentlich verharmlosend behauptet wird, um einen harmlosen Buchungsposten,[181] der ohnehin durch Gelddrucken der EZB ohne Verwerfungen ausgeräumt werden könnte.[182] Mittlerweile wird sogar seitens der Bundesbank beschwichtigt,

---

[177] https://de.statista.com/statistik/daten/studie/233148/umfrage/target2-salden-der-euro-laender/. Schuldner gegenüber der EZB in entsprechender Gesamthöhe sind die Notenbanken derjenigen Mitgliedstaaten, die von hohen Außenhandelsdefiziten oder Kapitalflucht betroffen sind.

[178] Hans-Werner Sinn (2015), S. 251.

[179] Hans-Werner Sinn, *Auf der Suche nach der Wahrheit*, München (2018), S. 605.

[180] Heute ist er nicht mehr so „optimistisch“, Sinn (2018), S. 589.

[181] So insbesondere der ehemalige EZB-Volkswirt Marcel Fratzscher, https://www.handelsblatt.com/meinung/gastbeitraege/gastkommentar-das-target-system-ist-fuer-deutschland-und-europa-ein-anker-der-stabilitaet/22870816.html?ticket=ST-979194-6MYGUvNYBSMMAYZU3E9U-ap3,

[182] So zuletzt auch Martin Hellwig http://www.faz.net/aktuell/finanzen/anleihen-zinsen/martin-hellwig-max-planck-institut-deutschland-hat-die-finanzkrise-nicht-aufgearbeitet-13226329.html. Eine ausführliche Replik von Hans Werner Sinn in der FAS vom 5. August 2018, S. 20, *Irreführende Verharmlosung*.

dass im Targetsystem alles in Ordnung sei, so lange nur alle Länder im Euro blieben.[183]

Aber genau das kann niemand garantieren. Wenn man die Haftungsrisiken in ein Verhältnis zur Wirtschaftskraft der Staaten setzt, ist offensichtlich, dass den Schuldnerländern eines Tages auch das Geld bzw. die Bonitätsreserven der stabileren Länder ausgehen werden. Eine theoretische Möglichkeit im Abbau läge – abgesehen von einer im Euro abwegigen Umkehr der Außenhandelssalden - darin, dass die Bundesbank die Salden ihrerseits zum Ankauf von realen Vermögenswerten in den Krisenländern nutzt, was vor dem Hintergrund der bisherigen Politik aber nicht sehr wahrscheinlich ist.

Zusätzliche Stabilisierungsmaßnahmen befinden sich nichtsdestotrotz auf den Weg. Unter der im Aufbau befindlichen Europäischen Bankenunion wird die gemeinsame Verantwortung für die Finanzmarktaufsicht, Einlagensicherung und die Sanierung oder Abwicklung von Kreditinstituten innerhalb der EU verstanden. Die EZB hat 2014 zur Vermeidung der Altlastenübernahme einen Stresstest bei den betroffenen Banken durchgeführt, der allerdings wegen seiner fragwürdigen Methodik und fehlenden Objektivität teilweise heftig kritisiert worden ist.[184]

Besonders umstritten ist die geplante Einrichtung der gemeinsamen europäischen Einlagensicherungsfonds, weil keine Transparenz bezüglich der Altlasten besteht, die bisherige Dotierung der Reserven stark variiert und die Wirksamkeit der EZB-Aufsicht noch nicht bewiesen ist[185] Die deutschen Sparkassen und Volksbanken wehren sich vehement gegen die Europäisierung der Einlagensicherung. Es dürfte dennoch nur eine Frage der Zeit sein, bis die Risiken europäischer Bankenpleiten vollständig vergemeinschaftet werden.

Es mag aus politischer Sicht nach wie vor Argumente geben, an der Einheitswährung ohne Korrekturen festzuhalten. Aber bei einer sachlichen Betrachtung ist offenkundig, dass der ökonomische Preis dafür sehr hoch

---

[183] https://www.welt.de/finanzen/article179672280/Target2-Sicher-aber-nur-wenn-niemand-aus-dem-Euro-austritt.html

[184] Markus Krall, *Der Draghi Crash*, München, 2017.

[185] So zum Beispiel Florian Eder in der Zeitung DIE WELT (2018), https://www.welt.de/wirtschaft/article149109736/Separate-Rechnung-bitte.html

ist.[186] Die Kosten dieser Status quo-Politik liegen in der Fehlallokation gewaltiger Kapitalbeträge und in den Fehlanreizen, die von der Vergemeinschaftung von Haftungsrisiken ausgehen. Die Fehlallokation von Kapital findet ihren Ausdruck unter anderem in den massiv ansteigenden Vermögenspreisen, weil das allgemein gesenkte Zinsniveau Anleger dazu bringt, auf andere Anlageklassen auszuweichen und günstige Verschuldungsmöglichkeiten spekulativ zu nutzen. Fehlanreize betreffen die Schuldner, allen voran die Finanzminister der Krisenstaaten, die aufgrund des billigen EZB-Geldes keine Anstrengungen zur Haushaltssanierung unternehmen müssen. Auch die Haftungsrisiken sind für Anleger relevant, weil die gemeinschaftlichen Haftungsbeträge so groß sind, dass bei ein Zusammenbruch des Eurosystems immense negative Folgen selbst für den deutschen Staatshaushalt entstünden. Die damit verbundene drastische Reduktion sämtlicher fiskalischer Spielräume würde das wirtschaftliche Klima in ganz Europa belasten. Wachstums- und Gewinnerwartungen an Unternehmen wären obsolet, Dividendenausfälle und Kursverluste für Anleger wären wahrscheinlich. Höhere steuerliche Belastungen des Anlegers wären ebenfalls unvermeidlich.

Die geschilderte Erfahrung lehrt, dass innerhalb der Eurozone und der EU auch künftig ökonomische Erwägungen hinter politischen Zielen zurücktreten müssen. Konkret bedeutet das, dass im Zweifel so lange wie möglich das bestehende System erhalten werden wird, auch um den Preis stetig wachsender Transferzahlungen und einer „weicheren Währung". Die Basler Zeitung spricht daher vom Euro als Zombiewährung ohne Zukunft.[187] Großbritanniens früherer Außenminister William Hague hat die Eurozone undiplomatisch als „brennendes Haus ohne Ausgang" bezeichnet und gesagt, *„es war Wahnsinn dieses System zu schaffen, jahrhundertelang wird darüber als eine Art historisches Monument kollektiven Wahnsinns geschrieben werden."*[188]

Auch wenn es nicht ganz so schlimm kommen muss, ist evident, dass im aktuellen System gewaltige Risiken aufgrund verschleppter Staats- und

---

[186] Zyniker würden allerdings einwenden, dass ein Großteil der Schäden für die Zukunftsbetrachtung im Sinne sogenannter „Sunk costs" bereits irrelevant sind, weil die eingetretenen Verluste ohnehin nicht mehr zu korrigieren sind.

[187] https://bazonline.ch/wirtschaft/die-zombiewaehrung-ohne-zukunft/story/24357786

[188] William Hague: *Bau der Eurozone war „kollektiver Wahnsinn"*, Focus online vom Donnerstag, 29.09.2011, https://www.focus.de/politik/deutschland/eu-hague-bau-der-eurozone-war-kollektiver-wahnsinn_aid_669993.html.

Bankenpleiten bestehen. Wenn es ohne massive Systemkorrekturen so weitergeht wie bisher, werden sich der eine Teil Europas zu einer gigantischen deindustrialisierten Transferempfängerzone und der andere Teil zum dauerhaften Zahlmeister eines gescheiterten Systems entwickeln.

Einige Kritiker befürchten trotz der Erfahrungen mit dem Euro, dass der globale finanzwirtschaftliche Integrationsprozess noch weitergehen wird. Sie unterstellen, dass die aktuellen Entscheidungsträger eine monopolartige Weltzentralbank und zudem eine Art Weltregierung anstreben.[189] Dafür gibt es auch Indizien.[190] Nach dieser Lesart ließe sich die Gründung der EZB als großer, experimenteller Zwischenschritt auf dem Weg zu einem zentralisierten Finanzsystem interpretieren. Die spannende Frage wäre, wer in einem globalen Währungsregime am Ende die Kontrolle innehätte. Für die nähere Zukunft ist allerdings mit weiteren Integrationsschritten nicht zu rechnen, weil zunächst die vorhandenen Probleme bewältigt werden müssen.

## 3.3 Zentralbanken am Steuerpult der Kapitalmärkte

Bereits seit mehr als 100 Jahren sind Zentralbanken wie beschrieben in fast allen wirtschaftlich bedeutenden Ländern fest verankert. Ihr Aufgabenspektrum wurde im Laufe der Jahrzehnte immer stärker ausgeweitet. Die Zentralbankräte legen die Leitzinsen „ihrer Währung“ fest und intervenieren an den Zinsmärkten. Sie verteidigen durch Interventionen am Devisenmarkt auch den gewünschten Außenwert ihrer Währung. Spätestens seit der Jahrtausendwende befinden wir uns aufgrund dieser vielfältigen Interventionen in einer Welt gemanagter Kapitalmärkte. Auch die jüngste Finanzkrise hat zu keiner Beschneidung, sondern wie beschrieben zu einer erneuten Ausweitung der Zentralbankmacht geführt.

Heute sitzen die Chefs der großen Zentralbanken am Steuerpult der Macht und nutzen dessen Knöpfe und Hebel. Durch ihren Interventionismus wurden sämtliche Bewertungen an den Kapitalmärkten verzerrt. Haupthebel der Intervention sind die Festlegung der Leitzinsen und An-

---

189 Murray Rothbard (2015), S. 87.

190 Jacques Attali, *A Brief History of the Future*, engl. Ausgabe, New Yok (2011), S. xiv. Ähnlich soll sich der verstorbene Bankier David Rockefeller geäußert haben.

leihekäufe. Alle westlichen Notenbanken haben in der Folge der Finanzkrise ihre Leitzinsen auf Rekordtiefstände gesenkt. Die EZB, die Bank of Japan und die Schweizerische Nationalbanken operieren bis heute mit negativen Einlagenzinsen. Zusätzlich haben die Zentralbanken Rekordvolumina von festverzinslichen Wertpapieren erworben.

Die gewaltigen Rettungsaktionen seit 2008 haben Krisenstaaten, angeschlagenen Banken und den Finanzsektor stabilisiert. Es ist durchaus bemerkenswert, dass die Zentralbanken die Panik beruhigen und zehn (oder mehr)[191] Jahre Zeit kaufen konnten. Die Kombination von Nullzinsen und Anleihekäufen hat mit einiger Verzögerung eine Erholung der Aktien- und Immobilienpreise bewirkt. Ein Finanzarmageddon wurde durch die Interventionen noch einmal abgewendet, aber zu einem hohen Preis. Die Sparer wurden enteignet, die Schuldenberge sind jetzt noch höher und künftigen Generationen wurden höhere Lasten aufgebürdet. Aufgrund der länderübergreifenden Haftungsrisiken haben sich auch die systemischen Risiken weiter erhöht.

Durch die umfangreichen Käufe von festverzinslichen Staatsanleihen wurde das allgemeine langfristige Zinsniveau in den jeweiligen Währungsräumen massiv gedrückt, weil private Anleger auf Unternehmensanleihen ausgewichen sind. So konnte Bloomberg an 6. September 2016 sensationell berichten, dass auch Unternehmensanleihen negative Verzinsungen abwerfen: *“Henkel AG and Sanofi are poised to become the first non-financial private companies to sell bonds that yield below zero.”*

Inzwischen hat die EZB Unternehmensanleihen auch direkt in ihre Anleihekaufprogramme aufgenommen, weil Staatsanleihen nicht mehr in ausreichendem Volumen zur Verfügung standen.[192] Das Gesamtvolumen des Unternehmensanleihebestandes der EZB belief sich Anfang Juni 2018 auf EUR 159 Mrd., hinzu kamen Asset Backed Securities in Höhe von EUR 254 Mrd.

Zentralbanken, aber auch andere öffentliche Einrichtungen in den USA, Europa und Asien kaufen inzwischen zudem auch Aktien, wie eine aktu-

---

[191] Viele Kritiker glauben, dass es damit bald vorbei sein muss. Prognosen hinsichtlich eines Zeitpunktes des nächsten Krisenbeginns sind aber unseriös. Theoretisch können die Zentralbanken noch eine Weile so weiter machen, wenn sie den Zins niedrig halten und weiterhin eine geschickte PR betreiben.

[192] O.V. (2018), *Unternehmen im Sog des EZB-Kaufprogramms*, in FAZ vom 13. Juni 2018, S. 25.

elle globale Studie belegt: *"A cluster of central banking investors has become major players on world equity markets,... the trend could potentially contribute to overheated asset prices"* berichtet das Official Monetary and Financial Institutions Forum, Im OMFIF-Report werden laut Financial Times US-Dollar 29,1 Billiarden an direkten Finanzmarktanlagen öffentlicher Institutionen identifiziert, die von 400 öffentlichen Einrichtungen in 162 Ländern gehalten werden (nicht ausschließlich Notenbanken).[193] Vor allem die Bank of Japan hat versucht, durch Aktienkäufe die Kapitalmärkte zu stabilisieren. Aber selbst die Zentralbanken der Schweiz und Dänemarks haben Aktien gekauft.

Die Interventionen bergen auch umfangreiche Risiken für die Zentralbanken selbst. Auffällig ist, dass aufgrund der Wertpapierkäufe die Bilanzsummen aller großen westlichen Notenbanken regelrecht explodiert sind und inzwischen oft mehr als das Hundertfache ihres bilanziellen Eigenkapitals betragen. Im Falle einer größeren Staatspleite im Euroraum wäre das überschaubare Eigenkapital der EZB schnell aufgezehrt. Nicht nur das bilanzielle Eigenkapital, sondern auch die Goldreserven vieler westlicher Notenbanken sind im Verhältnis zu ihrem Bilanzvolumen, wie die Tabelle 2 darlegt, eher gering. Die People's Bank of China mit 1.658,1t und der russischen Zentralbank mit 1.275t hatten per Ende 2015 relativ gesehen wesentlich größeren Reserven, die zudem seither durch Zukäufe am Markt weiter angestiegen sind.[194] Falls die westlichen Zentralbanken eines Tages zum Goldstandard zurückkehren sollten, wäre das zwangsläufig mit einer Rebasierung der jeweiligen Währungen verbunden.

---

[193] Ein FT-Artikel berichtet ausführlich, http://www.ft.com/intl/cms/s/0/460ca86a-f6fa-11e3-9e9d-00144feabdc0.html#axzz3Ezj5El11

[194] https://www.bullionstar.com/blogs/koos-jansen/pboc-gold-purchases-separating-facts-from-speculation/

Tab. 2: Kapitalausstattung und Steuerungsaktivitäten westlicher Notenbanken im Vergleich (eigene Darstellung)

| **Zentralbank** | **FED**[195] | **EZB**[196] | **BoJ**[197] | **BoE**[198] | **SNB**[199] |
|---|---|---|---|---|---|
| Bilanzsumme | 4,5 Billionen[200] | 4.100 Mrd.[201] | 528,3 Billionen | 527,8 Mrd. | 843,3 Mrd. |
| Grundkapital in jeweiliger Währung | 31,4 Mrd. | 10,8 Mrd. | 100 Mio. | 4,8 Mrd.[202] | 25 Mio. |
| Goldreserven in t (per Ende 2015)[203] | 8.133,5 | 504,8[204] | 765,2 | 310,3 | 1.040 |
| Einlagenzins (Tiefstand) | 0 Prozent | - 0,4 Prozent | - 0,4 Prozent | 0,25 Prozent | - 0,4 Prozent |
| Käufe Staatsanleihen | ja | ja | ja | ja | ja |
| Käufe ABS und Unternehmensanleihen | ja | ja | ja | ja | ja |
| Käufe Aktien und Indizes | ja | nein | ja | nein | ja |

---

[195] Bilanz des konsolidierten Federal Reserve Systems zum 31.12.2017 online, https://www.federalreserve.gov/aboutthefed/files/combinedfinstmt2017.pdf

[196] Bilanz der Europäischen Zentralbank zum 31.12.2017 online, https://www.ecb.europa.eu/pub/pdf/annrep/ecb.ar2017.de.pdf?8887833fa471f64f8293868ae8260877

[197] Bilanz der Bank of Japan zum 31.3.2018, http://www.boj.or.jp/en/about/account/index.htm/

[198] Bilanz der Bank of England zum 28.2.2017, online https://www.bankofengland.co.uk/-/media/boe/files/annual-report/2017/boe-2017.pdf?la=en&hash=32D14F11EF6AA4E3D708C168819F112FAC1D3681

[199] Jahresrechnungsbericht der SNB zum 31.12.2017, https://www.snb.ch/de/mmr/reference/annrep_2017_jahresrechnung/source/annrep_2017_jahresrechnung.de.pdf

[200] Zahlen aus der Schweizer Handelszeitung vom 3.5.2017, online https://www.handelszeitung.ch/blogs/free-lunch/sieben-antworten-zur-aufgeblaehten-bilanz-der-fed-1395091

Aus Sicht anderer Marktteilnehmer ist vor allem wichtig zu verstehen, dass die Zentralbanken an vielen Stellen die Renditen und das relative Preisgefüge an den Finanzmärkten beeinflussen. Festverzinsliche Wertpapiere steigen aufgrund der zusätzlichen Nachfrage der Notenbanken im Kurs und werfen keine angemessene Rendite mehr ab.

Im Falle der EZB sind die Interventionen besonders problematisch, weil sie für den Währungsraum verschiedener souveräner Staaten verantwortlich ist. Sie verringert durch ihre Käufe aber die bonitätsbedingten Zinsunterschiede. Vereinfacht gesagt profitieren diejenigen Schuldner am meisten von Interventionen, die es am nötigsten haben. In der Folge verteuern sich auch andere Anlageklassen wie Aktien und Immobilien. Aufgrund ihrer gewaltigen Mittel haben die Zentralbanken oft mehr Einfluss auf das Kursniveau der Aktien als eine Änderung der Fundamentaldaten. Bereits im Oktober 2014 stellte der Anlagestratege Jim Reid (Deutsche Bank) fest: *"you can see, since the Fed balance sheet was used as an aggressive policy tool post-GFC, the graph suggests that the S&P 500 is well correlated with the size of the Fed balance sheet with the former leading the latter by 3 months. (...).* ***This is important as virtually all of the mega rally in the last 5 years has come in the Fed balance sheet expansion periods."***

Diese Aussage ist im Grundsatz bis heute an allen wichtigen westlichen Aktienmärkten gültig, wobei der S&P 500 den jüngsten moderaten Zinserhöhungen einigermaßen getrotzt hat, nicht zuletzt aufgrund der massiven Unternehmenssteuersenkungen der Trump-Regierung.[205] Zudem werden Unternehmen und Beteiligungsgesellschaften aufgrund des gesunkenen Zinsniveaus zu Fehlinvestitionen animiert, weil sich eigentlich unrentable Projekte und Akquisitionen durch das billige Geld plötzlich rechnen.

---

[201] Bloomberg-Daten per 5.4.2017, bezogen auf Anleihekäufe im gesamten EZB-System, online veröffentlicht in der Zeitung Die Welt, https://www.welt.de/finanzen/article163452501/Die-brisante-Billionen-Bilanz-der-EZB.html

[202] Inklusive Gewinnrücklagen und Sonstige Rücklagen.

[203] Offizielle Angaben der Notenbanken ergänzt durch Zahlen des World Gold Council von August 2015.

[204] Die EZB-Goldreserven beziehen sich nur auf die von den nationalen Notenbanken übertragenen Bestände. Allein die Goldreserven der Bundesbank belaufen sich auf 3.381t, die der Banque de France auf 2.435,4t.

[205] http://www.faz.net/aktuell/wirtschaft/steuerreform-in-den-usa-die-wichtigsten-fragen-und-antworten-15351951.html

## 3.4 Rekordverschuldung als Stolperstein für die Geldpolitik

Die Interventionen der Zentralbanken seit 2008 waren nach Art und Umfang historisch beispiellos. Viele Anleger erwarten seither erst recht, dass sie im Zweifelsfall immer von den Zentralbanken gerettet werden.[206] Bei einigen anderen Anlegern ist dennoch ein grundsätzliches Misstrauen gegenüber dem Finanzsystem gewachsen.

Die Gretchenfrage ist, ob die Zentralbanken auch in Zukunft immer wieder auf dieselbe Art intervenieren wollen und können. Zwar können die Zentralbanken so viel Basisgeld schaffen wie sie wollen, doch kämpfen sie bei ihren schematischen Kriseninterventionen mittlerweile immer stärker mit strukturellen Problemen. Die größte Herausforderung ist dabei die Transmission der Zentralbankpolitik auf die privaten Kreditmärkte. Die designierten Kreditnehmer sind schon in hohem Maße verschuldet. Viele US-Haushalte haben keinen Spielraum mehr für kreditfinanzierten Konsum. Eine Erhöhung der Zentralbankgeldmenge läuft ins Leere. Selbst dort, wo sich die Verschuldung noch erhöhen lässt, besteht die Gefahr, dass das Kapital in wenig rentable Anlagen gesteckt oder nach einer konsumtiven Verwendung nicht mehr zurückgezahlt werden kann. Die Problematik wird klarer, wenn man sich die relevanten Pfeiler des Systems genauer ansieht.

Das Transmissionsproblem fängt bereits bei den Geschäftsbanken selbst an, die ihre bilanziellen Möglichkeiten der Kreditvergabe oft schon ausgeschöpft haben. Nicht besser sieht es auf der Seite der Schuldner aus. Staaten, Unternehmen und private Haushalte greifen auf Fremdkapital zurück, um Investitions- und Konsumausgaben zu finanzieren. Die Verschuldungsneigung der Wirtschaftssubjekte unterscheidet sich zwar von Land zu Land, aber auf aggregierter Ebene ist die Verschuldung bereits seit Jahrzehnten massiv angestiegen. Zahlen des McKinsey Global Institute weisen allein zwischen 2007 und 2014 einen Anstieg der globalen Gesamtverschuldung um 57 Prozent von US-Dollar 142 Billionen auf US-Dollar 199 Billionen aus.

Besonders stark haben sich in den letzten Jahren die Staats- und Unter-

---

[206] Gern wird der Begriff „Draghi-Put“ als Synonym für eine kostenlose Investitionsausfallversicherung durch die Notenbank verwendet.

nehmensschulden erhöht. Die Staatsschulden sind vielerorts im Zuge der Finanzkrise aufgrund von Bail-outs und Steuerausfällen angestiegen, global in Summe zwischen 2007 und 2014 von US-Dollar 33 Billionen auf US-Dollar 58 Billionen (plus 75 Prozent). Die Staatsverschuldung liegt zum Ende des dritten Quartals 2017 zum Beispiel im krisengebeutelten Griechenland trotz Schuldenschnitts bei 177,4 Prozent.[207]

Aber auch in vielen anderen Euroländern liegt der Schuldenstand wie in Abschnitt 3.2 beschrieben weit jenseits der Maastrichtwerte, bei weiter steigender Tendenz. In der Vergangenheit kam es schon bei Relationen von 40 bis 60 Prozent oft zu Vertrauenskrisen und Zahlungsausfällen, wie Reinhard und Rogoff in ihrer finanzhistorischen Analyse gezeigt haben.[208] Werte über 80 Prozent sind entsprechend brandgefährlich.

Die globale Verschuldung der privaten Haushalte ist von 2007 bis 2014 vergleichsweise moderat von US-Dollar 33 Billionen auf US-Dollar 40 Billionen (plus 31 Prozent) gestiegen. Dramatischer sieht es dagegen bei den Banken aus. Das Subprime-Problem ist nach wie vor aktuell. Viele bedeutende Finanzinstitutionen leiden bis heute unter unbereinigten Altlasten in ihren Büchern. Außerdem gibt es heute zahlreiche ähnliche Verbriefungen anderer minderwertiger Kredite, etwa von notleidenden Autofinanzierungen und Studentenkrediten, die als Zeitbomben in den Büchern zahlreicher Banken und Investoren liegen. In den Vereinigten Staaten haben 45 Millionen Bürger aufgrund der hohen Studiengebühren noch Studienschulden mit einem Gesamtvolumen von US-Dollar 1.480 Milliarden.

Ein großer Teil dieser Kredite ist bereits heute notleidend, weil die Absolventen nicht genug verdienen, um die Raten zu bedienen. Eine Studie des Brookings-Institutes prognostiziert laut Forbes-Magazin Ausfallquoten von bis zu 40 Prozent in den nächsten fünf Jahren.[209] Diese Zahlen bedeuten nicht, dass sich Bildung nicht grundsätzlich auszahlt. In den USA verdienen Akademiker im Durchschnitt 80 Prozent mehr als Arbeitnehmer ohne Studienabschluss.[210] Auch sinkt die Wahrscheinlichkeit arbeitslos zu

---

207 Die länderspezifischen Zahlen stammen von Statista.com ohne Berücksichtigung ungedeckter Pensionsverbindlichkeiten, negativer Target-Salden und anderer versteckter Staatsschulden.

208 Carmen Reinhard und Kenneth Rogoff (2010), S. 201.

209 https://www.forbes.com/sites/nickmorrison/2018/01/23/student-loans-in-crisis-as-two-in-five-likely-to-default/#2b2f86ff3351

210 http://libertystreeteconomics.newyorkfed.org/2015/02/the_student_loan-landscape.html

werden mit dem Bildungsgrad signifikant.[211] Bildung ist per se wohl immer noch die beste Investition, aber angesichts der vielerorts explodierenden Kosten[212] müssen die konkreten Entscheidungen besser überlegt sein.

Die Schuldenstatistiken dokumentieren, dass seit 2007 erneut eine Krise, die durch zu viel billiges Geld und zu viel Schulden entstanden ist, mit einer Politik von noch billigerem Geld und noch mehr Schulden bekämpft wird. Entsprechend fiel die realwirtschaftliche Erholung sehr enttäuschend aus. Der Ökonom Daniel Stelter erörtert daher, wie das globale Schuldenproblem nachhaltig behoben werden könnte. Als theoretische Optionen benennt er das Sparen, mehr Wachstum, gesteuerte Inflation und eine Schuldenrestrukturierung.[213] Auch eine Kombination dieser Hebel sei möglich. Allerdings funktioniert das Sparen in einer ungedeckten Papiergeldökonomie immer nur für einzelne Schuldner. Sparen zu viele gleichzeitig, kommt es zu Deflation und Pleitenserien. Das Wachstum wiederum will sich aus den genannten Gründen partout nicht einstellen. Daher ist die Erzeugung einer kontrollierten Inflation bzw. finanziellen Repression für einige Zentralbanken das Mittel der Wahl. Nominales Wachstum bei gleichzeitiger Inflation soll die relative Verschuldung senken. Das ist angesichts der Ausgangssituation ein langwieriger Prozess. Viele Länder bräuchten eine nominale Verdoppelung des Bruttoinlandsproduktes bei konstanten Schulden, um wieder die Maastricht-Werte zu erreichen.[214]

In der Geschichte hat das aber selten funktioniert. Der einzige immer wieder zitierte Präzedenzfall ist die Phase der finanziellen Repression in den USA nach Ende des Zweiten Weltkrieges. Japan versucht dagegen seit Jahrzehnten erfolglos, sein wirtschaftliches Problem auf diese Weise zu lösen. In vielen anderen Fällen ist die Situation aber außer Kontrolle geraten. Die Gelddruckerei hat eine Hyperinflation erzeugt, wie in der Weimarer Republik, Argentinien, Zimbabwe oder Venezuela. Ultimativ müssen sich Anleger daher möglicherweise noch auf viel radikalere Lösungsansätze gefasst machen. Stelter erwartet ultimativ eine globale Vermö-

---

211 https://www.bls.gov/emp/chart-unemployment-earnings-education.htm

212 US-College-Absolventen des Jahrgangs 2017 hatten im Durchschnitt Schulden in Höhe von Dollar 39,400 (plus 6,4 Prozent zum vorherigen Jahrgang), trotz Nebenjobs und elterlicher Unterstützung, https://studentloanhero.com/student-loan-debt-statistics/

213 Daniel Stelter, *Die Schulden im 21. Jahrhundert*, Frankfurt (2014), S. 114.

214 Manche Ökonomen wie der Erz-Keynesianer Paul Krugman fordern daher konsequenterweise eine Zielrate von mindestens 4 Prozent Inflation.

gensabgabe als Teil einer politischen Lösung des Schuldenproblems.[215] Entsprechende Ideen wurden auch in Arbeitspapieren des IWF und der Chicago FED ventiliert.[216]

## 3.5 Kritische Anmerkungen zu offiziellen Daten und Berechnungen

Die ungelösten Probleme im globalen Finanzsystem sind möglicherweise noch viel gravierender als bisher beschrieben, weil einige offizielle Berechnungsgrundlagen zu Verschuldung, Inflation, Wirtschaftswachstum und Arbeitslosigkeit fragwürdig sind. In den Verschuldungszahlen der Staaten werden viele implizite Verbindlichkeiten einfach unterschlagen. Insbesondere Verpflichtungen für Pensionszahlungen oder Zuschüsse ins Rentensystem werden oft gar nicht bilanziert.[217] Falls das Versorgungsniveau der Bevölkerung im Alter aber erhalten werden soll, sind die impliziten Verpflichtungen in vielen Ländern um ein Mehrfaches höher als die offizielle Staatsverschuldung.[218] Die wirkliche Verschuldung der Staaten steht bei Berücksichtigung dieser Lasten in keinem tragbaren Verhältnis mehr zu ihrer Finanzkraft.

Nicht ganz so dramatisch wie mit den Staatsschulden verhält es sich mit der Unternehmensverschuldung. Aber auch viele Unternehmen haben die niedrigen Zinsen für kreditfinanzierte Aktienrückkäufe genutzt. Zudem haben viele Unternehmen die Bilanzierungsspielräume in der jüngeren Vergangenheit aggressiver ausgenutzt als in der Vergangenheit, um hohe Erträge auszuweisen. Dadurch wurden die Börsenkurse massiv unterstützt. Die Verschuldungsniveaus vieler Unternehmen befinden sich daher relativ zu den Erträgen seit einigen Jahren im historischen Vergleich auf Rekordniveau.[219] Ein Wiederanstieg des Zinsniveaus oder ein Ertragsein-

---

215 Daniel Stelter (2014), S. 18.

216 Ein Diskussionspapier der Chicago-FED schlug konkret eine 30-jährige bundesstaatliche Immobiliensteuer von 1 Prozent p.a. vor, um das Problem der ungedeckten Pensionsverpflichtungen zu lösen, http://midwest.chicagofedblogs.org/?p=3096

217 https://www.welt.de/newsticker/bloomberg/article105880875/Europas-Pensionsverbindlichkeiten-sind-eine-tickende-Zeitbombe.html

218 ebd.

219 David Stockman, The Money Printers' M&A Ball: Where The Debt Zombies Go *To Mate,* 2015, http://davidstockmanscontracorner.com/the-money-printers-ma-ball-where-the-debt-zombies-mate/

bruch würde einige Unternehmen entsprechend in massive Refinanzierungsschwierigkeiten bringen.

Auch die offiziell ausgewiesenen Inflationszahlen sind mancherorts fragwürdig. Es bestehen Anhaltspunkte, dass die Inflationsraten im Sinne der Verbraucherpreissteigerungen systematisch zu niedrig ausgewiesen werden. Bekannt ist dieses Problem aus den Schwellenländern Lateinamerikas.

In Argentinien und Venezuela wurden von politischer Ebene Anweisungen zur Manipulation an die Statistikämter erteilt. Aber selbst in Europa wird gelegentlich die Frage gestellt, ob die offiziellen Inflationsraten stimmen.[220] Sich ständig verteuernde Güter des täglichen Bedarfs wie zum Beispiel Nahrungsmittel werden immer geringer gewichtet oder, wie zum Beispiel selbstgenutztes Wohneigentum, überhaupt nicht in den Warenkorb einbezogen. Umstrittene Qualitätsverbesserungen zum Beispiel bei Mobiltelefonen und Computern werden dagegen als preissenkend einbezogen („hedonisches Prinzip"). Die immer geringere Nutzungsdauer früher sehr langlebiger Gebrauchsgüter („Obsoleszenz") wird von der offiziellen Statistik wiederum ignoriert.[221]

Es spricht einiges dafür, dass die tatsächliche Preissteigerungsrate auch in Europa und Nordamerika aufgrund von Warenkorbveränderungen und der Anwendung des hedonischen Prinzips höher ist als offiziell ausgewiesen. Falls dieser Einwand zuträfe, wäre auch die reale (also inflationsbereinigte) Wachstumsrate des Bruttosozialproduktes niedriger als offiziell ausgewiesen. Etwas deutlicher formuliert gibt es Anhaltspunkte, dass die Wirtschaft Europas und Nordamerikas eigentlich seit Jahrzehnten kaum noch wächst. Bei einer Korrektur der offiziellen Daten entstünden für die Politik aber viele praktische Probleme, zum Beispiel Forderungen nach höheren Löhnen, Renten und Sozialleistungen sowie eine Verschlechterung der ohnehin vielerorts grenzwertigen Staatsverschuldungsraten.

Auch die offiziellen Arbeitslosenzahlen sind in vielen Staaten zu hinterfragen. Die Statistiken weisen zum Beispiel in den Vereinigten Staaten seit Jahren rückläufige Arbeitslosenquoten aus. Das hängt allerdings damit zusammen, dass Langzeitarbeitslose bereits nach einem Jahr aus der

---

220 Martin Hochstein, *Das Märchen von der niedrigen Inflation*, in FAZ vom 5.4.2018.

221 In den USA widmet der Ökonom John Williams dem Thema fragwürdiger Regierungsstatistiken mit shadowstats.com eine eigene Website, die unter anderem Inflationsraten auf der Basis früherer Warenkörbe errechnet und zu deutlich höheren Werten gelangt.

Statistik fallen, weil unterstellt wird, dass sie dem Arbeitsmarkt nicht mehr zur Verfügung stehen. Die Schätzungen für die versteckte Arbeitslosigkeit gehen bis zum Dreifachen der offiziellen Rate.[222]

Aussagekräftiger für die Beurteilung der US-Beschäftigungslage ist die „Participation rate", die den Anteil der Erwerbstätigen an der arbeitenden Bevölkerung misst. Diese Quote ist seit vielen Jahren rückläufig.[223] In vielen europäischen Ländern wird die Arbeitslosenstatistik durch Fortbildungsmaßnahmen und Frühverrentungen geschönt.[224]

Auch die Methodik der Schuldentragfähigkeitsberechnung durch Gegenüberstellung von Bruttoinlandsprodukt und Schuldenstand ist problematisch. Finanz- und Kreditanalysten setzen bei Unternehmen und Privathaushalten das Kreditvolumen üblicherweise ins Verhältnis zu den Vermögenswerten und zu den Nettoeinnahmen bzw. Gewinnen des Kreditnehmers. So wird ein Immobilienkredit in Relation zu dem Wert der Immobilie gesetzt, die zudem in den meisten Fällen als Sicherheit verpfändet wird. Die Bonität privater Kreditnehmer wird zudem an deren Einnahmen und Ausgaben gemessen. Ähnlich verhält es sich bei Unternehmen. Kredit- und Aktienanalysten setzen das Fremdfinanzierungsvolumen in ein Verhältnis zu den Ertragskennziffern EBIT oder EBITDA[225], aber nicht zum Umsatz, um die Schuldentragfähigkeit des Kreditnehmers zu ermitteln.

Wie sieht es nun bei den Staaten mit den beleihbaren Vermögenswerten aus? Über nennenswerte beleihbare Vermögenswerte verfügen nur wenige westliche Staaten und Gebietskörperschaften. Die meisten Staaten haben öffentliche Unternehmen, Immobilien oder auch Autobahnen und sonstige Infrastruktur längst privatisiert. Die Schulden sind dagegen in der Regel geblieben.[226]

---

222 Ian Bremmer, *US vs. Them: The failure of Globalism*, New York (2019; S. 17.

223 Ausführliche Darstellung der Zahlen findet sich online: http://investmentresearchdynamics.com/jobless-claims-are-irrelevant-private-sector-data-shows-employment-is-dropping-quickly/

224 https://correctiv.org/recherchen/arbeit/artikel/2017/05/31/zeit-fuer-die-echte-arbeitslosenzahl/

225 EBIT(DA) bedeutet Earnings before interest, tax (depreciation and amortisation).

226 Der damalige hessische Ministerpräsident Roland Koch hat einmal mit großem Aufwand eine Bilanz des Landes Hessen aufstellen lassen. Die Gegenüberstellung von Vermögenswerten und Schulden ergab ein negatives Eigenkapital. Es verwundert daher nicht, dass andere Politiker seinem Beispiel nicht gefolgt

Auch die „Ertragskraft“ der Staaten rechtfertigt nicht deren hohe Verschuldung. Um ein reales Bild der Lage zu zeichnen, sollte zunächst definiert werden, welche „Erträge“ Staaten generieren. Das Bruttosozialprodukt ist nämlich kein Ertrag des Staates, sondern entspricht eher dem konsolidierten Umsatz der gesamten Volkswirtschaft. Der viel kleinere Staatshaushalt könnte eher als Umsatz des Staates bezeichnet werden, auch wenn die Besteuerung keine produktive Tätigkeit darstellt. Der Gewinn eines Staates läge also im Haushaltsüberschuss. Selbst wenn (ähnlich zum EBIT) eine Betrachtung vor Zinsen angestellt würde, entsprechend dem Primärsaldo, stünden die Erträge auch in „solideren“ Ländern wie Deutschland in einem astronomischen Missverhältnis zu den Schulden. Vielleicht unterstellen viele Gläubiger, Volkswirte und die Politiker, dass der Staat auf das gesamte Bruttosozialprodukt zwangsweise zurückgreifen könnte. Spätestens seit dem Zusammenbruch des Kommunistischen Ostblocks 1990 sollte aber klar sein, dass die meisten Bürger dann ihre produktive Tätigkeit einfach einstellen und alle Berechnungen obsolet würden.

Ein konkretes Beispiel illustriert das Missverhältnis. Der deutsche Bundeshaushalt erreichte 2017 ein Volumen von EUR 330,4 Mrd. bei einem historisch seltenen (Netto-)Überschuss von EUR 5,4 Mrd. und einem Primärüberschuss von EUR 22,5 Mrd. Dem standen offiziell Bundesschulden von ca. EUR 1.250 Mrd. gegenüber (gesamte öffentliche Hand ca. EUR 2.005,6, jeweils 2016er-Zahlen).[227] Auch ohne verdeckte Verbindlichkeiten beträgt die Verschuldung also mehr als das 50-fache des Überschusses in einem Rekordjahr. Kein Unternehmen wäre unter ähnlichen Voraussetzungen kreditwürdig.

Eine letzte, eher philosophische Frage ist, ob die Fixierung von Ökonomen und Politikern auf Stromgrößen wie das Bruttoinlandsprodukt sinnvoll ist. Als Maß des gesellschaftlichen Wohlstands ist die wirtschaftliche Aktivität innerhalb eines Kalenderjahres eigentlich ungeeignet. Individueller und gesamtgesellschaftlicher Reichtum lassen sich besser an vorhandener Vermögenssubstanz unter Berücksichtigung notwendiger Abschreibungen festmachen.

---

sind. Welcher verantwortliche Politiker möchte schon die volle Wahrheit über die finanzielle Situation der Bundesländer Bremen, Berlin oder Nordrhein-Westfalen verkünden? Die Ergebnisse der Hessenstudie sind online verfügbar. https://finanzen.hessen.de/finanzen/geschaeftsberichte/eroeffnungsbilanz-2009

[227] So die offiziellen Zahlen aus dem Bundeshaushalt, https://www.bundesfinanzministerium.de/Monatsberichte/2018/01/Inhalte/Kapitel-3-Analysen/3-7-Vorlaeufiger-Haushaltsabschluss-2017.html

Wenn 100 Menschen gegen Bezahlung Löcher aufschütten und 100 andere Menschen sie danach wieder zuschütten, erhöht sich das BIP. Selbst die Herstellung von Waffen, deren zerstörerischer Einsatz und der anschließende Wiederaufbau des betroffenen Landes steigern das BIP, ohne dass sich die Vermögenssubstanz dadurch erhöht hätte.

## 3.6 Zuschnappen der Nullzinsfalle

Die Situation der Notenbanken ähnelt derjenigen des Zauberlehrlings, der die Geister gerufen hat und sie nun nicht mehr loswird. Weltweit sind die Zentralbanken aufgrund ihrer Anleihekäufe mittlerweile fast überall die größten Gläubiger der Staaten. Die Staaten profitieren davon zulasten der Anleger durch massive Zinseinsparungen. Aber wer sollte den Zentralbanken die Anleihebestände je wieder abkaufen oder auch nur die Refinanzierung der darin verbrieften Staatsschulden stemmen? Ein Verkauf würde eine Panik an den Märkten auslösen und nicht nur die Staaten in den Konkurs treiben, sondern über die Ausfälle auch das geringe Eigenkapital der Zentralbanken selbst vernichten.

In manchen Fällen ist fraglich, ob sich die Staaten ohne die Anleihekäufe der Zentralbanken überhaupt noch selbständig am Kapitalmarkt finanzieren könnten. Eine Zinserhöhung um 3 Prozent würde die sichere Staatspleite für Italien, Spanien und Portugal bedeuten. Eine echte Zinswende oder gar ein Verkauf der Anleihebestände würde an den Märkten eine Panik auslösen. Indirekt profitieren auch alle anderen Schuldner vom interventionsbedingt gesunkenen Zinsniveau. Wenn die Zentralbank diesen Kurs wechselt, haben alle Beteiligten ein Problem. Sämtliche Schuldner wissen um diese wechselseitigen Abhängigkeiten. Sie können daher politischen Druck aufbauen und müssen sich bei ihrer Verschuldung kaum noch Grenzen setzen lassen.

Aus Anlegersicht ist der Begriff Nullzinsfalle sogar noch ein Euphemismus, weil der reale (inflationsbereinigte) Zins sogar negativ ist. Sie dürfen keine signifikante Änderung ihrer Situation erwarten, weil aus Sicht der Zentralbanken die Probleme der Schuldner eine höhere Priorität genießen. Da eine Abwendung dieser Staatspleiten und der Fortbestand der Währungsunion für die EU-Politik und die EZB oberste Priorität haben, besteht auf lange Sicht kein Spielraum für einen signifikanten Anstieg des Zinsniveaus. Die niedrigen Renditen für Staatsanleihen sind aus Anlegersicht also ein Dauerzustand, vorausgesetzt, dass die EZB die Kontrolle behält.[228]

---

228 So auch der die Rettungspolitik der EZB positiv beurteilende Mathias Binswanger (2015), S. 278.

Denkbar sind daher allenfalls moderate, temporäre Zinserhöhungen, wie sie zurzeit in den Vereinigten Staaten ausprobiert werden. Spätestens bei der nächsten Krise müssen die Zentralbanken aber wieder auf die alte Strategie der Geldschwemme verfallen. Im Falle einer längeren Rückkehr zu „normalen Zinsen“ wäre ein gigantischer Crash die unausweichliche Folge. Aus dem Bekanntsein dieser Zusammenhänge folgt übrigens nicht, dass ein Kurswechsel mit anschließendem Crash vollständig ausgeschlossen werden könnte.

Genau das ist ja 2000 und 2007 passiert. Anleger müssen daher immer auch Vorkehrungen für ein Worst-Case-Szenario treffen. Und selbst wenn auf magische Weise positive nominale und reale Renditen auf Staatsanleihen wieder die Regel werden sollte, könnte angesichts der Erfahrungen der jüngsten Finanzkrise und vor dem Hintergrund der bedrohlichen Schuldenstände niemand ernsthaft behaupten, dass diese Rendite risikolos wäre.

## 3.7 Kollateralschaden Vermögenskonzentration

Wer die Marktwirtschaft an sich befürwortet, muss zunächst einmal akzeptieren, dass es keine Gleichverteilung des Wohlstands geben kann. Dennoch ist es interessant, die Ursachen der wachsenden Ungleichheit zu erforschen. Einschlägige Statistiken belegen, dass die Schere der Vermögensentwicklung weltweit seit vielen Jahren auseinandergeht.[229] Im Rahmen einer aktuellen Studie der Boston Consulting Group wurde ermittelt, dass die Millionäre ihren Anteil am globalen Vermögen zwischen 2012 und 2017 von 45 Prozent auf 50 Prozent gesteigert haben.[230]

Die globalen Vermögenszuwächse konzentrieren sich seit Jahren auf eine kleine Personengruppe von Multimillionären (viel kleiner als das oft zitierte eine Prozent), während Einkommen und Vermögen der Mittel-

---

[229] Neben zahlreichen Studien z.B. von Oxfam von diversen Privatbanken und Unternehmensberatungen hat auch die (aber nicht ganz unumstrittene) wirtschaftshistorische Arbeit von Thomas Piketty, *Das Kapital im 21. Jahrhundert* viel Aufmerksamkeit erfahren. Faktenreich ist auch die Zahlensammlung von Facundo Alvaredo u.a., *„Die weltweite Ungleichheit: The World Inequality Report“*, München 2018.

[230] Die Ergebnisse der BCG-Studie werden wiedergegeben in der FAZ vom 15. Juni 2018, O.V. (2018a), *Der globale Reichtum wächst weiter*, S. 27.

schicht bestenfalls stagnierten. Zudem wächst der auf Unterstützung angewiesene Teil der Bevölkerung.[231]

Der Aufbau und Erhalt eines Vermögens sind eine größere Herausforderung denn je zuvor. Die altmodische Vermögensakkumulation durch Fleiß, Sparsamkeit und Nutzung des Zinseszinseffektes funktioniert nur noch selten. Viele Menschen scheitern bereits am Sparen, weil stetig steigende direkte und indirekte Steuern, Abgaben und Fixkosten für den Lebensunterhalt der Ersparnisbildung enge Grenzen setzen. Das durchschnittliche deutsche Monatsbruttoeinkommen beträgt gerade einmal EUR 3.209[232]

Ein fiktiver vierköpfiger Haushalt mit einem Bruttoeinkommen von EUR 100.000 findet sich entsprechend in jeder Einkommensstatistik in der absoluten Spitzengruppe wieder. Aber direkte Steuern und Sozialabgaben fressen um die 50 Prozent des Einkommens sofort wieder auf. Vom vermeintlichen „Nettoeinkommen" sind dann noch die fixen, überproportional wachsenden Lebenshaltungskosten für Miete, Strom, Kleidung und Ernährung zu bestreiten. Bei jeder Ausgabe schlagen zudem die indirekten Steuern zu, also Mehrwertsteuer, Mineralölsteuer, Tabaksteuer und so weiter. Am Ende bleibt sehr wenig Geld übrig, das noch investiert werden könnte. Selbst bei einer 10-prozentigen Sparquote vom Bruttoeinkommen bräuchte der „Spitzenverdiener-Haushalt" im Nullzinsumfeld einhundert Jahre, um die erste Million zur Seite zu legen.

Die Ungleichheit der Verteilung wird durch staatliches Handeln verstärkt. Ein wichtiger Grund liegt in der steuerlichen Privilegierung von Vermögen, Kapitalgewinnen und Erbschaften im Vergleich zu Erwerbseinkommen. Davon profitieren die Besitzer großer Vermögen überproportional. Die Auswüchse der internationalen Steuervemeidungsstrategien für die Besitzer sehr großer Vermögen gerieten im Rahmen der Panama-Papers-Debatte in die Öffentlichkeit.[233]

Selbst den schwedischen Sozialismus der 1970er-Jahre hat dadurch z.B. das Milliardenvermögen der Wallenberg vollkommen unbeschadet überstanden hat. „Normalen Gutverdienern" des Landes ist es damals deutlich

---

231 https://www.welt.de/wall-street-journal/article114918996/47-Millionen-US-Buerger-leben-von-Essensmarken.html

232 https://www.welt.de/wirtschaft/article180496350/Durchschnittslohn-so-viel-verdienen-die-Deutschen.html

233 https://www.welt.de/wirtschaft/article170391583/Die-Paradise-Papers-zeigen-die-wahren-Feinde-des-Kapitalismus.html

schlechter ergangen. *„Der schwedischen Regierung gelang es 1976 durch verschiedene schwer durchschaubare Maßnahmen, für gut verdienende Mitbürger eine Steuerlast von mehr als 102 Prozent auf das gesamte Einkommen zu zaubern. ... Zu den Betroffenen gehörte die Kinderbuchautorin Astrid Lindgren und sie meinte, das sei vielleicht ein bisschen zu viel.“*[234]

Weniger bekannt ist, dass die Politik der Zentralbanken diese Ungleichverteilung noch verschärft. Die aktive, expansive Rolle der Notenbanken hat nämlich neben der allgemeinen Schuldnersubventionierung und Sparerenteignung noch zusätzliche Verteilungswirkungen. Sachvermögensbesitzer, also überwiegend der wohlhabendere Teil der Bevölkerung, profitieren überproportional davon, dass das billige Geld den Wert von Immobilien und Aktiendepots erhöht. Die Geldschöpfung bewirkt auch den sogenannten „Cantillon-Effekt“.[235] Dieser beschreibt den Kaufkrafttransfer von späteren Empfängern des neu geschaffenen Geldes hin zu denjenigen, die neu geschaffenes Geld früh erhalten, z.B. Hedgefonds und deren Gesellschafter. Die Frühempfänger können das Geld noch zu alten Preisen in Güter, Dienstleistungen und Kapitalanlagen eintauschen. Angestellte und Pensionäre werden eine Anpassung ihrer Bezüge dagegen erst dann erhalten, wenn die Preise bereits gestiegen sind.

Viele Besitzer großer Vermögen haben davon bewusst oder unbewusst profitiert. Finanzmagnaten und Technologiegurus wie Warren Buffett, George Soros, Jeff Bezos und Mark Zuckerberg erfuhren seit der Jahrtausendwende gewaltige Vermögenszuwächse. Sie profitierten als Aktionäre großer Konzerne und Immobilienbesitzer massiv von der allgemeinen Vermögenspreisinflation und hatten zusätzlich aufgrund ihrer hervorragenden Bonität stets Zugang zu billigem Fremdkapital, zum Beispiel für fremdfinanzierte Unternehmensübernahmen.

Ein weiterer Kollateralschaden der ständigen Markteingriffe sind die resultierenden Blasen- und Crashabfolgen an den Finanzmärkten. Dadurch haben viele Kleinanleger das Vertrauen in die Effizienz und Neutralität der Finanzmärkte verloren. Der Verlust an kalkulierbaren Zinseinnahmen belastet die Planung der Altersvorsorge.[236]

---

[234] http://www.manager-magazin.de/unternehmen/mittelstand/a-367819-3.html

[235] Der Effekt wurde benannt nach dem irischen Ökonomen Richard Cantillon (1680-1734), der als erster den Zusammenhang entdeckt und schriftlich festgehalten hat.

[236] Finanzaufsicht sieht Betriebsrenten in großer Gefahr, in: FAZ vom 3. Mai 2018.

Auch kapitalgedeckte Lebensversicherungen und Versorgungswerke haben in den letzten zehn Jahren ihre Zusagen massiv gekürzt, weil sie in einer Welt ohne Zinsen kaum Gewinne erwirtschaften können. Die Betroffenen ahnen, dass unser gesamtes Finanzsystem sehr viel fragiler ist als in früheren Zeiten. Die Daten in Tabelle 3 illustrieren am Beispiel der Vereinigten Staaten, in welchem Umfang die Gelddruckpolitik der letzten Jahrzehnte zu einer Aufblähung der Vermögenswerte geführt hat. Die Aktienmärkte sind explodiert, das Vermögen Warren Buffets hat sich infolge der Interventionen seit 1987 verfünf-undverdreißigfacht. Wenig haben dafür die Durchschnittshaushalte im Mittleren Westen vom Kreditboom gehabt. Ihre Einkommen sind bestenfalls gleich geblieben, real sogar gesunken.[237]

Tab. 3: Veränderung ausgewählter US-amerikanischer Wirtschaftsdaten in US-Dollar, in Anlehnung an David Stockman[238]

| | 1987 | 2016 | Steigerung |
|---|---|---|---|
| Bilanz der FED | 200 Mrd. | 4.500 Mrd. | 23 × |
| Marktkapitalisierung der Börsen (ohne Finanzwerte) | 2.600 Mrd. | 36.600 Mrd. | 14 × |
| Nettovermögen Warren Buffet | 2,1 Mrd. | 36,6 Mrd. | 35 × |
| Nominales Bruttoinlandsprodukt | 5.000 Mrd. | 18.000 Mrd. | 3,6 × |
| Löhne und Gehälter | 2.500 Mrd. | 7,500 Mrd. | 3 × |
| Wochenlohn Vollzeit (inflations-adjustiert) | 330 | 340 | 1,03 × |
| Haushaltseinkommen USA p.a. (Median) | 54.000 | 54.000 | 1 × |
| Haushaltseinkommen Flyover-Staaten[239] (inflationsadjustiert | 54.000 | 43.200 | 0,8 × |

[237] Die Einkommensentwicklung geht auch in Deutschland auseinander, wie ein aktueller Vergleich von Vorstands- und Mitarbeitergehältern zeigt, *Der Gehaltsabstand wächst wieder*, in: FAZ vom 5. Juli 2018.

[238] http://davidstockmanscontracorner.com/tag/blog/

[239] Als „Flyover-Staaten" werden die US-Bundesstaaten bezeichnet, die zwischen den prosperierenden Küstenregionen am Atlantik und Pazifik liegen.

## 3.8 Finanzderivate als Sprengsatz

Aus der Darstellung des Geldsystems wurde deutlich, dass im Finanzsystem aufgrund der Verschuldungskennziffern erhebliche systemische Risiken entstehen. Das ist aber leider noch immer nicht das Ende der Geschichte. Weitere Risiken ergeben sich aus den Derivatepositionen der Finanzinstitute. Bereits aus den vorangegangenen Abschnitten ist deutlich geworden, dass ein hoher Verschuldungsgrad vieler Akteure ein systemisches Risiko für das Finanzsystem darstellt. Bankenpleiten, Staatsinsolvenzen und andere Katastrophen sind die unmittelbaren Folgen von zu hohen Schulden. Durch Derivate werden diese Risiken quasi noch potenziert. Der Begriff „Derivat" kommt vom lateinischen „derivare" (ableiten), weil es sich um von einem Basisgut (engl. „Underlying") abgeleitete Finanzprodukte handelt. Bei dem Basisgut kann es sich um Währungen, Aktien, Rohstoffe oder Anleihen und Zinskontrakte handeln.

Derivate werden in Optionen und Termingeschäfte (englisch „Options and Futures" unterschieden.

Eine Option gibt dem Käufer das Recht (aber nicht die Pflicht) ein Basisobjekt zu einem Stichtag (europäische Option) oder während der Laufzeit (amerikanische Option) zu einem festgelegten Preis zu kaufen („Call") oder zu verkaufen („Put"). Der Käufer (Optionsinhaber) zahlt für das Recht zu Geschäftsbeginn eine Optionsprämie an den Verkäufer. Der Verkäufer („Stillhalter") ist gegen Erhalt der Prämie zur Lieferung oder Abnahme der Ware oder zum Differenzausgleich verpflichtet. Differenzausgleich wird stets bei Optionen auf abstrakter Basis wie z.B. Indizes vorgenommen. Bei Optionen auf konkreter Basis wie auf Aktien, Devisen oder Edelmetalle ist oft auch die Lieferung des Basisgutes möglich. Wenn eine Option bis zum letzten Handelstag nicht ausgeübt wird, verfällt sie wertlos. Der Wert einer Aktienoption ist abhängig vom Basiskurs, der Optionslaufzeit, dem Zinsniveau, dem Aktienkurs sowie der Volatilität (Schwankungen des Basiswertes) und kann auf Basis mathematischer Formeln (z.B. Black-Scholes-Modell) errechnet werden. Futures beinhalten eine beidseitige Verpflichtung. Das bedeutet, dass beide Kontrahenten zum Stichtag zur Lieferung bzw. zur Bezahlung und Abnahme verpflichtet sind oder ein Differenzausgleich vorgenommen wird. Optionen und Futures sind an der Börse oder außerbörslich handelbar.

Derivate werden entweder zur Risikoabsicherung („Hedging") oder zur Spekulation eingesetzt. Optionen verfügen über eine Hebelwirkung, was sie für Spekulanten besonders interessant macht. Die Hebelwirkung bedeutet, dass bei gleichem Kapitaleinsatz eine größere Menge des Basisgutes bewegt werden kann. Dafür ist das Verlustrisiko entsprechend größer. Im Rahmen des Hedging ermöglichen zum Beispiel Put-Optionen eine Absicherung gegen Kursverlustrisiken. Wenn der Kurs einer Aktie im Verlauf sinkt, kann deren Eigentümer diese zum vereinbarten Strike-Preis der Put-Option verkaufen. Das hohe Verlustrisiko der Spekulanten ist offenkundig. Unterschätzt wird aber oft, dass auch derivatbasierte Absicherungsstrategien nicht ohne Risiko sind. Die Absicherung funktioniert nämlich nur, wenn die oft sehr komplexen Risiken korrekt bewertet werden. Außerdem hängt der Wert der Absicherung davon ab, dass die andere Partei oder die Clearingstelle auch zahlungsfähig ist.

In einem normalen Kapitalmarkt wird das über Sicherheitsleistungen bei den Banken und Handelsplattformen sichergestellt. In Extremsituationen wie 2008 kann es aber zu Totalausfällen kommen, wie die Pleite von Lehmann Brothers und der AIG-Versicherung gezeigt haben. In derartigen Situationen wird das gesamte Risikomanagement zum Beispiel der Handelsabteilungen großer Investmentbanken ausgehebelt.

Der Investor Warren Buffet spricht daher seit vielen Jahren in Interviews von Derivaten als Massenvernichtungswaffen. Er führt dabei sowohl das Volumen als auch die Bewertungsschwierigkeiten als wesentliche Gefahren für das Finanzsystem an. Buffet geht davon aus, dass etliche der großen Derivatepositionen in den Büchern der führenden Banken, deren Volumina ein Vielfaches der Bilanzsumme betragen, falsch bewertet sein könnten. In einer Krisensituation, zum Beispiel nach einer Cyberattacke, könnten sich vermeintliche Sicherheiten in Luft auflösen und gewaltige Deckungslücken in den Bilanzen hinterlassen.[240]

Da das Volumen der an den Derivatemärkten gehandelten Produkte ein brutto ein Vielfaches des Eigenkapitals der Kontrahenten darstellt, kann eine einzige große Schieflage wie im Falle Lehman Brothers oder schon 1997 von LGTM das gesamte globale Finanzsystem ins Wanken bringen. Etliche große Banken haben Derivatpositionen in Höhe des Vielfachen ihrer Bilanzsumme in ihren Büchern. Aus möglichen Fehlbewertungen der oft sehr komplex abgesicherten Positionen und aus Counterparty-Risiken resultieren gewaltige Verlustrisiken für die Institute.

---

[240] https://www.telegraph.co.uk/business/2016/05/01/warren-buffett-issues-a-fresh-warning-about-derivatives-timebomb/

## 3.9 Technologischer Strukturwandel im Bankwesen

Ein weiteres strukturelles Problem des Bankensektors ergibt sich aus der technologischen Revolution, auf die auch noch in Kapitel 4 eingegangen wird. Die meisten Banken sind dadurch einem wachsenden Wettbewerbsdruck ausgesetzt. Kern der neuen Herausforderung ist, dass ursprünglich mit großem Arbeitsaufwand verbundene Geschäftsprozesse aufgrund von Fortschritten in der Informationstechnologie maschinell zu einem Bruchteil der Kosten abgewickelt werden können.

Der Anfang wurde mit dem Online-Banking gemacht. Online-Banking umfasst die Abwicklung von Bankgeschäften wie Abbuchungen, Überweisungen, Einrichtung von Daueraufträgen über Computernetze; insbesondere über das Internet. Online-Banking kommt mit deutlich weniger Arbeitsplätzen aus als das klassische Filialbankgeschäft. Die Verbreitung des Online-Banking-Geschäfts ist zudem die Basis für die Einführung anderer Finanzdienstleistungen, welche über Onlinekanäle abgewickelt werden. Die Anbieter derartiger Finanzdienstleistungen werden auch als FinTech-Startups bezeichnet. Diese Newcomer bieten Leistungen vor allem in den Bereichen Zahlungsdienstleistungen, Finanzierung oder Vermögensverwaltung an, die von Kunden als benutzerfreundlicher, kostengünstiger oder qualitativ besser wahrgenommen werden.

Ganze Abteilungen werden so überflüssig, weil Handelsgeschäfte von Computern schneller abgewickelt und Kreditvergabeentscheidungen treffsicher auf Grundlage von Algorithmen getroffen werden können. Fintech-Unternehmen haben aufgrund ihrer geringeren Personalkostenbasis einen gewaltigen Kostenvorteil gegenüber herkömmlichen Banken, die gar nicht in der Lage wären, die Sozialpläne einer Abwicklung der betroffenen Abteilungen zu finanzieren. Diese technologische Revolution betrifft nicht nur einfache Sachbearbeitertätigkeiten, sondern auch sehr komplexe Analysen und Geschäftsvorgänge. Im Kredit- und Wertpapiergeschäft sind Filialbanken gegenüber Internet-Direktbanken kaum noch konkurrenzfähig.

Es kommt hinzu, dass in einigen Ländern (gerade auch in Deutschland mit seinem Drei-Säulen-System) viele kleine Bankinstitute mit hohen Fixkosten im Verhältnis zu ihrem Geschäftsvolumen zu kämpfen haben. Die seit Jahren überproportional ansteigenden Regulierungskosten erschweren eine Lösung des Problems. Für den Anleger bedeutet das, dass er sein Geld besser in Fintechs als in börsennotierte Bankinstitute investieren sollte. Als Fintechs fungieren übrigens nicht nur kleine Garagen-Start-ups, sondern auch größere börsennotierten Spezialisten wie Wirecard und Technologiegiganten wie Apple und Google, die längst über Banklizenzen verfügen. Es ist von mehr als symbolischer Bedeutung, dass der Börsenwert des Münchener Zahlungsdienstleisters Wirecard im Jahr 2018 mit über Euro 21 Mrd. den der Deutschen Bank übertroffen hat.[241]

Auch die sogenannten Kryptowährungen stellen für die Bankenwelt eine Herausforderung dar. Bitcoin und Co haben das Potenzial, das ganze Finanzsystem zu revolutionieren. Bitcoins verfügen zwar ebenso wenig wie Papiergeld über einen intrinsischen Wert, sie schützen aber zumindest vor willkürlicher Entwertung. Aufgrund ihrer Mengenbegrenzung bieten Kryptowährungen ähnlich wie Gold einen Inflationsschutz. Kryptowährungen können auch kaum staatlich enteignet werden.

Die gesamte Giralgeldschöpfung könnte, ebenso wie das Zentralbankmonopol, durch Kryptowährungen obsolet werden. Es ist zudem zu erwarten, dass sich über die Blockchain-Technologie in naher Zukunft alltagstaugliche alternative Zahlungssysteme entwickeln, in denen die Zahlungsverkehrsleistung der Banken nicht mehr benötigt wird. Die Nutzung als Zahlungsmittel wird zwar gerade bei Bitcoin zurzeit noch durch lange Transaktionsdauer und relativ hohe Transaktionskosten noch beeinträchtigt. Es ist aber zu erwarten, dass es hier noch zu erheblichen Verbesserungen kommen wird.

Der Bankensektor ist aufgrund der technologischen Revolution zusätzlich unter Druck. Es ist wahrscheinlich, dass sich in Folge des Strukturwandels die Macht des etablierten privaten Bankensektors zu den Technologiekonzernen sowie zu den Schattenbanken verlagern wird. Diese Institutionen werden gewissermaßen die Banken der Zukunft sein, was aber an der Symbiose von Geld und Politik an sich nichts ändern wird.

---

241 https://www.finance-magazin.de/finanzierungen/kapitalmarkt/wirecard-holt-beim-boersenwert-die-deutsche-bank-ein-2022661/

## 3.10 Schwarze Schwäne als Landplage

Als „Schwarzer Schwan“ wird ein Ereignis bezeichnet, das extrem unwahrscheinlich ist, völlig überraschend eintritt und sich im Nachhinein einfach erklären lässt. Der Begriff geht zurück auf das gleichnamige Buch von Nassim Nicholas Taleb.[242] Taleb postuliert ein *triplet of opacity*, eine Dreifaltigkeit des Missverstehens in Bezug auf die Geschichte und ihre Auswirkung auf die Gegenwart. Das sind

- die Illusion, gegenwärtige Ereignisse zu verstehen,
- die retrospektive Verzerrung historischer Ereignisse und
- die Überbewertung von Sachinformation, kombiniert mit einer Überbewertung der intellektuellen Elite.

Taleb hält Banker und Aktienexperten übrigens für besonders anfällig, derartige Fehler zu begehen. In den vergangenen Jahrzehnten hatten negative Großereignisse wie zum Beispiel die Pleite des Hedgefonds LTCM, die Anschläge vom 11. September 2001 oder die Zahlungsausfälle bei den Subprime-Anleihen entsprechend wiederholt verheerende Auswirkungen auf die Kapitalmärkte.

Das in den letzten Jahrzehnten gehäufte Auftreten dieser „Schwarzen Schwäne“ ist kein Zufall. Die Steuerung der Anleihe- und Aktienmärkte vermittelt Anlegern über längere Zeiträume das Gefühl von Buchwertgewinnen und ein bequemes Umfeld der Scheinsicherheit. Die professionellen Anleger haben dabei ein besonderes Problem, welches der Fondsmanager John Hussmann auf den Punkt gebracht hat: *„The problem with bubbles is that they force one to decide whether to look like an idiot before the peak, or an idiot after the peak. There's no calling the top“.*

Erschwerend kommt hinzu, dass viele Anleger einem Herdentrieb folgen und sich prozyklisch verhalten. Wenn dann ein unerwartetes Ereignis bei Anlegern Zweifel an den Bewertungsrelationen auslöst, ist die Folge dramatischer als bei „normalen“ Krisen, weil der Bereinigungsbedarf größer ist und im Zuge der erforderlichen Bereinigungen aufgrund der Wucht der Ereignisse noch erhebliche Kollateralschäden eintreten, in dem zum Beispiel auch Unbeteiligte in den Abwärtssog hineingezogen werden. Die Wirkung der Schwarzen Schwäne ist also umso größer, je mehr die Märk-

---

[242] Nassim Nicholas Taleb, *Der Schwarze Schwan: Die Macht höchst unwahrscheinlicher Ereignisse*, München (2010).

te vorher mit ihren Bewertungen übertreiben und nicht zuletzt auch auf die permanente Unterstützung der Zentralbanken vertrauen.

Als Katalysator können künftig genauso wirtschaftliche Probleme großer Banken, Unternehmen oder Staaten dienen wie auch politische Krisen. Die Zahl der politischen Konflikte hat sich erhöht. Neben heißen Kriegen sorgen Handelskonflikte für Unruhe an den Finanzmärkten. Durch die Vernetzung der Märkte wirkt sich zudem eine Währungskrise etwa in der Türkei schnell auch auf andere Schwellenländer aus.

## 3.11 Sackgasse Regulierung

Die Antwort der Politik auf die jüngste Finanzkrise beruhte, neben den bereits erwähnten Bail-outs, im Wesentlichen auf einer Ausweitung der Regulierung. Eine Fülle von gut gemeinten Vorschriften soll Anleger besser schützen, Banken zu einer vorsichtigeren Geschäftspolitik zwingen und die Akteure besser überwachen.[243] Fehlverhalten wird zudem ggfs. durch Strafzahlungen der Institute sanktioniert. Zu den wichtigsten Gesetzen zählen die Basel-Vereinbarungen, die sich daraus ergebenden Mindestanforderungen an das Risikomanagement (MARisk), das KAGB[244] und MiFiD[245]. Zur Überwachung der Vorschriften wurden verschiedene Organe wie die EZB, EBA, die BaFin und die Bundesbank in ihren Kompetenzen gestärkt. Die Kreditinstitute wurden gezwungen, viel Geld für Mitarbeiter und Berater auszugeben, um den gestiegenen Regulierungsanforderungen zu genügen. All diese Maßnahmen haben aber sehr wenig bewirkt.

Die größte Herausforderung für eine Stabilisierung des Finanzsektors ist dagegen ganz einfach zu benennen. Das eigentliche Problem ist, dass viele Finanzinstitutionen dramatisch unterkapitalisiert sind und über kein funktionierendes Risikomanagement verfügen. In der jüngeren Finanzmarktgeschichte kam es deswegen immer wieder zu existenzbedrohenden Vertrauenskrisen in die Sicherheit der Banken, zu den bekannten Beispie-

---

243 Das funktioniert aber in der Praxis überhaupt nicht, Bernd Lüthje, *Basel 4: Das Ende des Basel-Regimes*, Berlin (2013), S. 85

244 KAGB steht für Kapitalanlagegesetzbuch.

245 MiFiD, engl. Markets in Financial Instruments Directive, ist eine EU-Richtlinie zur Harmonisierung der Finanzmärkte.

len der jüngeren Vergangenheit zählen die Institute Lehmann Brothers und Northern Rock.

Wieviel Eigenkapital sollte eine Bank vorhalten, um im Falle von Krisen ihren Kunden angemessenen Schutz zu bieten und zudem nicht zum Systemrisiko zu werden? Eine umfassende Analyse historischer Eigenkapitalquoten von Banken haben Admati und Hellwig vorgenommen.[246] Sie haben ermittelt, dass Banken im 19. Jahrhundert, als eine persönliche Haftung der Bankiers noch der Regelfall war, Eigenkapitalquoten von 40 bis 50 Prozent vorgehalten haben und Anfang des 20. Jahrhunderts 20 bis 30 Prozent die Norm waren.[247] Die beiden Ökonomen kommen daher zu dem Schluss, dass die vorgesehenen Eigenkapitalquoten des Baselregimes bei weitem nicht ausreichen, um die Welt vor systemischen Risiken zu schützen. Interessenvertreter der Banken machen allerdings mit einiger Berechtigung geltend, dass eine derartige Eigenkapitallücke niemals am Kapitalmarkt geschlossen werden könnte. Die nur mit größter Mühe während der Finanzkrise bei Investoren platzierten Kapitalerhöhungen der Deutschen Bank oder der Commerzbank verdeutlichen das Problem.

Wie sieht nun im Vergleich die Anforderung heute aus? Die auf dem Basel 2-Abkommen basierenden Eigenkapitalvorschriften der in nationales Recht übertragenen EU-Richtlinien 2006/48/EG und 2006/49/EG sehen vereinfacht ausgedrückt vor, dass Banken ein Eigenkapital von 8 Prozent im Verhältnis zu den risikogewichteten Aktiva zuzüglich einer kleinen Marge für operationale und marktbezogene Risiken ausweisen müssen. Der Ausdruck „risikogewichtet“ bedeutet, dass einzelne Ausleihungen in Abhängigkeit von Kreditart und Bonität des Schuldners entweder mit *mehr* oder mit *weniger Eigenkapital* hinterlegt werden müssen. Aus Sicht der Stabilität des Finanzsystems besonders bedenklich ist, dass in der EU Kredite an Staaten grundsätzlich als risikolos angesehen und deswegen gar nicht mit Eigenkapital hinterlegt werden müssen, weil die Annahme zugrunde gelegt wird, dass Staaten niemals pleitegehen.

Das durchgerechnete ausgewiesene Eigenkapital vieler europäischer Banken beträgt heutzutage nur 3 bis 4 Prozent ihrer jeweiligen Bilanzsumme. Vereinfacht gesagt folgt daraus, dass eine Bank, die 3 bis 4 Prozent ihrer vergebenen Kredite abschreiben muss, über kein Eigenkapital mehr verfügt. In Wirklichkeit ist gerade in einigen südeuropäischen Ländern der Abschreibungsbedarf auf die Kreditbücher noch sehr viel höher, weil ein

---

246 Anat Admati und Martin Hellwig, *Des Bankers neue Kleider*, München, 2013.

247 Admati und Hellwig (2013), S. 275.

hoher zweistelliger Prozentsatz der ausstehenden Kredite nicht mehr bedient wird. Allein in Italien wird der Abschreibungsbedarf der Banken auf EUR360 Mrd. geschätzt.[248]

Aufgrund der noch näher zu betrachtenden wirtschaftlichen Verflechtungen innerhalb Europas und der Integration der nationalen Bankensysteme des Euro-Systems unter dem Dach der EZB handelt es sich hierbei um Risiken, die potentiell sämtliche europäischen Bankkunden betreffen. Wenn ein „Schwarzer Schwan", eintritt, sind diese Banken oft nicht in der Lage die Verluste zu absorbieren. Aufgrund der vielfältigen, auch internationalen Verflechtungen der Finanzinstitutionen werden schnell andere Institute in Mitleidenschaft gezogen und systemische Krisen ausgelöst. Verschärft wird das Problem dadurch, dass die Institutionen und ihre Entscheidungsträger häufig in der Lage sind, die Folgen ihrer unternehmerischen Fähigkeiten auf andere abzuwälzen. Sogenannte Bail-outs für systemrelevante Banken ermutigen skrupellose Akteure geradezu, unverhältnismäßige Risiken einzugehen.[249] Nur in den seltensten Fällen wurden die verantwortlichen Bankmanager auch für schwerwiegende Fehlentscheidungen oder sogar für kriminelle Handlungen zur Verantwortung gezogen.

Das Fazit ist daher negativ. Die beschriebenen Regulierungsverschärfungen wie die Baselabkommen oder MiFiD fokussieren sich primär auf Vorschriften zu internen Geschäftsprozessen, zum Risikomanagement und zum Kundenschutz. Der bürokratische Aufwand für Compliance und Recht sorgt zudem für eine Verdrängung kleinerer Wettbewerber[250] und fördert damit die Konzentration und das Erpressungspotenzial der großen Institute.

Die erforderliche Stärkung der Eigenkapitalbasis durch die Baselregularien beschränkt sich dagegen auf ein Minimum. Das Moral-Hazard-Problem wird dadurch im Ergebnis sogar noch verstärkt, weil große, schlecht kapitalisierte Banken mit risikoreichen Transaktionen viel gewinnen können, aber nicht mehr viel zu verlieren haben.

---

248 Die Schätzung geht auf eine Studie des IWF zurück.
https://www.focus.de/finanzen/videos/sorgenkind-italien-360-milliarden-euro-faule-kredite-zwei-italo-banken-lassen-ganz-europa-wanken_id_6392611.html

249 Bernd Lütje (2013), S. 114.

250 Und wieder verschwindet eine kleine Bank, in FAZ vom 16. April 2018.

## 3.12 Frühindikatoren einer Neujustierung des globalen Währungssystems

Dem westlich dominierten Finanzsystem droht auch von außen Ungemach. Seit dem Bretton Woods-Abkommen stehen die Vereinigten Staaten im Zentrum des globalen Systems. Die Stellung des US-Dollars als dominante Weltreservewährung blieb lange unangefochten. Einige EU-Politiker versprachen sich zwar von der Euroeinführung gewisse Chancen, eine zweite Weltreservewährung zu etablieren. Diese Blütenträume haben sich aber nicht erfüllt. Der Anteil des Euro an den Weltdevisenreserven der Zentralbanken liegt unter 20 Prozent, im Vergleich zu nur 1 Prozent für den RMB, aber 64 Prozent für den US-Dollar.[251] Die DM allein kam vor Einführung der Euro-Währung auf mehr als 15 Prozent.

Ernster zu nehmen sind sichtbare chinesische Bestrebungen, den RMB als führende globale Währung durchzusetzen. Hinter vorgehaltener Hand äußern sich chinesische Offizielle besorgt über die hohen Papierdollar-Reserven des eigenen Landes. Seit einigen Jahren erwerben die Staatsfonds zur Risikodiversifizierung Sachwerte, insbesondere ausländische Unternehmensanteile sowie Gold[252] und ermutigen Unternehmen und Bürger, diesem Beispiel zu folgen.

Verschiedene politische Entscheidungen deuten auf weitreichende Absichten Chinas hin, das Weltfinanzsystem vom US-Dollar unabhängig zu machen. Zum einen hat China mit verschiedenen Rohstofflieferanten, unter anderem mit Russland, ein Settlement der Lieferungen in RMB statt Dollar aufgebaut.[253] Ähnliche Vereinbarungen mit Öl- und Gasexporteuren im Nahen Osten wurden abgeschlossen oder befinden sich in Vorbereitung.[254] Zur Absicherung wurde ein alternatives zu dem von amerikanischen und europäischen Notenbanken dominierten SWIFT-Systems gegründet. Darüber hinaus ist auffällig, dass die People's Bank of China seit einigen Jahren, ebenso wie Russlands Zentralbank, in größerem Umfang Gold kauft. Die Goldbestände könnten eines Tages den zur Absiche-

---

[251] https://www.welt.de/wirtschaft/video163392706/Dollar-bleibt-die-Leitwaehrung.html

[252] https://www.bullionstar.com/blogs/koos-jansen/pboc-gold-purchases-separating-facts-from-speculation/

[253] https://www.ft.com/content/8e88d464-0870-11e5-85de-00144feabdc0

[254] http://www.chinadaily.com.cn/business/2017-09/01/content_31408818.htm

rung des RMB eingesetzt werden. Sollte der RMB offiziell goldgedeckt werden, würde das den Status der Währung in der Welt im Vergleich zu den ungedeckten Papierwährungen des Westens enorm erhöhen.

Eine weitere interessante Entwicklung ist auch die Gründung der New Development Bank (Neue Entwicklungsbank) mit Sitz in Shanghai. Dabei handelt es sich um eine multilaterale Entwicklungsbank, die von Brasilien, Russland, Indien, China und Südafrika am 15. Juli 2014 explizit als Alternative zum IWF beim BRICS-Gipfel in Brasilien gegründet worden ist.[255]

Die bisherigen Mitgliedsländer repräsentieren 25 Prozent des Weltsozialproduktes und 40 Prozent der Einwohner. Die New Development Bank verfügt über ein Eigenkapital von US-Dollar 100 Mrd. und zusätzlich über einen Reservewährungspool in gleicher Höhe.[256] Sie soll insbesondere auch die Finanzkooperation zwischen den Mitgliedstaaten fördern und gemäß ihrem Contingent Reserve Arrangement Mitgliedern bei Zahlungsbilanzschwierigkeiten und Währungskrisen Liquidität bereitstellen. Diese Gründung symbolisiert eine Abkehr vom US-dominierten Bretton Woods-System. Diese Entwicklungen sind aus Sicht der Vereinigten durchaus eine strategische Bedrohung, weil die Währungsdominanz des US-Dollar die großen Defizite des Landes erst möglich macht und zudem politische Macht verleiht. Schwerwiegende politische Konflikte und gravierende Veränderungen an den Märkten werden bei einer Fortsetzung des chinesischen Kurses kaum zu verhindern sein.

---

255 Ein entsprechender Bericht findet sich im Economist, https://www. economist.com/finance-and-economics/2014/07/19/an-acronym-with-capital

256 https://www.ndb.int/data-and-documents/financial-statements/

## Executive Summary

- Die Folgen der Subprime-Krise belasten bis heute das europäische Bankensystem und viele Anlegerportfolios
- Viele europäischer Banken würden bei marktgerechter Bewertung von Kredit- und Derivaterisiken (Altlasten) ein negatives Eigenkapital aufweisen
- Die Folgen der Eurokrise sind bis heute unbewältigt, viele europäische Krisenländer sind nicht saniert, sondern überschuldet
- Mit einer Reform des Eurosystems ist aus politischen Gründen nicht zu rechnen
- Die Vergemeinschaftung der Haftungsrisiken in der Euro-Zone führt zu erheblichen makroökonomischen Risiken, dennoch kann nicht prognostiziert werden, wann sich die Krise wieder zuspitzt
- Viele volkswirtschaftlichen Daten (Inflation, Wachstum, Beschäftigung und Staatsschulden) sind noch sehr viel schlechter als es scheint
- Sämtliche Bewertungen an den Kapitalmärkten werden direkt oder indirekt von den Zentralbanken manipuliert
- Einige Zentralbanken kaufen nicht nur Anleihen, sondern auch Aktien
- Aufgrund der Schuldensituation ist das Zinserhöhungspotenzial der Zentralbanken sehr begrenzt, sofern sie keinen Crash riskiert wollen
- Die Niedrigzinspolitik trägt zur Ungleichverteilung der Vermögen und Einkommen bei und erhöht die Krisenanfälligkeit des Finanzsystems
- Aufgrund der Globalisierung können Finanzkrisen immer weniger regional eingedämmt werden
- Der technologische Strukturwandel wird den Finanzsektor dramatisch verändern, insbesondere werden die meisten Kreditinstitute vom Markt verschwinden und viele Finanzdienstleistungen künftigen von Technologieunternehmen angeboten werde
- Die verstärkte Regulierung des Bankensektors verschlechtert die Situation mehr, als sie zu verbessern
- Nur eine substanzielle Erhöhung des Eigenkapitals könnte den Finanzsektor nachhaltig stabilisieren
- Der Leitwährungsposition des US-Dollar wird in naher Zukunft vom chinesischen RMB herausgefordert werden

# 4 Die veränderten Rahmenbedingungen im 21. Jahrhundert

## Wichtige Fragen für Investoren

- Welche Bedeutung wird die Versorgung Nahrung und Energie künftig für die Weltbevölkerung haben?
- Welche Bedeutung wird Bildung künftig für den Menschen haben?
- Erwirtschaftet Bildung eine „Rendite“?
- Führt die wachsende Bedeutung der akademischen Ausbildung zu einer Spaltung der Gesellschaft?
- Welchen Einfluss hat die Globalisierung auf Wirtschaft und Gesellschaft?
- Wie werden sich Biologie, Künstliche Intelligenz und Computertechnologie/Big Data auf Arbeitswelt und Gesellschaft auswirken?
- Wie können Anleger von den technologischen Megatrends profitieren?
- Welche Technologien und Branchen bieten die größten Chancen für Unternehmer und Investoren?
- Werden Maschinen künftig den Menschen und seine Arbeitskraft ersetzen?
- Welchen Einfluss hat das Internet auf die wirtschaftliche Entwicklung von traditionellen Medien (Zeitungen, Radio und Fernsehen)?
- Welche Branchen sind die Gewinner und Verlierer des demographischen Wandels?
- Welche Perspektive haben alternde Gesellschaften?
- Kann Masseneinwanderung die demographischen Probleme einer alternden Gesellschaft lösen?

## 4.1 Nahrung und Energie als Probleme von gestern

Bis in die jüngste Vergangenheit war die Versorgung mit Nahrung und Energie die wichtigste Überlebensfrage der Menschen. Die Bedeutung von Nahrung und Energie war so groß, dass der ehemalige US-Außenminister Henry Kissinger einmal sagte, „*Wer das Öl kontrolliert, der beherrscht die Staaten; wer die Nahrungsmittel kontrolliert, der beherrscht die Völker*".[257]

Ohne Nahrung und Energie können die einfachsten menschlichen Grundbedürfnisse nicht befriedigt werden. Hungersnöte waren historisch regelmäßige Erfahrungen der Menschen auch in Europa. Es erschien noch bis vor kurzem unvorstellbar, dass der Hunger besiegt werden könnte. Der Ökonom Thomas Malthus prognostizierte Ende des 18. Jahrhunderts permanente Hungerkatastrophen und Kriege, weil er ein Bevölkerungswachstum in geometrischer Progression bei einem gleichzeitigen Agrarproduktionswachstum in lediglich arithmetischer Progression konstatierte und diese Gesetzmäßigkeit auch für die Zukunft als gegeben ansah.[258] Noch lange nach Malthus' Tod hatten seine Prognosen großen Einfluss auf viele Intellektuelle und Politiker. In Landwirtschaft und Lebensmittelverarbeitung haben sich aber, anders als von Malthus und anderen prognostiziert, in den vergangenen 100 Jahren positive Veränderungen vollzogen.

Noch um das Jahr 1900 erzeugte ein deutscher Bauer Nahrungsmittel für vier weitere Menschen, Anfang des 21. Jahrhunderts aber bereits für ca. 130 Personen[259].

Auch in der Dritten Welt sind Hungerkatastrophen mittlerweile seltener geworden, weil die dortige Landwirtschaft effizienter geworden ist. Ohne das anhaltend extrem hohe Bevölkerungswachstum wäre der Hunger selbst in Afrika längst besiegt.[260]

---

[257] Lediglich das Geld hielt Kissinger für noch wichtiger, denn „*wer das Geld kontrolliert, der beherrscht die Welt.*"

[258] Thomas Malthus, *Eine Abhandlung über das Bevölkerungsgesetz, oder eine Untersuchung Seiner Bedeutung für die Menschliche Wohlfahrt in Vergangenheit und Zukunft*, Neuauflage, Forgotten Books, (2018).

[259] https://www.bauernverband.de/12-jahrhundertvergleich

[260] Einige landwirtschaftliche Produktionsmethoden, wie etwa Schädlingsbekämpfung und gentechnisch verändertes Saatgut, werden von vielen Menschen

Die Energieversorgung ist ein noch komplexeres Thema als die Ernährung. Der Club of Rome prognostizierte 1972 in seiner Studie „Die Grenzen des Wachstums“[261], dass wichtige Rohstoffreserven der Erde bei einer Beibehaltung des damaligen Wachstums noch vor der letzten Jahrhundertwende vollständig ausgebeutet sein würden. Trotz eines wesentlich höheren Energieverbrauchs als damals prognostiziert, hat sich auch diese Krisenprognose nicht bewahrheitet. Es wurden neue, noch größere Reserven an fossilen Brennstoffen entdeckt und gefördert. Außerdem wurden die Förderungsmethoden optimiert, zum Beispiel durch die horizontale Bohrtechnik sowie das umstrittene „Fracking“. Es wurden zudem neue Methoden der Energieerzeugung entwickelt und zur Marktreife gebracht. Dazu zählen Solar- und Windtechnik, Geothermie und anderen alternativen Energiequellen, die 2017 in Summe bereit 36 Prozent zur Stromerzeugung in Deutschland beigetragen haben.[262]

Diese Entwicklung ist noch nicht abgeschlossen. Es gibt allerdings auch erhebliche Probleme bei der Speicherung und den Netzen, zudem sind die Kosten der Subventionierung extrem hoch.[263] Es bestehen dennoch Chancen, dass sich die Effizienz der alternativen Energiequellen langfristig weiter erhöhen. Auf ganz lange Sicht ist sogar vorstellbar, dass Energie sich zu einer kostenlosen Ressource entwickelt.

## 4.2 Bildung oder Armut, nur wenige haben die Wahl

Heutzutage wird gern von Bildung und Wissen als wichtigstem Rohstoff einer Gesellschaft gesprochen.[264] Bildung ist zunächst eine Bereicherung für den einzelnen Menschen. Sie befähigt das Individuum zu einem selbstbestimmten Leben in Freiheit und Verantwortung. Je höher der Bildungsstand eines Menschen, desto höher ist aber auch sein Einkommen und desto geringer ist sein Arbeitslosigkeitsrisiko. Das Bildungsni-

---

auch mit Skepsis betrachtet.

[261] Die englische Fassung der Studie des Club of Rome (Hrsg.) ist mittlerweile online frei verfügbar, *The Limits to Growth*, https://www.dartmouth.edu/~library/digital/publishing/meadows/ltg/

[262] https://www.bmwi.de/Redaktion/DE/Dossier/erneuerbare-energien.html

[263] https://www.welt.de/wirtschaft/article158668152/Energiewende-kostet-die-Buerger-520-000-000-000-Euro-erstmal.html

[264] http://www.faz.net/aktuell/wirtschaft/bildungspolitik-12-bildung-ist-der-wichtigste-rohstoff-europas-1177531.html

veau einer Gesellschaft insgesamt wirkt sich auf ihre Innovationskraft und den Aufbau und den Erhalt wirtschaftlicher Zentren aus. Entsprechend sind Bildungsstand und Bildungschancen auch ein Dauerthema in der politischen und gesellschaftlichen Debatte.

Theoretisch ist Bildung fast jedem Menschen zugänglich. Die Bildung eines Menschen ist eine Funktion von Begabung und Lernerfolg. Eine Grundvoraussetzung für Bildungserfolg ist daher zunächst die menschliche Intelligenz, die das Individuum überhaupt erst in die Lage versetzt, Wissen und Kompetenzen zu erwerben.[265] Die menschliche Intelligenz kann mit Hilfe von standardisierten Tests erhoben werden. Die heutigen Tests messen relative Intelligenz anhand einer IQ-Norm.[266] Diese wird anhand der Verteilung der Testergebnisse einer hinreichend großen Stichprobe ermittelt und unter Annahme einer Normalverteilung der Intelligenz in eine Skala mit dem Mittelwert 100 und der Standardabweichung von 15 Punkten umgerechnet. Entsprechend einer Normalverteilung haben rund 68 Prozent der Personen einer Referenzgruppe einen IQ im Mittelbereich zwischen 85 und 115. Eine Abweichung um zwei Standardabweichungen nach oben wird nur von 2 Prozent der Testgruppe erreicht und kennzeichnet eine Hochbegabung.

Eine empirische Studie des Intelligenzforschers Dieter Zimmer hat ergeben, dass die Berufsmöglichkeiten oberhalb eines IQs von 120 fast unbegrenzt sind. Unterhalb von 75 aber gibt es dagegen kaum noch Beschäftigungschancen, mit Ausnahme von betreutem Arbeiten.[267] Zwischen verschiedenen Ländern gibt es bei einheitlicher Messung teilweise große Unterschiede der Intelligenzquotienten der jeweiligen Bevölkerung. Auch innerhalb einer Gruppe ist das Intelligenzniveau im Zeitablauf nicht konstant. Im Durchschnitt ist die menschliche Intelligenz seit Messbeginn gemäß dem sogenannten Flynn-Effekt in den entwickelten Ländern zunächst Jahrzehntelang gestiegen.[268]

---

[265] Die menschliche Intelligenz wirkt sich daher auch auf den wirtschaftlichen Erfolg von Individuen und ganzen Gesellschaften aus. Richard Lynn und Tatu Vanhanen, *IQ and the wealth of nations*, Westport (2002).

[266] https://portal.hogrefe.com/dorsch/intelligenzquotient/

[267] http://www.spiegel.de/karriere/wie-intelligenz-die-berufschancen-beeinflusst-a-844713.html

[268] James Flynn, *Massive IQ gains in 14 nations: What IQ tests really measure*, in Psychological Bulletin (1987), S. 171-191, online http://www.iapsych.com/iqmr/fe/LinkedDocuments/flynn1987.pdf

Zuletzt konstatierten Studien aber vielerorts einem Abfall der Testergebnisse.[269]

Schwieriger als die Messung von Intelligenz ist die Messung des Bildungsstandes, weil kein allgemeiner globaler Konsens über die Definition von Bildung existiert. Internationale Vergleichsstudien konzentrieren sich auf die Messung verwertbaren Wissens und elementarer Problemlösungsfähigkeiten. So misst die PISA-Studie der OECD alltags- und berufsrelevante Kenntnisse und Fähigkeiten Fünfzehnjähriger. An der PISA-Methodik wird aber oft Kritik geübt.[270] Das hinter der Methodik stehende utilitaristische Bildungsideal sei einseitig auf den ökonomischen Nutzwert anstatt eines höheren Bildungsideals ausgerichtet.

Andere Kritiker wenden ein, dass das PISA-optimierte Bildungssystem zunehmend Aspekte wie Kreativität und die Fähigkeit zum kritischen Denken vernachlässige. Damit läge die Priorität der Bildungspolitik bei der Förderung von Fähigkeiten, die künftig ohnehin maschinell ersetzt werden könnten. Die PISA-Ergebnisse liefern aber dennoch interessante Erkenntnisse für einen internationalen Vergleich der Schulsysteme sowie der analytischen Leistungsfähigkeit der Bevölkerungen.

Laut Pressemitteilung der OECD anlässlich der 2015er-Studie erzielen deutsche Schüler Ergebnisse über dem OECD-Durchschnitt. Das Bundeswissenschaftsministerium betont, dass die Resultate in allen drei Teilbereichen Mathematik, Naturwissenschaften und Lesekompetenz statistisch signifikant über dem Durchschnitt der Teilnehmerländer liegen.[271] Von den Spitzenresultaten in Ostasien, aber auch in Estland sind die Schüler in Deutschland aber deutlich entfernt.[272] Konservative Kritiker bemängeln, dass aufgrund einer falschen Prioritätensetzung, einer wachsenden ideologischer Überfrachtung der Lehrpläne und ei-

---

[269] So z.B. Thomas Teasdale und David Owen, *Secular Declines in Cognitive Test Scores: A reversal of the Flynn Effect*, onlime unter
http://www.iapsych.com/iqmr/fe/LinkedDocuments/teasdale2008.pdf

[270] Exemplarisch die Gesellschaft für Bildung und Wissen e.V.
https://www.welt.de/debatte/kommentare/article128042954/Macht-endlich-Schluss-mit-der-Pisa-Testeritis.html

[271] Deutschlands PISA-Ergebnisse stabil über dem OECD-Durchschnitt, Ländernotiz der OECD für Deutschland,
http://www.oecd.org/berlin/presse/deutschlands-pisa-ergebnisse-stabil-ueber-dem-oecd-durchschnitt-06122016.htm, abgerufen am 12.03.2018

[272] https://www.bmbf.de/de/pisa-2015-bestaetigt-deutschlands-gute-platzierung-3687.html

ner abnehmenden Differenzierung und Leistungsorientierung der Schüler das Bildungspotenzial in Deutschland nicht annähernd ausgeschöpft wird.[273] Auffällig ist auch das schwache Abschneiden US-amerikanischer Schüler, deren Ergebnisse unter dem OECD-Durchschnitt liegen (Platz 31).

---

273 So der langjährige Präsident des deutschen Lehrerverbands Josef Kraus, *Wie man eine Bildungsnation an die Wand fährt*, München (2017).

Tab. 4: PISA-Resultate 2015[274]

| Mathematik | Naturwiss. | Leseverständnis | Gesamt |
|---|---|---|---|
| 1. Singapur (564) | Singapur (556) | Hongkong (537) | Singapur (552) |
| 2. Hongkong (548) | Japan (538) | Kanada (537) | Hongkong (536) |
| 3. Macau (544) | Estland (534) | Singapur (535) | Japan (529) |
| 4. Taiwan (542) | Taiwan (532) | Finnland (526) | Kanada (527) |
| 5. Japan (532) | Finnland (531) | Irland (521) | Macau (527) |
| 6. VR China[275] (531) | Macau (529) | Estland (519) | Estland (524) |
| 7. Südkorea (524) | Kanada (528) | Südkorea (617) | Taiwan (524) |
| 8. Schweiz (521) | Vietnam (525) | Japan (516) | Finnland (523) |
| 9. Estland (520) | Hongkong (523) | Norwegen (513) | Südkorea (519) |
| 10. Kanada (516) | VR China (518) | Deutschland (509) | VR China (514) |
| 11. Niederld. (512) | Südkorea (516) | Macau (509) | Irland (509) |
| 12. Dänemark (511) | Neuseeland (513) | Neuseeland (509) | Slowenien (509) |
| 13. Finnland (511) | Slowenien (513) | Polen (506) | Deutschland (508) |
| 14. Slowenien (510) | Australien (510) | Slowenien (505) | Niederlande (508) |
| 15. Belgien (507) | Deutschland (509) | Australien (503) | Neuseeland (506) |
| 16. Deutschl. (506) | Niederlande (509) | Niederlande (503) | Schweiz (506) |
| ...... | | | |
| 29. | | | OECD (492) |
| ...... | | | |
| 31. | | | USA (488) |
| ...... | | | |
| 69. Kosovo (362) | Kosovo (378) | Algerien (350) | Algerien (362) |
| 70. Algerien (360) | Algerien (376) | Kosovo (347) | Kosovo (362) |
| 71. Dom. Rep. (328) | Dom. Rep. (332) | Libanon (347) | Dom. Rep. (339) |

274 Sämtliche Ergebnisse finden sich auf der Website der OECD, http://www.oecd.org/pisa/

275 In der Volksrepublik China wurde der PISA-Test nur in den Provinzen Guangdong und Jiangsu sowie den Städten Shanghai und Peking durchgeführt (ca. 200 Millionen Einwohner),

Bildungsvergleiche werden auch auf Ebene der Hochschulen vorgenommen. Die bekanntesten Universitätsrankings sind das Shanghai-Ranking und das Ranking der Financial Times. Die Top-10-Plätze werden regelmäßig von den führenden US-Universitäten sowie Oxford und Cambridge in Großbritannien besetzt. Die Leuchtturmfunktion der amerikanischen Hochschulen ist auch an der großen Zahl von Start-up-Unternehmen im IT-Sektor und in der Biotechnologie im Silicon Valley (Stanford) und der Region Boston (MIT) ablesbar. Europa ist der zweitwichtigste Standort für universitäre Exzellenz. Aus Deutschland haben sich unter anderem die Universität Heidelberg (46) TU München (51) und LMU München (52) und die Universität Bonn (97) unter den Top 100 im letzten Shanghai Ranking etabliert.[276] Ab Platz 100 folgen noch viele weitere deutsche und europäische Hochschulen. Asien hat trotz einiger renommierter Hochschulen noch Aufholpotenzial.

Spitzenbildung hat fast überall ihren Preis. Die Kosten der Bildung steigen seit Jahren deutlich schneller als die allgemeinen Lebenshaltungskosten. Ein Schuljahr am renommierten Eton College in Großbritannien kostet inzwischen umgerechnet mehr als EUR 40.000. Die Kosten eines Studienjahres an der Harvard Universität belaufen sich auf mehr als EUR 60.000, ohne persönliche Lebenshaltungskosten. Es ist dennoch zu erwarten, dass sowohl Staaten als auch Familien künftig noch mehr Geld in Bildung investieren werden. Vor allem in asiatischen Ländern investieren die Familien zudem große Anteile ihres Einkommens in Nachhilfekurse und akademische Sommercamps. Ohne Bildung ist beruflicher Erfolg nur noch selten erreichbar, die Einkommen divergieren massiv in Abhängigkeit vom Bildungsstand, wie die amerikanischen Daten in der Tabelle belegen.[277]

Der Zugang zur Bildung ist geeignet, zur Spaltung der Gesellschaft beizutragen.[278] Nicht jeder Mensch erfüllt die intellektuellen Voraussetzungen, um in Harvard zu studieren. Zudem können sich nur wenige Menschen die dortige Ausbildung leisten.

---

276 http://www.shanghairanking.com/de/ARWU2015.html

277 https://www.huffingtonpost.com/steven-strauss/the-connection-between-ed_b_1066401.html?guccounter=1

278 https://www.nytimes.com/2014/09/11/business/economy/a-simple-equation-more-education-more-income.html

Tab. 5: Ausbildung und Jahreseinkommen in den USA[279]

| **Ausbildung** | **Durchschnittseinkommen in US-Dollar** |
|---|---|
| Promotion | 103.000 |
| Master | 74.000 |
| Bachelor | 57.000 |
| Studium ohne Abschluss | 32.000 |
| High School | 31.000 |
| Kein Schulabschluss | 20.000 |

Es kommt hinzu, dass eine akademische Bildung ganz grundsätzlich nicht jedem Menschen den passenden Lebensweg eröffnet. In westlichen Ländern erwerben zwar immer mehr junge Menschen einen Hochschulabschluss. Das führt aber nicht bei jedem Einzelnen zu persönlicher Befriedigung oder einem hohen Einkommen. Vor allem in Deutschland hat die berufliche Bildung historisch einen wesentlichen Anteil am wirtschaftlichen Erfolg des Landes gehabt.[280] Die Jugendarbeitslosigkeit ist deswegen in Deutschland niedriger als fast überall sonst auf der Welt.[281] Internationale Organisationen wie die OECD haben aber seit Jahren in Deutschland einen Trend zur Verschulung und zur Diskriminierung beruflicher Abschlüsse befördert, was der beruflichen Ausbildung einen schweren Schaden zufügt. Der Trend zur Akademisierung von Ausbildung und Berufswelt verschärft gesellschaftliche Probleme, weil er berufspraktische Alternativen eliminiert.

Der „Bildungsmarkt“ hat sich zudem globalisiert. Insbesondere die Top-Universitäten der USA nutzen ihr Ansehens und ihrer finanziellen Möglichkeiten, um die besten ausländische Studenten und Wissenschaftler abzuwerben. Viele europäische und asiatische Nobelpreisträger wurden für ihre Forschungsleistungen an US-Universitäten ausgezeichnet. Das

[279] In Anlehnung an Huffington Post, Daten stammen vom US Census Bureau 2009

[280] https://www.welt.de/dieweltbewegen/article13827724/Deutschland-braucht-Lehrlinge-nicht-nur-Akademiker.html

[281] https://www.welt.de/wirtschaft/karriere/bildung/article120237878/Ein-deutsches-Modell-macht-Schule.html

Bildungssystem wird auch durch die Digitalisierung fundamental verändern. Insbesondere E-Learning-Angebote von Schule und Universitäten werden den traditionellen Präsenzunterricht immer mehr ergänzen oder sogar ersetzen. Bereits heute gibt es zahllose Fernstudiengänge. Dadurch entstehen möglicherweise auch für junge Menschen Bildungszugänge, die aus Kosten- oder Leistungsgründen keinen Zugang zu den Präsenzinstitutionen bekommen würden.

## 4.3 Die globale Elite im Klassenkampf von oben

Die Globalisierung der Bildung hat wesentlich zur Formierung einer supranationalen gesellschaftlichen Elite beigetragen. Der Historiker Harari beschreibt in seiner kurzen Geschichte der Menschheit mit Begeisterung ein globales Imperium, das vor unseren Augen entsteht und weder von einem bestimmten Staat oder einer ethnischen Gruppe allein beherrscht wird.[282] Er beschreibt die Machtverschiebung von den Nationalstaaten zu Konzernen, supranationalen Institutionen und Nichtregierungsorganisationen als einen unaufhaltsamen Prozess. Der Mensch habe die Wahl, seiner angestammten Heimat treu zu bleiben oder sich dem Imperium anzuschließen. Ein wachsender Teil der sogenannten Eliten entscheide sich für das Imperium.[283]

Die Sozialisierung der globalen Eliten erfolgt anders als die der „normalen“ Bevölkerung. Die private mehrsprachige Erziehung beginnt häufig schon im privaten Kindergarten. Sie führt über internationalen Schulen, Sprachaufenthalte an ausländischen Internaten, über sorgsam ausgewähltes karitatives Engagement an die einschlägigen Privathochschulen im In- und Ausland mit MBA und LLM-Abschlüssen. Ein entsprechender Bildungsweg wird aber immer mehr zwingende Voraussetzung, um sich für globale Führungspositionen zu qualifizieren Der Berufseinstieg erfolgt oft bei einer globalen Unternehmensberatung, einer Investment Bank oder einer „Law Firm“.

Später bekleiden die Angehörigen der Elite Spitzenpositionen in großen Unternehmen, Finanzinstitutionen oder internationalen Organisationen. Die knappe Freizeit verbringen sie zu einem großen Teil in Vereinigungen

---

282 Yuval Noah Harari, S. 251.

283 ebd., S. 252.

wie Rotary, Lions oder anderen noch exklusiveren internationalen Clubs. Im Ergebnis hat sich eine Art neofeudale globale Elite des Geistes und des Geldes herausgebildet. Für die Clubmitglieder ist das System wegen des Einflusses der Verdienstmöglichkeiten und der Sicherheit ihrer persönlichen Netzwerke sehr attraktiv. Aus Sicht eines Angehörigen der globalen Elite ist das globalisierte System auch leistungsorientiert und deswegen gerecht. Allerdings vergessen einige „Clubmitglieder" gelegentlich, dass die weitaus meisten Menschen von elitären Bildungsinstitutionen wie Eton und Harvard noch nie gehört haben. Selbst wenn sie es hätten, könnten sie auch mit den großzügigsten Stipendien ihre Kinder dort nicht ausbilden lassen.

Ein englisches Sprichwort sagt: *„If you can't beat them, join them"*. Ein kluger Rat, aber was wird aus denen, die dem Club gar nicht beitreten können? Der legendäre Komödiant George Carlin sagte einmal zu seinen Zuschauern *„It's a big club and you ain't in it"*.

Viele Angehörige dieser Elite sehen die Welt aus einer globalen Perspektive und fühlen sich ihrem jeweiligen Heimatland nur noch bedingt verbunden. Im Globalismus zählen nationale und lokale Belange wenig. Es geht um den Weltfrieden, das Weltklima und den Fortschritt insgesamt. Diese großen Fragen sollen multilateral im Rahmen einer „Global Governance" gelöst werden.[284] Staaten werden von der globalen Elite allenfalls als Instrumente zur Durchsetzung wirtschaftlicher Interessen und politischer Vorstellungen angesehen. Für das große Ganze müssen dann im Zweifelsfall Opfer gebracht werden, ob in Form höherer Steuern für die Mittelschicht oder durch den Abbau von sozialer Sicherung für die Unterschicht.[285]

Der Nationalstaat ist diesem Konzept zufolge nicht mehr als ein historisches Durchgangsstadium auf dem Weg zur zentralisierten „Einen Welt". Souveräne Nationalstaaten verfügen zwar aktuell noch über Macht, gelten aber gemäß dieser Logik längst als rückständig, provinziell und obsolet. Noch vorhandene Grenzen bremsen den Fortschritt und müssen eingerissen werden. Diese Sichtweise basiert auf einem teleologischen Geschichtsverständnis, dessen Prinzip im 19. Jahrhundert unter anderem in den philosophischen Schriften von Hegel, Marx und Comte formulierte

---

[284] Jacques Attali (2011), S. xiv.

[285] Allerdings keinesfalls durch eine Abschaffung der steuerlichen Privilegierung von Kapitalgewinnen und entsprechende internationale Optimierungsmöglichkeiten.

wurde. Die Menschheit durchläuft in diesem Sinne zwangsläufig gewisse Entwicklungsstadien, allein die Dauer des Prozesses ist variabel. Auch nationale Eigentümlichkeiten wie Sprache und Kultur genießen keine Priorität.

Ein bekannter ehemaliger deutscher Politiker sagt in kleiner Runde gern in Anlehnung an Huntington, *„das Volk denkt deutsch, die Elite denkt europäisch"*. Dieser Satz drückt recht gut die Einstellung der Mächtigen in der westlichen Gesellschaft aus.[286] Viele im jeweiligen nationalen Kontext zunächst überraschende politische Entscheidungen sind besser zu verstehen, wenn sie anhand der (mutmaßlichen) Präferenzen und Prioritäten der Entscheidungsträger gemessen werden.

Interessanterweise unterstützen nicht nur angehörige der Wirtschaftselite, sondern auch viele sozialistische Intellektuelle von jeher die Globalisierung. Bereits Karl Marx schrieb im Kommunistischen Manifest: *„Die Arbeiter haben kein Vaterland. Man kann ihnen nicht nehmen, was sie nicht haben. (...) Die nationalen Absonderungen und Gegensätze der Völker verschwinden mehr und mehr schon mit der Entwicklung der Bourgeoisie, mit der Handelsfreiheit, dem Weltmarkt, der Gleichförmigkeit der industriellen Produktion und der ihr entsprechenden Lebensverhältnisse."*[287]

Diesen internationalen Sozialismus haben im weiteren Verlauf der Geschichte unter anderem Leo Trotzki und seine Anhänger sowie die Angehörigen der Fabian Society vertreten. Trotz der Gefahren, die ihre eigene Klientel am meisten betreffen, befürworten führende Vertreter der sozialistischen Linken mit wenigen Ausnahmen mehrheitlich den Abbau nationaler Grenzen. Heute arbeiten die meisten Anführer beider politischen Lager gemeinsam mit Unternehmen und internationalen Organisationen an der Vollendung der Globalisierung.

---

[286] Es ist dabei festzustellen, dass auch in der Vergangenheit Elitegruppen wie der Hochadel, Bankiers oder große Kaufleute politisch, geschäftlich oder in ihren privaten Verbindungen eher global als national gedacht haben. Allerdings haben diese Eliten nicht daran gedacht, den „kleinen Leuten" ihren Nationalstaat wegzunehmen.

[287] Das Kommunistische Manifest ist auch online verfügbar unter http://www.mlwerke.de/me/me04/me04_459.htm

## 4.4 Nationale, regionale und unorganisierte Widerstände

Der Prozess der Machtverschiebung auf die transnationale Ebene verläuft seit einiger Zeit aber nicht mehr reibungslos. Die wirtschaftliche Globalisierung produziert Wohlfahrtsgewinne, aber individuell sowohl Gewinner als auch Verlierer.[288] Die politische Globalisierung führt zu einer wachsenden Entfernung der Entscheidungszentren vom Bürger, wodurch sich die demokratischen Mitbestimmungsmöglichkeiten des Wählers de facto reduzieren. Zu den wirtschaftlichen Globalisierungsverlierern zählen zu Beispiel Arbeiter und Angestellte in westlichen Ländern, deren Arbeitsplätze nach Abbau der Handelshemmnisse aus Kostengründen in die aufstrebenden Schwellenländer verlagert worden sind.[289]

Eine Studie mehrerer Wissenschaftler unter anderem vom MIT und der Universität Zürich aus dem Jahr 2013 hat ergeben, dass die Ausweitung des Handel mit China zum Verlust von 1,5 Mio. Arbeitsplätzen und Lohneinbußen von ca. 20 Prozent in den Industrieregionen der Vereinigten Staaten geführt hat.[290]

Der bekannte Ökonom Joseph Stiglitz bezeichnet die Armen der Industrieländer als die Verlierer des Freihandels, weil deren Lebensstandard und Lebenserwartung sinkt.[291] Wer an sein Land gebunden ist und zudem kei-

---

[288] Das berühmte ricardianische Außenhandelsmodell (benannt nach dem britischen Ökonomen David Ricardo 1772-1823) postuliert, dass sich (unbehinderter) Außenhandel stets für alle Volkswirtschaften lohnt, also auch für diejenigen, die gegenüber anderen Staaten bei allen Gütern Kostennachteile haben. Die Begründung liegt darin, dass jedes Land den größtmöglichen Gütterertrag erzielt, wenn es die Produkte mit den geringeren Arbeitskosten selbst herstellt und die übrigen Güter im Austausch bezieht, wobei schon die relativen Kostenvorteile die internationale Arbeitsteilung und ihre weitere Spezialisierung sicherstellen. Dabei ist allerdings seit jeher unter Ökonomen unstrittig, dass es innerhalb jeden Landes Gewinner und Verlierer des Freihandels gibt. Erfahrungen mit NAFTA und der EU-Integration lassen allerdings durchaus berechtigte Zweifel aufkommen, ob nicht – bei aggregierten Gesamtvorteilen – auch ganze Länder unter dem Strich zu Freihandelsverlierern werden können.

[289] Ian Bremmer, *Us vs. Them: The failure of Globalism*, New York, 2018, S. 17.

[290] David Autor, David Dorn und Gordon Hanson, *The China Shock: Learning from Labor-Market Adjustmentto Large Changes in Trade*, online verfügbarhttps://www.ddorn.net/papers/Autor-Dorn-Hanson-ChinaShock.pdf

[291] https://www.zeit.de/wirtschaft/2016-04/joseph-stiglitz-panama-papers-steuer-freihandel-ttip

ne fremden Sprachen spricht, kann daher mit den Verheißungen der globalen Welt oft wenig anfangen. Die Einrichtung internationaler Gremien und Institutionen hat aus Sicht vieler Menschen keinen erkennbaren Beitrag zur Verbesserung ihrer Verhältnisse geleistet. In Folge der Internationalisierung politischer Entscheidungsprozesse verringern sich zudem massiv die demokratischen Einflussmöglichkeiten der einzelnen Bürger, von den sich viele fremdbestimmt und gegängelt fühlen.

Gegen die Globalisierung haben sich in einigen Ländern daher in den letzten Jahren Widerstände gebildet, die von Politikern des linken und rechten Spektrums aufgegriffen worden sind. Prominentestes Beispiel ist der US-Präsident Donald Trump. Trump hat im Wahlkampf internationale Handelsabkommen kritisiert, weil er aufgrund der NAFTA-Erfahrungen negative Folgen für Arbeitsplätze und Löhne in den USA befürchtet hat. Nach seiner Wahl hat er die Verhandlungen über TPP[292] und TTIP abgesagt.[293]

Auch in Europa stieß TTIP auf heftigen Widerstand. Dabei war auch bedeutsam, dass der Wohlstands- und Arbeitsplatzeffekt von TTIP sehr umstritten war[294] und zudem die Regelungen zum Investitionsschutz und zu den Schiedsgerichten erhebliche Eingriffe in die Souveränität der Mitgliedsstaaten impliziert hätten. Das Aus von TTIP und TPP hat den globalen wirtschaftlichen und politischen Integrationsprozess vorläufig zum Stillstand gebracht.

Auch das Brexit-Votum im Vereinigten Königreich richtete sich nicht zuletzt gegen die politischen Souveränitätsverluste im Rahmen der fortschreitenden EU-Integration. Brexit-Befürworter führten eine Kampagne gegen die zentralistische EU-Bürokratie und das Versickern ihrer Netto-

---

292 Die Trans-Pacific Partnership, („TPP“) ist ein geplantes Handelsabkommen zwischen Australien, Brunei, Chile, Japan, Kanada, Malaysia, Mexiko, Neuseeland, Peru, Singapur, Vietnam und ursprünglich den USA.

293 Transatlantic Trade and Investment Partnership.

294 Das Londoner Centre for Economic Policy Research (CEPR) kam zu dem Ergebnis, dass ein kontinuierlich um rund 0,5 Prozent höheres Bruttoinlandsprodukt (entspräche etwa 65 Milliarden Euro) durch TTIP möglich sei.
http://trade.ec.europa.eu/doclib/docs/2013/march/tradoc_150737.pdf.

Einer Studie der Tufts-Universität zufolge wären dagegen durch TTIP in Europa netto 600.000 Arbeitsplätze verloren gegangen und Einkommensverluste von 165 bis zu 5.000 Euro pro Person und Jahr entstanden. Zudem prognostizierte die Tufts-Studie eine gesteigerte makroökonomische Instabilität, ein negativer Einfluss auf das Wirtschaftswachstum und eine sinkende Lohnquote prognostiziert.
http://www.ase.tufts.edu/gdae/policy_research/TTIP_simulations.html

beiträge. Die EU-Gegner bekamen aber auch aufgrund von Überfremdungsängsten in der Bevölkerung viele Stimmen. Den Freihandel im Rahmen der EU und darüber hinaus wollen allerdings auch viele Brexit-Befürworter nach Möglichkeit nicht aufgeben.

Auch regionale Sezessionsbedingungen haben an Zuspruch gewonnen, z.B. in Schottland, Katalonien, Flandern und Norditalien. Die Fronten zwischen Befürwortern und Gegnern der Globalisierung haben sich verhärtet. Der genannte Widerstand gegen die Globalisierung beschränkt sich zudem nicht mehr nur auf „das einfache Volk". Die Brexitkampagne und die Trumpwahl wären kaum möglich gewesen, wenn nicht zumindest einflussreiche Teile der Elite der jeweiligen Länder Bedenken gegen die mit der fortschreitenden Globalisierung verbundenen Souveränitätsverzichte gehabt hätten, auch wenn nur wenige Persönlichkeiten sich öffentlich in diesem Sinne positionieren. Wer wie die ehemalige US-Präsidentschaftskandidatin Hillary Clinton von den Globalisierungsverlierern arrogant als „Deplorables" spricht,[295] macht es sich etwas leicht und muss sich über die eigene Wahlniederlage nicht wundern.

Der Kampf um die Globalisierung ist daher noch längst nicht entschieden. Der französische Präsident Emmanuel prognostizierte im Juli 2018 in Rede zur Zukunft Europas und der westlichen Welt einen *„mindestens zehnjährigen Kampf zwischen isolierenden Nationalisten und modernen Progressiven"*.[296] Anleger müssen entsprechend mit unruhigen Zeiten rechnen.

## 4.5 Großer Reichtum dank anderer Leute Daten

Die bedeutendsten Unternehmen des 20. Jahrhunderts haben Öl gefördert, Autos gebaut oder Chemikalien hergestellt. Der Produktionsprozess basierte zu einem wesentlichen Teil auf körperlicher menschlicher Arbeit. Das jeweilige Produkt war allgemeinverständlich. Heute sind die fünf wertvollsten Unternehmen der Welt dagegen ausnahmslos US-amerikanische Unternehmen der Informationstechnologie, deren Geschäftsmodell wesentlich auf der Nutzung und Verarbeitung von Daten basiert.

---

[295] https://www.theguardian.com/us-news/2016/sep/10/hillary-clinton-basket-of-deplorables-donald-trump

[296] http://www.dailymail.co.uk/wires/ap/article-5933579/Macron-makes-rare-speech-parliament-Versailles-Palace.html

Allein Apple ist mit über einer Billion US-Dollar nur ein Drittel weniger wert als der gesamte DAX-30. Als erstes Unternehmen, das etwas Greifbares produziert, erscheint der Medizintechnikgigant Johnson&Johnson auf Platz 10 der Liste der wertvollsten Unternehmen.

Das Datengeschäft wird auch als „Big Data“ bezeichnet. Bei Big Data handelt es sich um einen Komplex von Technologien, die zum Sammeln und Verwerten großer Datenmengen verwendet werden. Die Größe betrifft das Datenvolumen, die Geschwindigkeit der Datengenerierung und die Breite der Datenquellen. Wirtschaftliche Anwendungsmöglichkeiten beinhalten die elektronische Kommunikation, Kreditanalysen und Zahlungsverkehr, Verhaltens- und Wahlforschung, Kundenpflege und Werbeoptimierung, Überwachung und vieles mehr. Eine Google-Suche, eine Facebook-Freundschaftsanfrage oder der Inhalt einer Whatsapp-Nachricht verraten wertvolle Informationen des Nutzers, unter anderem über seine Konsumgewohnheiten. Für Menschen, die in der Realwirtschaft des 20. Jahrhunderts erwachsen geworden sind, ist dabei die Tatsache oft schwer zu verstehen, dass sie nicht primär der Kunde, sondern das Produkt von Unternehmen wie Google und Facebook sind.

Tab. 6: Unternehmen nach Börsenwert (3.8.2018)[297]

| | **Unternehmen** | **Land** | **Börsenwert US Dollar Mrd.** |
|---|---|---|---|
| 1. | Apple | USA/Tech. | 1.002 |
| 2. | Amazon | USA/Tech | 895 |
| 3. | Alphabet (Google) | USA/Tech | 858 |
| 4. | Microsoft | USA/Tech | 826 |
| 5. | Facebook | USA/Tech | 509 |
| 6. | Berkshire Hathaway | USA/Holding div. | 492 |
| 7. | Alibaba | PRC/Tech | 471 |
| 8. | Tencent | PRC/Tech | 419 |
| 9. | JPMorganChase | USA/Bank | 390 |
| 10. | Johnson&Johnson | USA/MedTech | 352 |
| 61. | SAP | D/Tech | 142 |

Die Sammlung und Verwertung der Daten ist Teil der bereits beschriebenen technologischen Revolution, die viele Verbesserungen des täglichen menschlichen Lebens ermöglicht. Informationen können schnell recherchiert werden, Kaufentscheidungen werden erleichtert, persönliche Kontakte können leichter gepflegt oder aufgefrischt werden. Der Besitz der Daten verleiht aber auch eine erhebliche Macht.[298] Die großen Datengiganten, aber auch viele Regierungen sammeln zahllose, auch sehr sensible Daten über die Bürger und können aus diesen Daten aufgrund ihrer Algorithmen wertvolle Erkenntnisse generieren.[299]

Google und Facebook sind dadurch heute in der Lage Kaufentscheidungen ebenso zu beeinflussen wie Meinungen, Wahlen und Abstimmungen.[300] Zudem bekommen nicht nur Google und Facebook selbst, sondern jeder,

---

[297] Zahlen von Thomson Reuters

[298] https://www.deutsche-bank.de/fk/de/docs/Big_Data_die_ungezaehmte_Macht.pdf

[299] Yuval Noah Harari (2017), S. 458

[300] http://www.pewinternet.org/2012/07/20/the-future-of-big-data/

der diese Unternehmen hacken kann, Zugang zu deren sensiblen Informationen und kann diese missbrauchen. Viele Bürger unterschätzen das Missbrauchspotenzial oder nehmen es aus Bequemlichkeitsgründen in Kauf. Je größer die Netzwerke werden und je mehr Komponenten in Computer, Autos, Telefone und Kühlschränke standardmäßig eingebaut werden, desto schwieriger ist es für den einzelnen Menschen, sich vom wachsenden vernetzten System abzukoppeln und seine Individualität zu bewahren.[301]

In jüngster Zeit ist zudem zu beobachten, dass Regierungen mit den Big Data-Unternehmen eine ähnliche Symbiose eingehen wie mit dem Finanzsektor. Die Datenkonzerne verhalten sich gegenüber den Anliegen der Staaten sehr kooperativ, unabhängig davon, ob es sich um Regierungen aus den Vereinigten Staaten[302], China[303] oder Europa[304] handelt. Die großen Datengiganten sichern durch ihre Kooperationsbereitschaft ihre quasimonopolistischen Positionen in den jeweiligen Teilmärkten. Aufgrund der Netzwerk- und Skaleneffekte im Datengeschäft sind diese Unternehmen wirtschaftlich von Newcomern kaum noch herauszufordern.

Zudem wurden Akquisitionen von Google und Facebook von den Kartellbehörden immer durchgewunken.[305] Die Akquisitionen überschreiten auch die Grenzen zwischen „neuen" und „alten" Medien. So ist Jeff Bezos (Amazon) inzwischen auch Eigentümer der einflussreichen Zeitung Washington Post.[306]

In Deutschland hat Wirtschaftsminister Peter Altmaier im September 2018 erstmals ein wettbewerbsrechtliches Gutachten eingeholt, welches die oligopolistische Marktstruktur bestätigt. Der Minister prüft jetzt Möglich-

---

301 Yuval Noah Harari (2017), S. 464.

302 https://www.theguardian.com/world/2013/jun/06/us-tech-giants-nsa-data

303 https://www.wsj.com/articles/apple-pulls-25-000-apps-from-china-app-store-following-state-media-criticism-1534731049

304 https://netzpolitik.org/2018/entfernung-von-internetinhalten-bundesregierung-fuer-mehr-druck-auf-eu-ebene/

305 Unternehmen wie Facebook haben ein Gespür für potenzielle Konkurrenz. So nutze Facebook seinen hohen Börsenwert, um frühzeitig Whatsapp und Instagram zu akquirieren, so dass keine Konkurrenz entstehen konnte.

306 Der Kaufpreis von US-Dollar 250 Mio. ist für ihn ein sprichwörtlicher Griff in die Portokasse. https://www.businessinsider.de/amazon-ceo-jeff-bezos-bought-washington-post-with-no-due-diligence-2016-3?r=US&IR=T

keiten einer Regulierung.[307] Es bleibt aber noch abzuwarten, ob es zu einer wirksamen Regulierung kommt. Falls aber das Monopolyspiel in der Big Data- und Medienwelt so weiter geht wie bisher, könnte am Ende ein Gigant wie in Dave Eggers Roman *„The Circle"* alle Daten und damit die Welt beherrschen.

## 4.6 Das Dinosauriersterben in der Welt der Medien

Internet und Big Data haben auch zu gravierenden Veränderungen in der Medienwelt beigetragen. Das Internet ermöglich breiten Bevölkerungsschichten den freien Zugang zu Informationen, die früher nur wenigen Menschen vorbehalten waren. Das Vorhandensein neuer Medien hat sich bereits massiv auf das Nutzungsverhalten der Menschen ausgewirkt. Früher waren Printmedien sowie das Fernsehen die Hauptinformationsquellen. Auf diese Medien waren entsprechend die Politik[308] und die Werbewirtschaft ausgerichtet. Die Auflagen der einschlägigen Printmedien sinken aber seit vielen Jahren. So ist die verkaufte Auflage der BILD-Zeitung allein seit 1998 um 63,5 Prozent auf 1,6 Millionen Exemplare gesunken.[309] Die Auflage der Frankfurter Allgemeinen Zeitung ist im selben Zeitraum um mehr als 40 Prozent auf weniger als 240.000 Kopien gesunken, die des Wochenmagazins Der Spiegel um ein Drittel auf etwas mehr als 700.000 Exemplare.

Das Medienportal Heise geht davon aus, das bis zu 90 Prozent der Kioskzeitungen unverkauft im Altpapier landen.[310] Viele Printmedien sind daher bereits ganz vom Markt verschwunden oder werden wie die Berliner TAZ nur durch staatliche Subventionen am Leben gehalten.[311] Auch die Einschaltquoten der öffentlich-rechtlichen Fernsehsender sind seit Jahren

---

[307] Das Gutachten wurde von den Wissenschaftlern Heike Schweitzer, Justus Haucap und Wolfgang Kerber erstellt. *Regierung will Macht der Netzgiganten stutzen*, in FAZ vom 5. September 2018.

[308] Altbundeskanzler Gerhard Schröder sagte noch, dass es für seine Wiederwahl allein auf „Bild, BAMS und Glotze" ankäme.

[309] Alle Zahlen von IVW, online verfügbar http://www.ivw.eu/aw/print/qa/titel/1090?quarta%5B20182%5D=20182&quartal%5B19984%5D=19984

[310] https://www.heise.de/newsticker/meldung/Online-statt-Print-Tageszeitung-soll-im-Netz-weiterleben-4134630.html

[311] https://www.nzz.ch/wirtschaft/doppelgruen-fuer-subventionen-an-die-berliner-tageszeitung-1.18560312

rückläufig. In anderen Ländern haben sich ähnliche Entwicklungen vollzogen. Angestiegen ist dafür der Internetkonsum der Bürger. Vor allem jüngere Menschen ersetzen zunehmend auch den Fernsehkonsum durch das Internet.[312] Dabei konnten die etablierten Medien sowohl im Print- als auch im TV-Segment mit ihren Onlineangeboten nur einen Teil ihrer Verluste im Kerngeschäft kompensieren.

Die Auflage- und Einschaltquotenverluste haben zu einem Verlust an Werbeeinnahmen der etablierten Medien beigetragen.[313] Ein großer Teil des Werbebudgets fließt in die Taschen der großen Internetgiganten wie Google und Facebook, die gleichzeitig die Informationsströme steuern. Die FAZ hat früher einen großen Teil ihres Umsatzes mit den Stellenanzeigen erwirtschaftet. Die Werbeeinnahmen sind zu Google und zu den einschlägigen Online-Portalen abgewandert. Die wirtschaftlichen Effekte lassen sich an den Gewinnen und Aktienkursen der Medienunternehmen ablesen. Für viele etablierte Medien wird es dadurch auch immer schwieriger, ihre journalistische Unabhängigkeit zu erhalten. Sie sind dadurch auch in Gefahr, ihre Deutungshoheit in der öffentlichen Debatte zu verlieren. Viele Bürger informieren sich über unabhängige Internetmedien. Internetmedien verfügen über eine wesentlich höhere Verbreitungsgeschwindigkeit. Allerdings haben Internetgiganten wie Facebook, Youtube, Twitter und Google noch mehr Macht, weil sie ganze Informationsströme kontrollieren und noch weniger Konkurrenz haben. Soziale Netzwerke können zudem unter Berufung auf ihre Nutzerbedingungen Informationsquellen und Nutzer aus ihrem monopolistischen bzw. oligopolistischen Netzwerk ausschließen oder Teilnehmer einfach stummschalten.[314]

Allerdings hat sich auch die Wettbewerbssituation auf den Printmedien- und TV-Märkten verändert, weil sich in dieser Branche ein Konzentrationsprozess vollzogen hat und der Markt von wenigen globalen Konzernen dominiert wird. In den Vereinigten Staaten gehören fast alle Zeitungen, Zeitschriften, Fernsehsender und Radiostationen zu den sechs großen Medienkonzernen GE, Newscorp, Disney, Viacom, Time Warner und CBS, die gemeinsam mehr als 90 Prozent des US-Medienmarktes kontrollie-

---

[312] http://www.absatzwirtschaft.de/fernsehen-2017-internet-verdraengt-linearen-medienkonsum-17377/

[313] Für Publikumszeitschriften https://de.statista.com/statistik/daten/studie/169215/umfrage/entwicklung-der-anzeigenerloese-in-publikumszeitschriften/

[314] https://www.ibtimes.com/what-shadow-banning-twitter-former-employees-say-it-exists-2640860

ren.[315] Im Jahr 1983 waren es noch 50 Unternehmen, die sich den Markt geteilt haben.

Auch in Deutschland verfügen Medienkonzerne wie Bertelsmann und Axel Springer über eine dominante Marktstellung.

## 4.7 Fluch und Segen der technologischen Quantensprünge

Die Potenziale schneller Prozessoren sowie von Internet, Cloud-Speicherung und vielen andere Innovationen, mit deren Hilfe heute Wissen generiert, vernetzt, gespeichert und jederzeit verfügbar gemacht werden kann, waren noch vor einem halben Jahrhundert unvorstellbar. Diese Innovationen führten zu gewaltigen Produktivitätsschüben und haben das Leben der Menschen erleichtert. Nur wenige Menschen können sich noch Smartphones, Onlineshopping oder Navigationssysteme aus dem täglichen Leben wegdenken. Einschneidende Veränderungen betreffen aber auch Biologie und die medizinische Versorgung.

Viele medizinische Erkenntnisse werden durch die Gentechnik vorangetrieben. Die Krebsforschung hat individuelle, auf den jeweiligen Gencode des einzelnen Menschen zugeschnittene Therapien entwickelt.[316] Operationstechniken wurden verbessert, Kunststoffimplantate ersetzen unter anderem Zähne und Hüftgelenke. Bald sollen 3-D-Drucker Ersatzgelenke herstellen.[317] Verschiedene Apps erleichtern das „Monitoring“ der Gesundheit, indem sie unter anderem Puls, Herzschlag und Bewegungsdaten aufzeichnen und auswerten. Gesundheits-Chipkarten sollen helfen, dass die Erkenntnisse aus der medizinischen Historie eines Patienten und die Diagnostik anderer Ärzte für eine akute Behandlung nutzbar gemacht werden können.[318]

---

[315] https://www.businessinsider.de/these-6-corporations-control-90-of-the-media-in-america-2012-6?r=US&IR=T

[316] https://www.deutschlandfunknova.de/beitrag/krebsforschung-gentherapie-soll-zugelassen-werden

[317] https://www.rbb-online.de/rbbpraxis/rbb_praxis_service/kuenstliche-gelenke/gewebe-gelenke-organe-3d-drucker-medizin.html

[318] https://www.bertelsmann-stiftung.de/fileadmin/files/BSt/Publikationen/Graue Publikationen/SpotGes_Ge sundheits-Apps_dt_final_web.pdf

Eines der aktivsten Forschungsgebiete ist der Bereich der „Künstliche Intelligenz" (KI). KI versucht menschenähnliche Entscheidungsstrukturen künstlich nachzubilden, also Computer so zu bauen oder zu programmieren, dass sie eigenständig Probleme bearbeiten können. Daraus resultieren zahlreiche technische Anwendungen.[319] Forscher arbeiten inzwischen mit einigem Erfolg daran, Maschinen zu konstruieren, die intelligent reagieren oder sich wie Menschen verhalten. Erste KI-Systeme sind bereits zu erstaunlichen Leistungen fähig. Der zu direkter Sprachkommunikation fähige „weibliche" Roboter „Sophia" des US-Konzerns Hanson Robotics trägt beispielsweise bereits regelrecht menschliche Züge und hat entsprechend in der Öffentlichkeit Furore gemacht.[320]

Es ist bereits weithin bekannt, dass Künstliche Intelligenz bereits heute in Form einfacher Roboter viele manuelle menschliche Tätigkeiten besser und günstiger erledigen kann. Entsprechend kommen große Industriefabriken heute mit viel weniger menschlichen Arbeitskräften aus als noch vor 30 Jahren. Weniger bekannt ist, dass auch heute schon viele administrative Aufgaben mit Computeralgorithmen bewältigt werden können. Die Anwendungsbereiche werden immer komplexer und werden in naher Zukunft auch sehr komplexe Tätigkeitsfelder zum Beispiel in der Medizin betreffen. Das System IBM Watson konnte zum Beispiel an der Tokyo Universität eine Fehldiagnose der Ärzte korrigieren.[321] Die Ärzte diagnostizierten bei der Patientin fälschlicherweise eine akute myeloische Leukämie, weshalb die Behandlung erfolglos blieb. Watson konnte innerhalb von zehn Minuten die DNS der Frau mit 20 Millionen Krebsstudien abgleichen und eine andere, sehr seltene Form der Leukämie erkennen. Ähnliche Erfolgsbeispiele gibt es unter anderem in den Bereichen Jura und Betriebswirtschaft.

Die resultierenden Produktivitätsgewinne sind gewaltig, kommen aber nur wenigen Unternehmen und ihren Eigentümern zugute. Kritiker wie der Tesla-Gründer Elon Musk, der selbst finanziell an KI-Firmen beteiligt ist, oder der kürzlich verstorbene Physiker Stephen Hawking warnen daher vor der künstlichen Intelligenz.

---

319 Einige Beispiele bei https://www.spektrum.de/thema/kuenstliche-intelligenz/1301266

320 http://www.hansonrobotics.com/robot/sophia/

321 https://healthcare-in-europe.com/de/news/dr-watson-diagnostiziert-seltene-form-der-leukaemie.html

Einer Studie der Universität Oxford zufolge werden bis 2028 knapp die Hälfte aller Arbeitsplätze aufgrund des technischen Fortschritts wegfallen.[322] Der japanische Versicherungskonzern Fokoku Mutual Life hat bereits 2017 ein Drittel der Arbeitsplätze in der Schadensregulierungsabteilung durch künstliche Intelligenz ersetzt.[323] Diese radikalen Veränderungen werden künftig viele Menschen betreffen. Allein im Bereich der Mobilität sind in Deutschland 2 Millionen Arbeitsplätze bedroht, unter anderem von Lkw- und Taxifahrern sowie Pizza- und Paketboten. Google, Tesla und Co. testen bereits den fahrerlosen Individualverkehr. Die Pariser Metro kommt bereits heute ohne Fahrer aus. Weitere sensible Bereiche sind die Militärtechnologie, die Produkte wie autonome Drohnen und Kampfroboter hervorgebracht hat. Der Alibaba-Gründer und Milliardär Jack Ma erwartet sogar, dass in 30 Jahren ein Roboter Vorstandsvorsitzender des Jahres werden wird.[324] Der Wegfall auch qualifizierter Arbeitsplätze kann schon bald zu schweren sozialen Konflikten führen.

Der Historiker und Bestseller-Autor Yuval Harari beschreibt eine künftige Gesellschaft, in der die meisten Menschen nicht mehr produktiv gebraucht würden und ihren Alltag mit Drogen und spielerischem Zeitvertreib in virtuellen Welten verbringen würden. Sie hätten auch überwiegend keine Alternative, da eine arbeitslose Kassiererin oder ein entlassener Versicherungsvertreter sich mit 40 Jahren kaum neu als Game-Designer erfinden könnten.[325] Einzelne Beobachter wie der Google Chefökonom Hal Varian erwarten einen geringeren Verlust an Arbeitsplätzen.[326] Aber selbst Varian bestreitet nicht, dass viele Arbeitsplätze verloren gehen werden. Zudem hat sein Arbeitgeber ein großes kommerzielles Interesse, dass die Digitalisierung der Wirtschaft voranschreitet.

---

322 Carl Benedikt Frey†and und Michael A. Osborne, *The Future of Employment: How susceptible are jobs to computerisation?* Oxford (2013), https://www.oxfordmartin.ox.ac.uk/downloads/academic/The_Future_of_Employment.pdf

323 https://www.businessinsider.de/versicherungsunternehmen-ersetzt-einen-grossteil-seiner-mitarbeiter-durch-kuenstliche-intelligenz-2017-1

324 https://futurism.com/experts-assert-that-ai-will-soon-be-replacing-ceos/

325 Yuval Noah Harari, *Homo Deus*, München (2017), S. 441.

326 Roboter bedrohen weniger Arbeitsplätze als befürchtet: Google-Forscher versucht, Ängste vor der Digitalisierung zu zerstreuen / Demographie entschärft Problematik, in FAZ vom 3. September 2018.

## 4.8 Mensch und Maschine, Symbiose oder Wachablösung?

Die beschriebenen medizinischen und technologischen Innovationen haben bereits heute massive Auswirkungen auf die Gesundheit und Lebenserwartung des einzelnen Menschen. So können Gedächtnis und Wissen durch maschinelle Hilfe wie Siri und Alexa ergänzt und die logischen Denkprozesse durch Algorithmen verbessert oder auch substituiert werden. Darüber hinaus prägen diese Veränderungen inzwischen auch die Gesellschaft als Ganzes. Das Durchschnittsalter der Bürger in den meisten Ländern hat sich erhöht, viele Menschen bleiben zudem länger beruflich aktiv. Auch der Grad der Vernetzung hat sich erhöht. Die individuellen Rückzugsräume haben sich allerdings auf ein Minimum reduziert, weil überall Computer, Smartphones, Kameras und „intelligente" Hausgeräte das menschliche Handeln überwachen.

Einige einflussreiche Persönlichkeiten aus der Technologiewelt hoffen, dass diese Entwicklungen noch viel weiter gehen werden. Vertreter des „Transhumanismus" erwarten, dass der technologische Fortschritt die physischen, intellektuellen und psychischen menschlichen Fähigkeiten massiv erweitern wird.[327] Künstliche Knie und Hüftgelenke sind bereits heute Realität. Die physischen Veränderungen würden aber mittelfristig, unter anderem durch den vermehrten Einbau von Ersatzorganen und Computerchips in den menschlichen Körper,[328] zu einer Verschmelzung von Mensch und Maschine führen. In den menschlichen Körper implantierte Chips werden in den Vereinigten Staaten und Schweden bereits erprobt.

Einer der Hauptvertreter dieser Philosophie, der amerikanische Computer-Pionier Ray Kurzweil, verwendet den Begriff der „Singularität".[329] Kurzweil erwartet, dass die Künstliche Intelligenz, zum Beispiel aufgrund einer eigenen Fähigkeit zur Selbstverbesserung, den Prozess des technischen Fortschritts in naher Zukunft abrupt so stark beschleunigen wird, dass sich die Welt auf einen Schlag fundamental ändern würde. Es käme,

---

[327] http://www.faz.net/aktuell/feuilleton/transhumanismus-bring-mir-den-kopf-von-raymond-kurzweil-13696362.html

[328] Bereits heute gibt es Menschen, die es furchtbar praktisch finden, mittels eines implantierten Chips die eigene Haustür schneller öffnen zu können.

[329] Ray Kurzweil, *Menschheit 2.0: Die Singularität naht*, Berlin (2014).

auf Grundlage eines Gesetzes der „Accelerating Returns“[330] zum Bruch in der Struktur der menschlichen Geschichte. In einem aus Sicht der Transhumanismus-Befürworter positiven Szenario könnte der Mensch von diesen Entwicklungen profitieren und sogar unsterblich werden. Das mag alles noch utopisch klingen. Harari spricht daher auch vom Transhumanismus als einer Variante einer „Datenreligion“.[331] Aber die technologischen Tendenzen, die in diese Richtung weisen, sind unübersehbar.

Es liegt allerdings auf der Hand, dass derart große technologische Sprünge den Eigentümern der neuen Technologien eine gewaltige Macht verleihen würden. Die Spaltung der Gesellschaft würde dadurch verstärkt, dass einige wenige Menschen als Eigentümer oder Nutzer massiv von der technologischen Revolution profitieren werden, während die große Mehrheit ihrer selbständigen Existenzgrundlage beraubt werden wird. Diejenigen, die sich für eine transhumane Zukunft entscheiden und sich diese auch leisten können, werden zwangsläufig dem Rest der Menschheit leistungsmäßig überlegen sein. Sie entscheiden die Zukunft der Menschheit dadurch für alle anderen Menschen mit. Für viele Menschen wäre ein ewiges, quasi-digitales Leben aber womöglich auch gar nicht erstrebenswert. Die Folge wäre eine Art evolutorische Gabelung der Menschheit. Die Verlierer wären in einer KI-dominierten Welt letztlich auf die Almosen der neuen Herrscherklasse angewiesen. Ob diese Herrscherklasse, die über ganz andere physische, kognitive und finanzielle Möglichkeiten als der Rest der Gesellschaft verfügen würde, derartige Almosen gewähren würde, wäre aber mehr als fraglich.[332]

Besorgte Kritiker wie Musk[333] und Hawking[334] beschworen sogar schon die Gefahr, dass die KI irgendwann ein eigenes Bewusstsein entwickeln

---

[330] Die Existenz eines derartigen Gesetzes basiert auf der exponentiellen Leistungssteigerung der Computerprozessoren entsprechend dem „Moore'schen Gesetz. Kurzweil ist der Meinung, dass dieses empirisch bestätigte Gesetz auf andere Technologiebereiche übertragen werden kann.

[331] Die andere Spielart ist der „Dataismus“, demzufolge der Mensch wie alle Tiere und alle Dinge letztlich nur ein paar Algorithmen in einem universellen Datenkollektiv darstellte. Das Konzept des Individuums und des Menschen als Krone der Schöpfung wäre entsprechend sinnlos, Yuval Noah Harari (2017), S. 497.

[332] Yuval Noah Harari (2017), S. 471.

[333] https://www.chip.de/news/Kuenstliche-Intelligenz-Gefaehrlicher-als-Atomwaffen_138932123.html

[334] http://www.handelsblatt.com/technik/forschung-innovation/stephen-hawking-physiker-warnt-vor-kuenstlicher-intelligenz/11067072.html?ticket=ST-203186-zfDfI2gbdwaEBhxsBokA-ap3

und selbst die Kontrolle über die Welt übernehmen könnte, ähnlich wie es in Sciencefiction-Filmen wie Terminator sowie in Fernsehserien wie Westworld beschrieben wird. Die allerschlimmsten Szenarien einer letztlich von Computern - oder deren menschlichen Herren - dominierten und komplett überwachten Zivilisation sind noch nicht absehbar. Für eine abschließende Beurteilung ist es daher noch zu früh, aber es ist erkennbar, dass die technologischen Umbrüche nicht nur für Anleger, sondern auch für die Menschheit insgesamt gewaltige Chancen, aber auch existenzielle Risiken bergen. Jedenfalls wäre nach der Singularität die Gesellschafts- und Wirtschaftsstruktur mit der heutigen nicht einmal mehr im Ansatz vergleichbar. Es ist also leicht zu prognostizieren, dass sich aus der technologischen Entwicklung in den Bereichen Computertechnologie und Medizintechnik für die betreffenden Unternehmen gigantische Wachstumsperspektiven eröffnen, weil viele Menschen für ein längeres, bequemeres und gesünderes Leben freiwillig sehr viel Geld ausgeben würden. Falls die technologischen Umbrüche noch extremer ausfallen sollten, werden Anlagefragen das geringste Problem sein. Allerdings dürfte es doch etwas länger dauern, bis sich die Utopien von Herrn Kurzweil realisieren lassen. Die Menschen haben daher (hoffentlich) noch etwas Zeit, sich auf die „Schöne, neue Welt“ vorzubereiten.

## 4.9 Haben alternde Gesellschaften eine Perspektive?

So lange sich die Phantasien vom ewigen Leben in blühender Jugend durch technologische Quantensprünge noch nicht realisieren lassen, bleibt die menschliche Gesellschaft mit profanen Problemen konfrontiert. Eine schwerwiegende konkrete Herausforderung ist die demographische Entwicklung. Das Problem ist seit vielen Jahren bekannt, wird aber von der Politik aus unerklärlichen Gründen ignoriert oder schöngeredet.[335] Die westliche Gesellschaft ist aufgrund niedriger Geburtenraten und einer immer höheren Lebenserwartung derzeit gewaltigen demographischen Veränderungen ausgesetzt. Die Geburtenraten befinden sich in fast allen OECD-Ländern unter dem bestandserhaltenden Niveau von ca. 2,1 Kindern pro Frau.

335 Herwig Birg, Die alternde Republik und das Versagen der Politik: Eine demographische Prognose, Münster (2014)

Die demografische Schrumpfung der Bevölkerung ist vor allem ein europäisches Phänomen. Das Berlin-Institut für Bevölkerung und Entwicklung erwartet bis 2050 einen Bevölkerungsrückgang von 8,3 Prozent in Europa. Dagegen wird für Afrika eine Verdopplung (plus 105,2 Prozent) erwartet wird. Für Asien geht das Institut von einem Wachstum von 30,1 Prozent aus. Die Bevölkerung in Nordamerika soll um 30,7 Prozent und Südamerika um 37,6 Prozent anwachsen. Diese Divergenzen sind vor allem auf die großen Unterschiede der Geburtenraten der Regionen zurückzuführen. Eurostat weist im Jahr 2016 für die EU Geburtenraten zwischen 1,34 Kindern pro Frau in Spanien und 1,92 Kindern in Frankreich aus. Besonders dramatisch ist der Geburtenrückgang zuletzt in Süd- und Mittelosteuropa verlaufen, wie die Beispiele Italien (1,34), Portugal (1,36) Griechenland (1,38) Polen (1,39) und Bulgarien (1,54) zeigen. Eine durchschnittliche Geburtenrate von 1,4 Kindern bedeutet, dass die Bevölkerung mit jeder Generation um ein Drittel sinkt. Deutschland liegt mit 1,59 Kindern knapp unter dem EU-28 Mittelwert von 1,6.[336]

Der Geburteneinbruch hat in Deutschland zudem vergleichsweise früh eingesetzt. Im Vergleich dazu liegen die Geburtenraten in Südamerika (2,5), Asien (2,4) und vor allem in Afrika (5) wesentlich höher. Die Alterung der Gesellschaft ist dagegen ein globales Phänomen. Die Lebenserwartung für einen Mann in Deutschland ist seit 1950 von noch 64,6 Jahre auf 78,4 gestiegen, die einer Frau von 68,5 Jahren auf 83,4 Jahre. Für das Jahr 2060 wird eine Lebenserwartung von 84,8 Jahren für einen Mann und 88,8 Jahren für eine Frau prognostiziert. Aber auch für Afrika wird bis 2050 ein Anstieg der Lebenserwartung von 53 Jahren auf 65,4 Jahre erwartet.[337]

Eine schrumpfende aktive Bevölkerung muss die ständig wachsenden europäischen Sozialkosten, insbesondere für Renten und Krankenversorgung, stemmen. So betragen etwa die Krankheitskosten eines über 85-Jährigen mit EUR 19.790 p.a. mehr als das Zehnfache derjenigen eines 15-Jährigen (EUR 1.880 p.a.)[338] Die durchschnittliche Rentenbezugsdauer hat sich aufgrund der steigenden Lebenserwartung seit Anfang der 1960er-Jahre in Deutschland bis 2016 auf 19,6 Jahre verdoppelt.[339]

---

336 https://www.destatis.de/DE/ZahlenFakten/Gesellschaft/Staat/Bevoelkerung/Geburten/Geburten.html

337 https://de.statista.com/themen/47/lebenserwartung/

338 https://www.destatis.de/DE/ZahlenFakten/GesellschaftStaat/Gesundheit/Krankheitskosten/Tabellen/KrankheitsklassenAlter.html;jsessionid=9520143A6A56248622A6B640D6A856CB.InternetLive2

339 https://de.statista.com/statistik/daten/studie/154353/umfrage/durch schnittliche-rentenbezugsdauer-2008/

Der langfristige demographische Trend hat sowohl soziokulturelle als auch wirtschaftliche Ursachen. Die Kosten der Kindererziehung werden weit überwiegend von den Eltern getragen, sofern es sich nicht um Dauerempfänger von Sozialleistungen handelt. Die meisten Frauen streben Erwerbstätigkeiten an, weil die Hausfrauen- und Mutterrolle soziokulturell an Ansehen verloren hat. Zudem ist die Rentenhöhe an die Erwerbsbiographie gekoppelt, Erziehungsleistungen werden kaum berücksichtigt. Für die Karriere der Frau stellen Kinder oft ein Hindernis dar. Der Fortpflanzungswunsch der meisten Menschen ist zudem, falls überhaupt vorhanden, oft bereits mit einem einzigen Kind erfüllt.

Die negativen Folgen des abwärts gerichteten demographischen Trends in den Industrieländern werden etwas gebremst durch die bessere gesundheitliche Versorgung der Menschen und ihre gestiegene Lebenserwartung.[340] Diese Verbesserung ermöglicht es vielen Menschen, länger im Arbeitsprozess integriert zu bleiben. Die Unternehmen profitieren dabei von dem Erfahrungsschatz der Älteren. Aus der gestiegenen Lebenserwartung ergeben sich auch Absatzchancen für einzelne Wirtschaftszweige. Bereits heute profitieren Pharmaindustrie, Medizintechnik und Pflegeeinrichtungen von der wachsenden Zahl älterer Mitbürger. Aktive Senioren sorgen auch für Nachfrage nach Reisen, gastronomischen Angeboten, Unterhaltung und altersgerechten sportlichen Aktivitäten.

Mittelfristig stehen alternde Gesellschaften dennoch unter Druck, etwas zu verändern. Eine Erhöhung der Geburtenrate wäre die nachhaltigste Antwort. Dieses Ziel ist aufgrund der genannten sozioökonomischen Einflussfaktoren und Anreizstrukturen aber schwer zu erreichen. Eine höhere Geburtenzahl wirkt sich zudem nur sehr langfristig stabilisierend aus. In den vergangenen 40 Jahren wurde die sinkende Geburtenrate in den meisten entwickelten Ländern daher primär über eine Ausweitung der Erwerbsbeteiligung kompensiert, die aber keine nachhaltige Lösung der Probleme bietet. In Deutschland wurden zu diesem Zweck die Ausbildungszeiten verkürzt, die Wehrpflicht abgeschafft, das Renteneintrittsalter erhöht und die Erwerbsbeteiligung der Frauen ausgeweitet. Aus all diesen irgendwann ausgereizten Maßnahmen resultieren später aber auch wachsende Ansprüche an das Sozialsystem.

---

340 https://www.destatis.de/DE/ZahlenFakten/GesellschaftStaat/Bevoelkerung/Bevoelkerungsvorausberechnung/Sterblichkeit.html

## 4.10 Das Experiment Massenmigration, ein Akt der Verzweiflung?

Eine weitere Option zur Lösung demographischer Probleme ist die Einwanderung. Klassische Einwanderungsländer wie die Vereinigten Staaten, Kanada und Australien haben mit einer aktiven Einwanderungspolitik sehr gute Erfahrungen gemacht. Dort erwirtschaften Einwanderer einen überdurchschnittlichen Beitrag zum Bruttosozialprodukt. Sie erzielen bessere Schulleistungen, gründen häufiger Unternehmen und gewinnen überdurchschnittlich viele wissenschaftliche Auszeichnungen. Auch in Europa gibt es entsprechende Erfolgsbeispiele von erfolgreichen Migranten,[341] wie den türkischstämmigen Unternehmer Attila Dogudan[342] in Österreich oder den renommierten und vielfach ausgezeichneten in Syrien geborenen Wissenschaftler Bassam Tibi[343] in Deutschland, aber auch zahlreiche mittelständische Unternehmer, Spitzensportler und Unterhaltungsstars mit Migrationshintergrund.[344]

Kennzeichnend für eine gesamtwirtschaftlich erfolgreiche Einwanderungspolitik ist eine gezielte Auswahl der Einwanderer nach den Bedürfnissen der aufnehmenden Gesellschaft sowie deren anschließende Integration. Traditionelle Einwanderungsgesellschaften haben es vermocht, ihre Zuwanderungsbedürfnisse zu definieren. Darauf basierend wurden Auswahlverfahren implementiert, die neben den beruflichen Kriterien auch Faktoren wie Sprachkenntnisse und Integrationswilligkeit, das Alter, aber auch das Vorhandensein eigener wirtschaftlicher Ressourcen berücksichtigen. Die Herausforderung für die entwickelten Länder liegt also darin, intelligente und gut ausgebildete jungen Menschen anzuziehen, die den ständig wachsenden Anforderungen der Wirtschaft genügen, und diese in die bestehende Gesellschaft zu integrieren.

---

[341] https://www.dw.com/de/jeder-sechste-unternehmer-hat-einen-migrationshintergrund/a-36596615

[342] https://diepresse.com/unternehmen/austria11/704320/Die-Parade-der-Oesterreicher-des-Jahres

[343] https://de.wikipedia.org/wiki/Bassam_Tibi

[344] Der Verfasser könnte noch eine lange Reihe von persönlichen Beispielen aus seiner beruflichen Praxis und seinem persönlichen Umfeld zitieren, z.B. von in Studium und Beruf sehr erfolgreichen Flüchtlingen vor den Balkankriegen Anfang der 90er Jahre, allerdings geht es in der Folge allein um eine ökonomische bzw. statistische Gesamtbetrachtung.

Auch die EU hat 2015 einen grundsätzlichen Einwanderungsbedarf konstatiert und zu dessen Deckung sehr drastische Schritte postuliert. Der zuständige EU-Kommissar Dimitris Avramopoulos quantifizierte den Einwanderungsbedarf mit 70 Millionen Migranten innerhalb von 20 Jahren.[345] Auch der Economist postulierte eine Masseneinwanderung nach Europa mit Verweis auf ökonomische Vorteile.[346]

Einige Staaten haben bereits begonnen, diese Forderung umzusetzen, allerdings ohne konkrete Anforderungskriterien zu definieren, etwa in Form eines Einwanderungsgesetzes.[347] Im Zuge der 2015 ausgebrochenen sogenannten Flüchtlingskrise ist eine siebenstellige Zahl von Migranten aus Afrika und dem Nahen Osten in kürzester Zeit nach Europa gekommen.[348]

Aus Sicht der aufnehmenden Gesellschaft ist es legitim, die Ursache und Wirkung der Migration genau zu hinterfragen und eine Kosten-Nutzen-Analyse für die eigene Volkswirtschaft vorzunehmen.[349]

Die große ökonomische – von der humanitären Frage einer kollektiven Verantwortung für arme oder verfolgte Menschen strikt zu trennende – Frage ist, ob die jetzigen Migranten den hohen (und ständig wachsenden) Qualifikationsanforderungen der Wirtschaft in den europäischen Zielländern genügen.

Die Statistiken der Bundesagentur für Arbeit enthalten für Deutschland durchaus einige ermutigende Elemente. So ist die Beschäftigung von Staatsangehörigen aus den nichteuropäischen Asylherkunftsländern zu-

---

[345] Salzburger Nachrichten vom 3.12.2015; https://www.sn.at/politik/weltpolitik/eu-kommissar-brauchen-ueber-70-mio-migranten-in-20-jahren-1917877.

[346] https://www.economist.com/the-world-if/2017/07/13/a-world-of-free-movement-would-be-78-trillion-richer

[347] Allerdings wird in Deutschland aktuell in der Politik mal wieder über ein Einwanderungsgesetz diskutiert.

[348] Das könnte nur der Anfang sein, da bis zu einer Milliarde Menschen in diesen Regionen als wanderungswillig gelten, Gunnar Heinsohn: *Separatismus und Migration, Kompetenzfestungen und Zuwanderung*, in: Tichys Einblick vom 27.01.2018, https://www.tichyseinblick.de/meinungen/separatismus-und-migration-kompetenzfestungen-und-zuwanderung.

[349] Da ein Teil der Einwanderer in Europa asylberechtigt ist, müssen die wirtschaftlichen Folgen der Einwanderung allerdings – nur für diesen Teil – ungeachtet der ökonomischen Folgen nach geltendem Recht vom zuständigen Aufnahmeland akzeptiert werden.

letzt um 103.000 oder 51 Prozent gestiegen.[350] Gleichzeitig hat aber auch der Leistungsbezug dieses Personenkreises im SGB II um 145.000 oder 17 Prozent zugenommen.[351]

Am Ende zählt ökonomisch der Gesamtsaldo. Die abgezinsten Beiträge der jüngsten Einwanderungswelle in Deutschland ab 2015 summieren sich laut Finanzwissenschaftler Bernd Raffelhüschen je Flüchtling in seiner Lebenszeit auf einen Minussaldo von 450 000 Euro und bei zwei Millionen Zugewanderten bis 2018 auf Gesamtkosten von 900 Milliarden Euro für den Staat.[352]

Zu ähnlichen Ergebnissen gelangte der britische Journalist Douglas Murray für Großbritannien.[353] Eine Studie der Universität Basel hat ebenfalls negative fiskalische Effekte für Einwanderer aus Nicht-EU bzw. EFTA-Ländern in die Schweiz ermittelt.[354]Auch eine umfassende Studie von Hans-Werner Sinn bestätigt, dass die finanziellen Belastungen der aktuellen Migration sehr hoch sind.[355]

Die Barwertbetrachtung verbessert sich etwas, wenn unterstellt wird, dass viele Flüchtlinge nach Wegfall der Asyl- oder Duldungsgründe heimkehren werden. Damit ginge aber auch jede Option auf künftige Steuereinnahmen für das Gastland wieder verloren. Gunnar Heinsohn kommt zu einer kritischen Einschätzung der europäischen Einwanderungspolitik, weil Europa die gut ausgebildeten Menschen aus anderen Kultur- und Sprachfamilien nicht erfolgreich anwirbt.[356] In Mitteleuropa

---

[350] Bundesagentur für Arbeit, Berichte: Arbeitsmarkt kompakt, Juli 2018, Auswirkungen der Migration auf den deutschen Arbeitsmarkt, S. 4, online verfügbar unter https://statistik.arbeitsagentur.de/Statischer-Content/Statistische-Analysen/Statistische-Sonderberichte/Generische-Publikationen/Auswirkungen-der-Migration-auf-den-Arbeitsmarkt.pdf

[351] Bundesagentur für Arbeit (Juli 2018), S. 4.

[352] https://www.nzz.ch/meinung/kommentare/die-fluechtlingskosten-sind-ein-deutsches-tabuthema-ld.1316333

[353] Douglas Murray, *Der Selbstmord Europas*, München (2018), S. 52.

[354] Nathalie Ramel und George Sheldon, *Fiskalbilanz der Neuen Immigration in die Schweiz*, online Basel (2012), unter https://www.sem.admin.ch/dam/data/sem/eu/fza/personenfreizuegigkeit/expertise-fiskalbilanz-d.pdf

[355] Hans-Werner Sinn im Interview mit der FAZ vom 29.12.2016 http://www.faz.net/aktuell/wirtschaft/wirtschaftspolitik/ifo-chef-sinn-migration-ist-verlustgeschaeft-fuer-deutschland-13344263.html sowie ausführlich die Studie online abrufbar unter http://www.cesifo-group.de/DocDL/ifosd_2015_01_01.pdf

[356] Gunnar Heinsohn: *Europa wird den globalen Kampf ums technische Wissen verlieren*, in NZZ vom 30.10.2017, online https://www.nzz.ch/meinung/kommen

wirken sich auch die hohe Besteuerung sowie Sprachbarrieren als Hindernisse für die Anwerbung qualifizierter Einwanderer aus. Viele Asiaten bleiben zudem mittlerweile lieber in ihren Heimatländern, weil sich die lokalen Perspektiven verbessert haben. Vor dem Hintergrund des bevorstehenden dramatischen Wandels der Arbeitsgesellschaft aufgrund der technologischen Veränderungen ist die stattdessen betrieben Forcierung einer Armutseinwanderung unverständlich, weil die meisten unqualifizierten Einwanderer keine attraktive soziale Perspektive im Zielland haben.

Oft wird behauptet, dass sich das wirtschaftliche Problem mit der Zeit von allein löst, wenn die Einwanderer nur gut integriert werden. Theoretisch ist das gewiss möglich, in der Praxis ist dies aber in Europa mit den Einwanderern aus den aktuellen Hauptherkunftsländern des Nahen Ostens und Afrikas bisher nirgendwo gelungen. Auch bei bester Förderung gelingt die Integration, trotz vieler individueller Erfolgsgeschichten, nicht in der Breite. Selbst die zweite und dritte Migrantengeneration entsprechen je nach Herkunftsland oft nicht den hohen Anforderungen des Arbeitsmarktes einer komplexen Technologiengesellschaft.[357] Auch die zitierten PISA-Ergebnisse belegen eine insgesamt unterdurchschnittliche Qualifikation der Einwanderer auch ab der zweiten Generation. Bei Bürgern mit Migrationshintergrund liegen die PISA-Resultate im Durchschnitt je nach Bundesland trotz umfangreicher politischer Anstrengungen immer noch um bis zu 120 Punkte unter den Resultaten der Einwohner ohne Migrationshintergrund.[358] Je größer die Zahl der Einwanderer, desto schwieriger wird zudem die Integration, zum Beispiel an den Schulen.[359]

Die wenigen produktiven, jüngeren Mitglieder einer alternden Gesellschaft müssen daher im Ergebnis nicht nur die demographischen Lasten der kinderarmen Elterngeneration, sondern auch noch die Kosten einer

---

tare/der-westen-wird-den-globalen-kampf-ums-technische-wissen-verlieren-ld.1324618?mktcval=107_2017-10-30&mktcid=nled

357 Rolf Peter Sieferle, *Das Migrationsproblem: Über die Unvereinbarkeit von Sozialstaat und Masseneinwanderung*, Waltrop/Berlin (2016), S. 50.

358 http://www.faz.net/aktuell/wirtschaft/pisa-studie-schueler-mit-migrationshintergrund-sind-schwaecher-15501635.html

359 Wenn zu viele Schüler nicht Deutsch als Muttersprache sprechen, wird es für die Lehrer schwierig, https://www.welt.de/politik/deutschland/article173995846/Integration-in-Gefahr-Fuer-viele-Fluechtlinge-wird-die-Schule-zur-Sackgasse.html

verfehlten Einwanderungspolitik tragen. Das führt zwangsläufig zu höheren Steuern, Sozialkürzungen, mehr Staatsverschuldung oder einer Kombination von allem. Die politische Duldung der Armutsmigration ist aufgrund der Transfers ein tiefgreifender Eingriff in die Eigentumsrechte der aufnehmenden Gesellschaft.[360] Unkontrollierte Einwanderungsländer haben so einen gravierenden Standortnachteil. In manchen Ländern kommt es bereits zu einer Elitenabwanderung, in Richtung, Kanada, Australien oder Ostasien.[361] Aus der Massenmigration resultieren zudem schwerwiegende gesellschaftliche Verteilungskonflikte in den ärmeren Bevölkerungsschichten. Von Wirtschaftsnobelpreisträger Milton Friedman stammt das geflügelte Wort, *„dass man offene Grenzen oder einen Wohlfahrtsstaat, aber niemals beides zugleich haben kann."*[362]

„Idealisten" sehen die Massenmigration abseits der demographischen und ökonomischen Erwägungen auch als Selbstzweck an, im Sinne einer humanitären Maßnahme oder einer kulturellen Bereicherung. So sagte der verstorbene einflussreiche UN-Sondergesandte für Migration (2006 bis 2016) Peter Sutherland bei einer Befragung im britischen Oberhaus im Jahr 2012, dass die Tatsache der alternden Bevölkerung in Ländern wie Deutschland oder der südlichen EU das *„Schlüsselargument ... für die Entwicklung von multikulturellen Staaten"* sei.[363] Ähnlich äußerte sich auch EU-Kommissar Frans Timmermanns. Auch die Vereinten Nationen unterstützen eine aktive Migrationspolitik: *„Focusing on these two striking and critical population trends, the report considers replacement migration for eight low-fertility countries (....) and two regions Europe and the European Union). Replacement migration refers to the international migration that a country would need to offset population decline and population ageing resulting from low fertility and mortality rates."*[364]

Die UN fordert bereits 2001 in einer Studie unter anderem „international migration must be seen as part of the larger globalization process taking place throughout the world, influencing the economic, political and cultu-

---

360 Llewellyn Rockwell, *Open borders are an assault on private property*, Auburn (2015), online verfügbar, https://mises.org/library/open-borders-are-assault-private-property

361 Gunnar Heinsohn (2018).

362 Allerdings gibt es inzwischen interessanterweise auf Seiten der politischen „Linken" Vertreter wie Jakob Augstein, die konsequenterweise eine Abschaffung des Sozialstaates explizit befürworten, http://www.spiegel.de/politik/deutschland/einwanderung-ein-deutscher-traum-kolumne-a-1217379.html

363 https://www.bbc.com/news/uk-politics-18519395 (Übersetzung des Verfassers)

364 http://www.un.org/esa/population/publications/migration/migration.htm.

ral character of both sending and receiving countries."[365] In den Tagesthemen vom 20.2.2018 sprach der Harvard-Politologe Yascha Mounk von der aktuellen Massenmigration nach Deutschland als einem historisch einzigartigen Experiment. Es ginge darum, *„eine monoethnische und monokulturelle Demokratie in eine multiethnische zu verwandeln"*.[366]

Der bekannte verstorbene St. Galler Historiker Rolf-Peter Sieferle bezeichnete das oft verwendete „Flüchtlingsnarrativ" als *„eine elegante und nützliche Argumentation, um Widerstände in der Bevölkerung gegen die Einwanderung zu brechen.*"[367]

Eine intelligent gesteuerte Einwanderung ist für eine kinderarme, alternde Gesellschaft eine Maßnahme zur Selbsterhaltung. Die politische Duldung einer weitgehend ungesteuerten Einwanderung ist dagegen ökonomisch kontraproduktiv. Sie kann wahlweise als Akt der (demographischen) Verzweiflung, als naive und ineffizient organisierte Hilfsbereitschaft[368] oder schlimmstenfalls sogar als mutwillige Schädigung der bestehenden Ökonomie und Gesellschaft interpretiert werden. Der prominente Bonner Historiker Hans-Peter Schwarz nannte die Einwanderung eine „Völkerwanderung" und sprach explizit von einem „Schwarzen Schwan", weil die ökonomischen und sozialen Konsequenzen für die aufnehmende Gesellschaft verheerend wären.[369] Die Auslösung von Migrationswellen eignet sich im Extremfall sogar als Mittel der Kriegführung, wie eine Studie der renommierten Cornell Universität zeigt.[370] Noch ist die weitere Entwicklung der Migration kaum abzusehen, aber die resultierenden Herausforderungen sind für Europa schon jetzt gewaltig. Aus ökonomischer Sicht ist ein politischer Strategiewechsel dringend geboten. Der Gesellschaft bleibt allerdings trotzdem schon aus Eigeninteresse gar nichts anderes übrig, als das Beste aus der Situation zu machen und die bereits angekommenen bleibeberechtigten Einwanderer so gut es geht zu integrieren.

---

365 United Nations, 2001: *Replacement Migration: Is it a Solution to Declining and Ageing Populations?* United Nations Population Division, Replacement Migration, S. 99.

366 http://mediathek.daserste.de/Tagesthemen/tagesthemen/Video?bcastId=3914&documentId=50202134

367 Rolf Peter Sieferle, *Das Migrationsproblem: Über die Unvereinbarkeit von Sozialstaat und Masseneinwanderung*, Waltrop/Berlin (2016), S. 42.

368 Mit demselben Geldbetrag könnte in der Nähe der Heimat zwanzigmal so vielen Menschen wesentlich reibungsloser geholfen werden.

369 Hans-Peter Schwarz, *Die neue Völkerwanderung nach Europa*, 2. Auflage, München (2019, S. 7 und S. 36.

370 Kelly Greenhill, *Weapons of Mass Migration*, Cornell (2010).

## Executive Summary

- Eine wachsende Weltbevölkerung wird auf mittlere Sicht noch mehr Nahrung und Energie benötigen, Versorgungsengpässe werden dennoch bald der Vergangenheit angehören
- Bildung ist ein hervorragendes Investment, sowohl individuell in Form eines Erwerbs von Bildung und Humankapital als auch als Wirtschaftszweig, aber nicht für jeden Menschen lohnt sich ein teures Studium
- In naher Zukunft werden die wichtigsten technologischen Veränderungen werden aus den Bereichen Biologie, Künstliche Intelligenz und Computertechnologie/Big Data kommen. Anleger sollten sicherstellen, dass sie an den wirtschaftlichen Chancen durch unternehmerische Investitionen teilhaben
- Die westliche Gesellschaft ist zunehmend gespalten. Das kosmopolitische Verständnis großer Teile der Eliten gerät immer mehr in Konflikt mit den Bedürfnissen und Interessen der tradierten nationalen Gesellschaften
- Die großen Unternehmen der digitalen Wachstumsbranchen werden weiter an Marktmacht gewinnen
- Die Arbeitswelt wird sich in naher Zukunft vollständig verändern, weil auch zahlreiche hochqualifizierte Tätigkeiten durch Maschinen und Algorithmen ersetzt werden können
- Klassische Medien wie Zeitungen und Fernsehen werden wahrscheinlich überwiegend durch Internetmedien verdrängt werden
- Aufgrund des demographischen Wandels und neuer medizinischer Erkenntnisse werden Branchen wie Medizintechnik, Pharmaindustrie und Altenpflege, aber auch Tourismus und Unterhaltung in den westlichen Ländern schneller wachsen als die übrige Volkswirtschaft
- Investoren sollte bei Investitionsentscheidungen stets die demographische Perspektive des Investitionsstandortes berücksichtigen. Da die bereits vorhandenen demographischen Probleme nicht durch Massenmigration gelöst werden können, hat Europa im Vergleich zu Nordamerika und Asien einen großen Standortnachteil

# 5 Geld und Geopolitik

## Wichtige Fragen für Investoren

- Welche Staaten verfügen über politische und wirtschaftliche Macht und wie setzen sie diese ein? Fördern Staaten die Unternehmen des Landes?
- Welche geopolitischen Veränderungen sind absehbar und welche Auswirkungen werden diese Veränderungen auf Standortfragen haben?
- Wie wirken sich politische Einflussnahme und Krisen auf den Kapitalmarkt und einzelne Volkswirtschaften aus?
- Wo bilden sich global wirtschaftliche Cluster und welche Chancen resultieren für Anleger?
- Welche internationalen wirtschaftlichen und politischen Konflikte sollten Anlieger als Risikofaktoren im Auge behalten?
- Welche Folgen haben Zölle und Wirtschaftssanktionen?
- Welche Rolle spielen internationale Unternehmen und Nichtregierungsorganisationen im globalen politischen Machtkampf?
- Wird die „Globalisierung" weiter voranschreiten?
- Sind Populismus und Merkantilismus Gefahren für den Welthandel und den globalen Wohlstand?
- Wie steht es um die ökonomischen Perspektiven einzelner Staaten und Regionen?
- Welche Länder sollten Anleger meiden oder bevorzugen?
- Wird China als Wirtschaftsmacht die Vereinigten Staaten ablösen?
- Hat Europa eine Zukunft?

# 5.1 Die Macht der Staaten

Über wieviel Macht und Einfluss verfügen die Staaten in der weitgehend globalisierten Welt des 21. Jahrhunderts? Ein linker Politiker würde vielleicht sagen „viel zu wenig", weil mächtige Unternehmen und anonyme Finanzmärkte den Politikern nur noch wenig Spieltraum lassen.[371] Ein klassischer Liberaler würde wahrscheinlich sagen „viel zu viel",[372] weil die Politik sich immer wieder durch Regulierung und Besteuerung unvorteilhaft in das wirtschaftliche Geschehen einmischt. Der Dissens von Befürwortern und Gegnern eines sehr starken Staates dreht sich um die subjektive Einschätzung, ob Staaten die Freiheit der Menschen eher sichern oder gefährden. In der real existierenden westlichen Welt liegt die Wahrheit irgendwo in der Mitte, „der Staat" ist weder machtlos noch allmächtig, aber einer von mehreren wichtigen Machtfaktoren.[373]

Jedenfalls haben die Regierungen souveräner Staaten bis heute wesentliche Gestaltungskompetenzen, weil sie über das „staatliche Machtmonopol" verfügen und dieses mit Armee, Polizei und Verwaltung in der Regel auch durchsetzen können. Es sind allerdings nicht alle Staaten gleich mächtig, weder im Verhältnis untereinander noch gegenüber den eigenen Bürgern. Außenpolitisch verfügen nur ganz wenige Staaten aufgrund ihres Militärs, ihrer Wirtschaftskraft oder ihrer „Soft Power" über globale Gestaltungskraft. Dennoch haben Staaten, ob allein oder in Koordination mit anderen, eine bedeutsame Regulierungs- und Besteuerungsmacht, mit großen Auswirkungen für Bürger, Unternehmen und Anleger.

Politische Regulierung und Einflussnahme auf Wirtschaft und Märkte findet zum einen auf nationalstaatlicher Ebene, zum anderen im Rahmen multinationaler Abkommen und Institutionen statt.

Es lohnt sich, einen genaueren Blick auf das globale politische Machtgefüge zu werfen, das von führenden Politikern und Intellektuellen auch

---

[371] Sarah Wagenkecht, *Freiheit statt Kapitalismus*, erweiterte und aktualisierte Neuausgabe, Frankfurt am Main (2012), S. 65.

[372] Besonders prägnant Murray Rothbard, *„Die Ethik der Freiheit"*, Klassiker der Freiheit Bd. 4, herausgegeben vom Liberalen Institut der Friedrich-Naumann-Stiftung, Sankt Augustin (2014), S. 167.

[373] Jacques Attali sieht beispielsweise Wirtschaft und Finanzen sowie die organisierte Religion neben den Staaten – er spricht von Militär – als mächtige Instanzen, Jaques Attali (2011), S. 1.

gern als die „Weltordnung“ bezeichnet wird.[374] Diese Betrachtung soll verständlicher machen, welche Rahmenbedingungen international gelten, welche Staaten, Institutionen und Personen im politischen Umfeld über Einfluss verfügen, von welchen Erwägungen die wichtigsten Akteure geleitet werden und wie sich deren Handeln auf die globalen Kapitalmärkte auswirkt. Es geht als nicht nur um das Recht, sondern auch um die Macht.

Zunächst einmal sind die Staaten de jure gleichberechtigte originäre Völkerrechtssubjekte.[375] Das völkerrechtliche Grundgerüst besteht seit 370 Jahren. Im Westfälischen Frieden von 1648 wurde, aufgrund der zerstörerischen Erfahrungen des Dreißigjährigen Kriegs, zwischen den Teilnehmern das Prinzip der Souveränität und der Nichteinmischung in die Angelegenheiten anderer Staaten völkerrechtlich verankert. Die Regeln wurden von den Nationen anschließend weiterentwickelt, um den anarchischen Charakter der Welt durch ein umfangreiches Netz internationaler Rechts- und Ordnungsstrukturen zu bändigen.[376] Der ehemalige US-Außenminister Kissinger bezeichnet die Westfälischen Prinzipien von 1648 als die bis heute wirksame Grundlage der weltweiten Beziehungen der Staaten untereinander.[377]

Die bis heute gültigen Grundsätze der Souveränität und Nichteinmischung bedeuten allerdings weder, dass die Weltordnung frei von Hierarchien ist, noch dass der Grundsatz der Nichteinmischung von den mächtigeren Staaten jederzeit respektiert wird. Mächtige Staaten streben danach, ihre Position zu bewahren und auszubauen. Insbesondere für die fünf permanenten, vetoberechtigten Mitglieder des UNO-Sicherheitsrates gelten die völkerrechtlichen Einschränkungen nur beschränkt, wie sich in vielen Krisen und Kriegen seit 1945 gezeigt hat.[378] Viele politische und wirtschaftliche Angelegenheiten werden inzwischen auch in anderen internationalen Organisationen wie der UNO, der EU, den G-20, oder der WTO[379] geregelt. Allerdings ist der Einfluss einzelner Staaten auch in

---

[374] Henry Kissinger, *Weltordnung*, München (2014).

[375] Knut Ipsen (Hrsg.), *Völkerrecht*, 6. Aufl. München (2014).

[376] Henry Kissinger (2014), S. 14.

[377] ebd., S. 11 und ausführlich erläutert ab S. 35.

[378] Neben den Großmächten intervenieren auch Frankreich und Großbritannien immer wieder politisch und militärisch in ihren ehemaligen Kolonien in Afrika und im Nahen Osten.

[379] Die Welthandelsorganisation (englisch World Trade Organisation, WTO) ist eine internationale Organisation mit Sitz in Genf, die sich mit der Regelung von Handels- und Wirtschaftsbeziehungen zwischen den Mitgliedsstaaten beschäftigt. Sie wurde am 15. April 1994 aus dem General Agreement on Tariffs and Trade (GATT) gegründet.

diesen Organisationen unterschiedlich stark, wie insbesondere aus der Betrachtung zu den Bretton Woods-Institutionen deutlich geworden ist.

Grundlage der staatlichen Machtpolitik sind geopolitische Strategien, die eine lange Tradition haben. Ein wichtiger Pionier der Geopolitik des Westens war der englische Geograph Halford Mackinder (1861 bis 1947). Er entwarf im 19. Jahrhundert ein Konzept, dem zufolge die Kontrolle über den eurasischen Kontinent die Weltherrschaft sichert.[380] Der eurasische Kontinent beherbergt den Großteil der Menschen und Naturressourcen der Welt befinden, er ist aber weder von innen noch von außen einfach zu kontrollieren. Das Scheitern Napoleons, Hitlers und des kaiserlichen Japans stehen für vergebliche kontinentale Eroberungsversuche. Das britische Empire und die Vereinigten Staaten haben als maritime Großmächte Stützpunkte besetzt und immer wieder punktuell interveniert, ohne aber je die riesige Landmasse von außen selbst zu besetzen. Die beiden Imperien fokussierten sich auf eine Kontrolle der Machtbalance zwischen den jeweils wichtigsten Staaten in Kontinentaleuropa, Ostasien und Südasien. Das „Gegeneinander ausspielen“ lokaler Mächte auf Basis des „Divide et impera“-Prinzips ermöglichte die Vorherrschaft und Ausbeutung wichtiger Ressourcen.

Diese hierarchische und dominanzorientierte Sichtweise entspricht seit jeher auch außerhalb des Westens dem Selbstverständnis von Großreichen. Als etwa der britische Gesandte Viscount MacCartney im Jahr 1793 mit einem ganzen Schiff voller kostbarer Geschenke nach China reiste, um eine diplomatische Verbindung und Handelsbeziehengen aufzubauen, brachten die Chinesen auf dem Schiff ein Schild an. Die Aufschrift lautete „Tribute von den roten Barbaren“.[381]

Die Aufrechterhaltung einer Hegemonialstellung kostet Geld für Militär, Verwaltung und Propaganda, sicher dafür aber Macht und den Zugriff auf Ressourcen.[382] Jede Hegemonialmacht ist daher bestrebt, ihre Position so lange wie möglich zu verteidigen. Sie tut das in der Regel mit hohem finanziellem Aufwand und unter Einsatz aller ihr zur Verfügung stehenden Mittel, also unter Ausnutzung ihrer diplomatischen, propagandistischen,

---

[380] Halford Mackinder, *The Geographical Pivot of History*, Neuauflage, London (2017).

[381] Travis Haines, *The Opium Wars*, Naperville (2002), S. 14.

[382] So geben die Vereinigten Staaten pro Jahr allein 610 Mrd. US-Dollar für ihr Militär aus, fast das Dreifache von China. Alle weiteren Staaten liegen weit abgeschlagen. https://de.statista.com/statistik/daten/studie/157935/umfrage/laender-mit-den-hoechsten-militaerausgaben/

militärischen und finanziellen Macht.[383] Dabei gilt der Einsatz militärischer Macht in der modernen Welt in der Regel als „ultima ratio“, weil weiche Methoden als effizienter gelten.[384] In der Geschichte ist allerdings kein Hegemonialsystem lückenlos und von ewiger Dauer gewesen. Einige Staaten vermögen sich dem System zu entziehen, andere Länder fordern die Hegemonialmacht offen heraus. Die großen Reiche Persiens, Roms, Chinas, Spaniens und Großbritanniens wurden irgendwann verdrängt oder abgelöst. [385]

## 5.2 Gleichgewichte staatlicher Macht: Monopolar, bipolar oder multipolar?

Bis zum Ende des Kalten Krieges war die politische Weltordnung einfach zu verstehen. Das System war bipolar ausgerichtet, der Westen wurde von den Vereinigten Staaten dominiert, der kommunistische Ostblock von der Sowjetunion. Außerdem gab es noch eine Reihe von Staaten, die sich als blockfrei bezeichnet haben.

In Folge des Zusammenbruchs des kommunistischen Ostblocks sind die staatlichen Hierarchien komplexer geworden und schwerer zu erklären. Im Jahr 1990 haben sich einschneidende Veränderungen ergeben, weil die Vereinigten Staaten zunächst als einzige Supermacht übrig geblieben sind. Der amerikanische Politologe Francis Fukuyama proklamierte bereits das *„Ende der Geschichte“*.[386] Der ehemalige US-Präsident George H.W. Bush rief am 11. September 1990 eine *„Neue Weltordnung“*[387] aus, die *„freier von der Bedrohung durch Terror, stärker im Streben nach Gerechtigkeit und sicherer in der Suche nach Frieden“* sei.[388] Er sprach von *„einer Ära, in der die Völker der Welt, Ost und West, Nord und Süd, prosperieren und in Harmonie leben können. (...) einer Welt, in der die Herrschaft des Rechts die Herrschaft*

---

[383] In den Vereinigten Staaten ablesbar an dem Rüstungshaushalten sowie den Handels- und Haushaltsdefiziten.

[384] Grundlegend ist hier die Arbeit von Joseph Nye, *Soft Power: The Means to Success in World Politics*, S. 30.

[385] Historisch sind die Wachablösungen im globalen Machtgefüge ausführlich beschrieben im Standardwerk von Paul Kennedy, *The Rise and Fall of the Great Powers*, New York (1987).

[386] Francis Fukuyama, *Das Ende der Geschichte*, München (1992)

[387] Der Begriff „Neue Weltordnung“ wurde schon in der Wilson-Ära verwendet.

[388] https://www.zeit.de/1992/11/neue-welt-neue-unordung

*des Dschungels ersetzt. Eine Welt, in der die Völker die gemeinsame Verantwortung für Freiheit und Gerechtigkeit erkennen. Eine Welt, in der der Starke die Rechte des Schwachen respektiert.*

In dem Statement von Präsident Bush fehlt ein expliziter Hinweis darauf, dass diese neue Weltordnung aus amerikanischer Sicht unipolar unter US-Führung konstruiert werden sollte. Aus machtpolitischer Perspektive war aber entscheidend, dass die Vereinigten Staaten 1990 die Gunst der Stunde genutzt haben, um ihre Position auszubauen und zu konsolidieren. Der kürzlich verstorbene Politologe Zbigniew Brzezisnki[389] schreibt offener *„The defeat and collapse of the Soviet Union was the final step in the rapid ascension of a Western Hemisphere Power, the United States, as the sole, and indeed, the first truly global power.“*[390] George Friedman[391] spricht vom *„amerikanischen Zeitalter“*.[392]

Aber das Ordnungssystem der 1990er-Jahre ist mittlerweile erkennbar von Unruhe und gravierenden Veränderungen geprägt. Die wichtigste Entwicklung ist, dass Russland und China die Vorherrschaft der Vereinigten Staaten nicht mehr anerkennen. China baut auf seine wirtschaftliche Stärke, Russland auf seine Rohstoffe und sein Militär.[393] Die beiden Staaten kooperieren wirtschaftlich[394] und militärisch[395], verfolgen aber auch jeweils eigene Interessen.

Im Nahen Osten und in Afrika toben diverse blutige Konflikte und Stellvertreterkriege um Öl, Gas, Pipelines und andere Ressourcen. Strategische Ziele der Entscheidungsträger und wichtige Konfliktlinien sind kaum noch überschaubar, weil sich die Geschwindigkeit der Veränderungen enorm erhöht hat. Eindeutig ist aber, woher ein Wind der Veränderungen weht. Wichtigster Herausforderer der Vereinigten Staaten ist die Volksre-

---

389 Zbigniew Brzezinski (1928-2017) war ein überaus einflussreicher Politologe mit Professur an der Johns Hopkins Universität und außenpolitischer Berater mehrerer US-Präsidenten.

390 Zbigniew Brzezinski, *The Grand Chessboard*, New York (1997), S. xiii.

391 Der Buchautor und Gründer des führenden Informationsdienstes Stratfor George Friedman ist ebenfalls ein einflussreicher Berater führender US-Politiker.

392 George Friedmann, *Die nächsten hundert Jahre: Die Weltordnung der Zukunft*, Frankfurt am Main (2009), S. 25.

393 Glenn Diesen (2018).

394 http://eng.sectsco.org/about_sco/

395 https://www.welt.de/politik/ausland/article181396196/Militaeruebung-Wostok-2018-Russlands-Manoever-mit-China-koennte-auch-eine-versteckte-Warnung-sein.html

publik China, die nach einer gewaltigen wirtschaftlichen Aufholjagd auch geopolitisch zurück in die erste Reihe der globalen Ordnung strebt.[396]

In den Vereinigten Staaten wird seit einiger Zeit darüber nachgedacht, wie das Land mit der veränderten geopolitischen Situation umgehen soll. Dabei werden stets Kosten-Nutzen-Rechnungen angestellt.[397] Das amerikanische Selbstverständnis unterstellt, den eigenen Kurs autonom bestimmen und andere Ländern zur Gefolgschaft zwingen zu können. Präsident Trump stellt aber in Frage, dass die Vereinigten Staaten als Nation von ihrer militärisch kostspieligen globalen Rolle unter dem Strich profitieren.[398] Er steht für eine Renationalisierung der US-Außenpolitik, die aber von weiten Teilen der US-Elite nicht mitgetragen wird. Einzelne Beobachter wie der israelische Politologe sehen die Trump-Politik explizit als außenpolitischen Bruch. Die Trump-Doktrin sei *„das Ende der neuen Weltordnung .... und Amerikas Akzeptanz einer multipolaren Welt.*“[399]

Die Gegenwart ist aufgrund der Rangordnungskämpfe zwischen den Staaten von Unruhe geprägt. Die Austragung der Konflikte kosten alle Beteiligten wertvolle Ressourcen, wie in den folgenden Abschnitten dieses Kapitels noch näher untersucht werden wird. Im Extremfall gefährden Konflikte zwischen den Staaten aufgrund der Atomwaffen sogar die menschliche Zivilisation. Viel wahrscheinlicher ist aber, dass sich ein neues geopolitisches Gleichgewicht bilden wird, in dem die Vereinigten Staaten, China und Russland eine sehr wichtige Rolle spielen werden, Europa und Indien vielleicht auch. Gleichzeitig wird sich das globale Kräftegleichgewicht zwischen Politik und Wirtschaft neu justieren.

Aus Anlegersicht stellen sich bei der Betrachtung von Staaten und Wirtschaftsräumen viele interessante Fragen. Investoren interessieren sich unter anderem für die Wachstumsperspektiven und die politische Stabilität, die Sicherheit der Staatsanleihen, die aktuelle und künftige Besteue-

---

[396] https://www.welt.de/politik/ausland/article180237728/China-Wie-Xi-Jinping-Pekings-Einfluss-in-Afrika-ausbaut.html

[397] Ian Bremmer, *Superpower, Three choices for America's role in the world*, New York (2015)

[398] https://edition.cnn.com/2016/04/27/politics/donald-trump-foreign-policy-speech/index.html

[399] Seth Frantzmann, *The Trump doctrine and the end of the „New World Order“: Washington has called the „instability bluff“, and it worked, but it ushered in a multipolar world in its place*, in Jerusalem Post vom 7. September 2018, online unter https://www.jpost.com/American-Politics/The-Trump-Doctrine-and-the-end-of-the-new-world-order-566719

rung ihrer Erträge und die staatliche Förderung und Regulierung der Wirtschaft. Die wirtschaftlichen Perspektiven von Staaten und Regionen hängen noch von weiteren Faktoren ab. Dazu zählen ökonomisch die wirtschaftliche Stärke, vorhandene Unternehmenscluster, die technologische Führerschaft in zukunftsträchtigen Wirtschaftszweigen, die Sicherung der Rohstoffversorgung und das qualifizierte Arbeitskräftepotenzial. Zu den politischen Standortfaktoren zählen ferner die Regulierung sowie die Höhe und Transparenz der Besteuerung ebenso wie die Stabilität, Berechenbarkeit und Unbestechlichkeit der staatlichen Instanzen. In diesem Kapitel werden daher (ab 5.5) wichtige Staaten und Regionen auf ihre Standortfaktoren hin analysiert.

## 5.3 Die globale Macht von Unternehmen und NGOs

Die Globalisierung kann in eine wirtschaftliche und eine politische Globalisierung unterteilt werden. Die *politische Globalisierung* wird von den Staaten betrieben. Sie vollzieht sich auf drei Ebenen. Das sind die internationalen Vereinbarungen, internationale Organisationen und die internationale Öffentlichkeit. Besonders bedeutend sind die internationalen Organisationen, zu denen Interpol, der Internationale Gerichtshof in Den Haag, der IWF sowie die EU und die UNO zählen. Teilweise geben souveräne Staaten auch Kompetenzen an diese internationalen Organisationen ab. Daher bedeutet politische Globalisierung auch eine Entnationalisierung, also einen Macht- und Bedeutungsverlust des Nationalstaates. *Wirtschaftliche Globalisierung* beschreibt unter anderem die internationale Vernetzung der Märkte, des Kapital- und Warenverkehrs, des Transport- und Personenverkehrs, aber auch der Kommunikation und der Internets. Sie betrifft also Finanzmärkte, Produktion, Kommunikation und Transport und den freien Handel über Staatsgrenzen hinweg. Eine wirtschaftliche Globalisierungsperiode kann, muss aber nicht durch zwischenstaatliche Vereinbarungen erleichtert werden. Eine wirtschaftliche Globalisierung hatte sich wie in Kapitel 2 beschrieben bereits vor dem Ersten Weltkrieg mehr oder weniger von allein entwickelt, ohne dass die damaligen Staaten eine Übertragung politischer Souveränität in Erwägung gezogen hätten.

Im Zuge der wirtschaftlichen Globalisierung haben, ergänzend zu den großen Staaten, die bereits erwähnten Institutionen wie IWF und BIZ sowie informelle Netzwerke mächtige Positionen in der Weltordnung eingenommen. Auch multinationale Konzerne, unterschiedliche Finanzinstitutionen und sogenannte Nichtregierungsorganisationen sind einflussreich. Diese Einrichtungen fühlen sich oft nur noch bedingt an einen nationalstaatlichen Rahmen gebunden. Sie agieren oft global und wechseln bei Bedarf auch ihren Sitz. Die Finanzmärkte und viele Banken waren dabei seit jeher international ausgerichtet. Aber auch Unternehmen wie Apple, Google oder Facebook operieren längst weltweit. Sie verfügen dabei über sehr viel mehr Macht als jeder Klein- oder Mittelstaat, was dadurch illustriert werden mag, dass allein die Börsenbewertung von Apple die gesamt Staatsverschuldung Griechenlands bei weitem übertrifft. Große Unternehmen können durch Lobbyismus Einfluss auf staatliche Entscheidungen nehmen. So optimieren viele große Unternehmen in einer Welt freier Kapitalströme Standortentscheidungen und spielen dabei oft auch verschiedene Staaten gegeneinander aus. Die steuerlich optimierten Europazentralen von Apple und Google[400] und subventionierte Werke vieler Unternehmen in der ganzen Welt[401] sind Beispiele für eine erfolgreiche Standortarbitrage.

Bereits aus der geldhistorischen Betrachtung wurde deutlich, dass politische Macht und finanzwirtschaftliche Macht ein enges, manchmal geradezu symbiotisches Verhältnis entwickelt haben. Insbesondere die Struktur unseres globalen Finanzsystems ist immer wieder von politischen Einflüssen und Krisen geprägt worden. Das Abkommen von Bretton Woods, das Petrodollar-Arrangement, das OPEC-Kartell, die Einführung des Euro und die Gründung des ESM zeigen, wie relevant die Politik gerade für die internationalen Finanzmärkte ist.

Gleichzeitig beeinflusst aber auch die Wirtschaft die Politik. Eine Studie der amerikanischen Princeton Universität hat US-Kongressentscheidungen über einen langen Zeitraum analysiert. Das Ergebnis war, dass eine hohe Korrelation der Gesetzesänderungen mit den Wünschen der Wirtschaft bestand, aber nur eine geringe Übereinstimmung mit den in Meinungsumfragen artikulierten Präferenzen der Wähler.[402]

---

[400] https://www.focus.de/finanzen/steuern/tid-31358/deals-und-geistertoechter-so-ertrickst-sich-apple-einen-steuersatz-von-zwei-prozent-google-zahlte-in-europa-nur-drei-prozent-steuern_aid_996273.html

[401] Als ein Beispiel von vielen der Flugzeugbau. https://www.zeit.de/2018/21/airbus-subventionen-boeing-wettbewerb

[402] Martin Gilens and Benjamin I. Page, Perspectives on Politics Volume 12, Issue 3, September 2014, S. 564-581, online https://www.cambridge.org/core/journals/perspectives-on-politics/article/testing-theories-of-american-politics-elites-interest-groups-and-average-citizens/62327F513959D0A304D4893B382B992B

Zu dieser Entwicklung hat wesentlich beigetragen, dass sich das Wahlkampfspendenvolumen auf ein historisch einmaliges Niveau erhöht hat. Geld bedeutet auch politische Macht. Der ehemalige US-Präsident Jimmy Carter bezeichnete die Vereinigten Staaten deswegen sogar als Oligarchie.[403]

Mit Partei- und Kandidatenspenden und inhaltliche Lobbyarbeit nehmen Wirtschaftsunternehmen und -verbände auch Einfluss auf den Globalisierungsprozess an sich. Sehr große Unternehmen bevorzugen aufgrund ihrer Kostenvorteile in der Regel fast immer offene Märkte. Aus der Sicht eines global tätigen Konzerns sind nationale Zölle, Gesetze und Steuern stets Hindernisse bei der Profitmaximierung, die es zu beseitigen gilt. Die Globalisierung wird daher ganz wesentlich von großen Unternehmen und multinationalen Organisationen vorangetrieben. Banken- und Industrieverbände fördern etwa aktiv den europäischen Integrationsprozess und drängen auf den Abschluss sogenannter Freihandelsabkommen. Mit dem Abschluss dieser Abkommen ist stets ein weiterer Verlust nationaler Souveränitätsrechte verbunden. Auch wenn das transatlantische Handels- und Investitionsschutzabkommen TTIP zunächst an europäischen Widerständen und an der Wahl Donald Trumps gescheitert ist, wird der Druck in Richtung mehr wirtschaftlicher Globalisierung nicht weniger werden.

Nur wenigen Menschen ist dabei bewusst, wie wenige Einheiten die globale Wirtschaft dominieren und wie klein der Kreis der wichtigen Aktionäre ist. Sehr aufschlussreich ist eine Studie der ETH Zürich aus dem Jahr 2011 zur Eigentümerstruktur von mehr als 46.000 börsennotierten globalen Konzernen. Im Ergebnis beherrschen nur 147 Institutionen direkt oder indirekt fast 40 Prozent des monetären Wertes aller transnationalen Konzerne.[404] Attali rechnet sogar damit, dass ultimativ das Geld und die Wirtschaft auch die alleinige Herrschaft über die Welt erringen werden.[405]

Neben den Unternehmen und wohlhabenden Einzelpersonen üben auch sogenannte Nichtregierungsorganisationen (engl.: Non Government Organisations, „NGO") globalen politischen Einfluss aus. Große Vereine wie Greenpeace, WWF oder Human Rights Watch verfügen aus Spendenein-

---

[403] Carters Äußerungen wurden u.a. in der Huffington Post zitiert, https://www.huffingtonpost.com/entry/jimmy-carter-us-politics_us_55bbb3c9e4b0d4f33a02ae2b?guccounter=1

[404] Stefan Vitali, James B. Glattfelder und Stefano Battiston (2011), *The network of global corporate control*, abrufbar unter. https://arxiv.org/pdf/1107.5728.pdf

[405] Jacques Attali (2011), S. xiii.

nahmen – und teilweise auch durch staatliche Zuwendungen[406] – über viel Geld und zudem über öffentliches Ansehen, das sie nutzen, um politische Entscheidungen zu beeinflussen. Oft wird übersehen, dass es diesen Organisationen, unabhängig dazu wie deren Anliegen bewertet werden, an demokratischer Legitimation mangelt.[407] Große private Spender können NGOs auch gezielt fördern, um diese als Advokaten ihrer Eigeninteressen einzusetzen. So bekam der Verein Deutsche Umwelthilfe unter anderem Spenden von Toyota und betrieb eine Medienkampagne gegen die Dieseltechnologie, die insbesondere von deutschen Konkurrenten des japanischen Autoherstellers verwendet wird.[408] Die Auswirkungen auf die Aktenkurse der betroffenen Unternehmen sind erheblich. Deswegen ist diese Art von politischem Lobbyismus auch für Anleger extrem relevant.

## 5.4 Die Waffen im Wirtschaftskrieg

Die Aufrechterhaltung militärischer Macht und Dominanz ist wie beschrieben teuer. Alternativ können Staaten auch mit wirtschaftlichen Hebeln Einfluss sichern. Für diese Strategie wird auch der Begriff Geoökonomie verwendet.[409] Staaten können über wirtschaftliche Beziehungen andere Staaten gezielt in Abhängigkeiten bringen und daraus wiederum politischen Nutzen ziehen. Geeignete Hebel sind Rohstoffe, Nahrungsmittel, aber auch moderne Technologien, der Finanzsektor oder begehrte Konsumgüter.

Umgekehrt stärkt es die Macht eines Staates, wenn dieser autark, also nicht von Importen abhängig ist. Ein Staat kann durch seine Unternehmen als Lieferant politische Macht erwerben, aber auch als unverzichtbarer Absatzmarkt. Je größer der Binnenmarkt eines Staates ist, desto abhängiger sind global tätige Auslandsunternehmen vom ungehinderten Zugang zu den dortigen Abnehmern. Ein großer Heimatmarkt ist auch ein Standortvorteil für die einheimischen Unternehmen, weshalb sich zum

---

406 Zum Beispiel von der EU. https://www.novo-argumente.com/artikel/von_zweien_die_sich_gesucht_und_gefunden_haben

407 http://www.kas.de/wf/de/33.12362/

408 http://www.faz.net/aktuell/wirtschaft/diesel-affaere/deutsche-umwelthilfe-bekommt-geld-von-toyota-14256098.html

409 Glenn Diesen (2018), *Russia‘ Geoeconomic Strategy for a Greater Eurasia*, London und New York, 2018; leider war nur eine Kindle-Ausgabe ohne Seitenzahlen verfügbar.

Beispiel im E-Commerce und bei den sozialen Netzwerken überwiegend US-Unternehmen im globalen Wettbewerb durchgesetzt haben.[410] Viele Staaten fördern ihre Unternehmen zudem ganz gezielt, zum Beispiel durch Subventionen oder durch Zölle und andere Markteintrittsbarrieren. Weder Staaten noch Unternehmen können sich darauf verlassen, dass die Gesetze eines freien und fairen Wettbewerbs global gelten.

Die meisten Konflikte werden heute entsprechend im Rahmen einer wirtschaftlichen Kriegsführung durch Embargos, Handelsboykotte, Verhängung von Strafzahlungen gegen Unternehmen anderer Staaten und Wirtschaftsspionage ausgetragen. George Friedman weist darauf hin, dass seit dem Kalten Krieg auch die Gewährung oder Verweigerung des Zugangs zum internationalen Handelssystem ein wichtiger Machthebel der Vereinigten Staaten ist.[411] Schon Ex-Präsident Obama hat versucht, durch den Aufbau der Handelsabkommen TPP und TTIP aufstrebende Länder wie China zu isolieren.[412] Gleichzeitig sollte das angelsächsische Rechtssystem so weltweit durchgesetzt werden. China arbeitet seinerseits an konkurrierenden Handelsvereinbarungen. Der Wirtschaftskrieg ist gewissermaßen die Fortsetzung des Krieges mit anderen Mitteln.[413]

Immer häufig werden Sanktionen als Instrument der Außenpolitik eingesetzt. Sanktionen mögen geeignet sein, politische Interessen der mächtigeren Staaten durchzusetzen, führen aber gesamtwirtschaftlich auch immer zu einem verringerten Handelsvolumen und Wohlfahrtsverlusten.

Je stärker eine Volkswirtschaft von Exporterlösen oder von bestimmten Importgütern abhängig ist, desto verwundbarer ist sie gegenüber Wirtschaftssanktionen. Insgesamt haben die Zahl und die Intensität der zwischenstaatlichen Konflikte in den letzten beiden Jahrzehnten stark zugenommen. Eine Eskalation der aktuellen Konflikte könnte verheerende Folgen für die Weltwirtschaft haben. Auch andere Länder zögern nicht, wirtschaftliche Sanktionen einzusetzen. So verhängte der russische Präsident Putin nach dem Abschuss eines russischen Militärflugzeugs Wirt-

---

[410] US-Konzerne wie Amazon und Ebay konnten in der Anfangsphase aufgrund des größeren Heimatmarktes schneller wachsen als ihre europäischen Wettbewerber und haben ihre höhere Marktbewertung genutzt, um die ausländischen Konkurrenten zu kaufen. Ein Beispiel ist Ebay-Alando, https://www.gruenderszene.de/allgemein/alando-ebay

[411] George Friedman (2009), S. 25.

[412] Glenn Diesen (2018).

[413] ebd. (2018).

schaftssanktionen gegen die Türkei.[414] Auch Saudi-Arabien hat Katar mit Sanktionen gedroht.[415]

Ein weiteres Instrument der Kriegführung ist der sogenannte Cyberkrieg, bei dem über computergestützte Sabotage der Gegner geschädigt wird. Ein Beispiel ist der Computervirus Stuxnet, mit dessen Hilfe vor einigen Jahren gezielt die digitale Infrastruktur des Iran attackiert worden ist.[416]

Für Anleger ist insbesondere wichtig einzuschätzen, welche Mächte künftig die Regeln des Welthandels bestimmen und wie sie diese (vermutlich) interpretieren, welche politischen Allianzen sich fortsetzen, vertiefen oder neu bilden werden und in welcher Form etwaige (wirtschafts-)politische Konflikte ausgetragen werden. Im internationalen Kontext ist zudem vermehrt darauf zu achten, wie sich Protektionismus, Sanktionen und andere ausländische staatliche Einmischungen auf die Wirtschaft eines Landes auswirken können. Ausgewählte Länder und Regionen werden in diesem Kapitel in Bezug auf ihre aktuelle ökonomische und politische Situation und ihre strategischen Perspektiven verglichen.

## 5.5 Die Vereinigten Staaten im Kampf ums oben bleiben

Insgesamt sind die Vereinigten Staaten in einer geopolitischen Betrachtung der Platzhirsch. Die Gegenwart wird auch als „amerikanisches Zeitalter“ bezeichnet.[417] Die Frage ist, ob und wie lange das Land diese Position verteidigen kann.[418] Geographisch befinden sich die Vereinigten Staaten mit nur zwei Nachbarstaaten, Kanada und Mexiko, zwischen dem Atlantischen und dem Pazifischen Ozean in einer einzigartig privilegierten

---

[414] http://www.spiegel.de/politik/ausland/su-24-abschuss-russland-verhaengt-sanktionen-gegen-die-tuerkei-a-1065069.html

[415] http://www.spiegel.de/politik/ausland/saudi-arabien-vs-katar-darum-geht-s-beim-showdown-am-golf-a-1150708.html

[416] http://www.faz.net/aktuell/feuilleton/debatten/digitales-denken/trojaner-stuxnet-der-digitale-erstschlag-ist-erfolgt-1578889.html

[417] George Friedman (2009), S. 25.

[418] Jacques Attali etwa glaubt, dass die USA ihre Dominanz bis etwa 2040 bewahren können, dann aber unweigerlich an ein multilaterales, „demokratisches“ Finanzregime verlieren werden, Jacques Attali (2011), S. 105.

Lage.[419] Die geographische Positionierung ist unter anderem aus militärischer und handelspolitischer Sicht günstig. Sie ermöglicht der US-Marine, wichtige Handelsrouten auf beiden Weltmeeren zu kontrollieren. Außerdem schützen die Ozeane die Vereinigten Staaten davor, dass globale Konflikte das eigene Territorium erreichen, zumal die einzigen unmittelbaren Nachbarn friedlich und deutlich schwächer sind.

Die Bevölkerungszahl der Vereinigten Staaten beläuft sich auf 327,8 Millionen Einwohner und wächst mit etwas weniger als 1 Prozent p.a. Die Vereinigten Staaten haben es in ihrer Geschichte als Einwanderungsland vermocht, ausgebildete und motivierte Neubürger anzuziehen, zu integrieren und davon als Nation wirtschaftlich zu profitieren. Zahlreiche US-Nobelpreise wurden von Einwanderern gewonnen, viele bedeutende Unternehmen von Einwanderern gegründet. Die Vereinigten Staaten verfügen als Einwanderungsland über eine ethnisch gemischte Bevölkerung. Englisch ist die gemeinsame Weltsprache, in den südlichen Bundesstaaten lebt allerdings inzwischen eine bedeutsame spanischsprachige Minderheit, deren Bevölkerungsanteil aufgrund ihrer höheren Fertilität und anhaltender illegaler Immigration aus Mexiko weiter wächst. Das Bruttoinlandsprodukt des Landes beläuft sich auf US-Dollar 19,4 Billionen, fast ein Viertel der Weltwirtschaft.[420] Die Vereinigten Staaten verfügen über bedeutende Rohstoffreserven. Seit einiger Zeit werden zusätzliche Öl- und Gasvorkommen mit Hilfe der umstrittenen Fracking-Technologie gefördert. Die Produktionskosten für Fracking liegen allerdings im Vergleich zu anderen Förderländern wie den OPEC-Staaten, Iran oder Russland relativ hoch.[421]

Die Vereinigten Staaten sind Heimat einer Vielzahl von Unternehmen in den wichtigsten Innovations- und Wachstumsbranchen wie Informationstechnologie, Pharmazeutische Industrie, Medizintechnik und Rüstung. Vor allem Technologieunternehmen wie Google, Apple und Microsoft bringen dem Land große strategische Vorteile. Sie erobern nicht nur stetig

---

419 Tim Marshall, *Die Macht der Geographie*, München (2015), S. 76.

420 Sämtliche statistischen Daten zu Einwohnerzahlen, Landfläche Bruttoinlandsprodukt etc. in den nachfolgend betrachteten Staaten stammen aus offiziellen Daten internationaler Organisation wie den Vereinten Nationen, dem IWF und der Weltbank und können relativ auf deren Webseiten sowie bei Statista und Wikipedia relativ problemlos verifiziert werden, weshalb im weiteren Verlauf auf einzelne Quellennachweise weitgehend verzichtet wird.

421 https://finanzmarktwelt.de/oel-produktionskosten-die-brutale-auslese-kanada-usa-saudi-arabien-10197/

wachsende Anteile an den globalen Werbe- bzw. IT-Budgets, sondern ermöglichen auch tiefe Einblicke in die Entscheidungsprozesse von Bürgern, Regierungen und Unternehmen anderer Länder

Die so gewonnenen Erkenntnisse werden im globalen Wettbewerb in vielfältiger Wiese strategisch genutzt, Als führende Technologienation und Heimat der Kino- und Musikindustrie üben die Vereinigten Staaten auch eine große Anziehungskraft aus. Internationale Talente werden zudem durch die Top-Universitäten, ein im Vergleich zu Europa moderates Steuersystem und populärkulturelle Standortfaktoren angezogen. Ausländische Leistungsträger sichern die Innovationskraft der amerikanischen Unternehmen und kompensieren dadurch die gravierenden Schwächen des US-Bildungssystems jenseits der Ivy League. Marktanteile verloren haben infolge der Globalisierung klassische Industrieunternehmen, zum Beispiel in den Bereichen Stahl, Schiffbau oder Automobilwirtschaft. In den betroffenen Bundesstaaten ist die Arbeitslosigkeit hoch.

Die Vereinigten Staaten sind zudem die führende Finanz- und Militärmacht der Welt. Als westliche Hegemonialmacht üben die USA ihre Stellung daher im eigenen Einflussbereich seit 1945 nach Möglichkeit so aus, dass die anderen Staaten in einer Art Konsensfindung in die Entscheidungsfindung formal eingebunden werden. Die Ausübung geopolitischer Macht wird dabei über die Kooptierung der Eliten der besiegten ehemaligen Gegner sichergestellt.[422]

Die Weltreservewährung US-Dollar gewährleistet dabei seit Jahrzehnten die Finanzierung der gigantischen Zwillingsdefizite im Außenhandel und im Staatsbudget. Diese Konstellation ermöglicht es den US-Bürgern, massiv über ihre Verhältnisse zu leben. Zusätzlich können die aus dem nichts geschaffenen Dollar für den Kauf von Sachwerten in aller Welt verwendet werden. So erklärt sich unter anderem der hohe Anteil von US-Fonds an europäischen Unternehmen, deren Dividenden das amerikanische Pensionssystem stützen. Kein Land kann es sich zudem leisten, ohne gravierende wirtschaftliche Nachteile vom Dollarsystem und vom US-Binnenmarkt abgekoppelt zu sein.

China und Russland arbeiten allerdings seit längerem aktiv an einer Entkoppelung ihrer Volkswirtschaften vom Dollarraum, um weniger verwundbar zu sein und die eigene Position zu stärken. Rohstofflieferungen werden daher zunehmend in RMB abgerechnet. Der RMB hat mittelfristig sogar das Potenzial, den US-Dollar als Weltreservelösung abzulösen. Ein

---

422 Zbigniew Brzezinski (1997), S. 24.

etwaiger Verlust des Weltreservestatus hätte gravierende Konsequenzen für die Vereinigten Staaten. Der Schuldenstand ist auf allen Ebenen des Systems bereits sehr hoch. Die Zwillingsdefizite wären nicht mehr finanzierbar. Die US-Bürger würden sich vermutlich schwer tun, ihren kreditfinanzierten Lebensstandard substanziell zu senken. Auch die weitgehende Kontrolle der Energiemärkte ist von großer strategischer Bedeutung für die Vereinigten Staaten. US-Strategen sehen daher auch das Rohstoffland Russland, das über seine Gas-Pipelines Europa und zunehmend auch China beliefert, als Störfaktor an.[423]

Die Trump-Regierung benennt China offen als den eigentlichen Rivalen und richtet ihre Strategie darauf aus.[424] Das chinesische Seidenstraßenprojekt soll die wirtschaftlichen Ballungsräume in Europa und Ostasien enger aneinander binden und den Handel zwischen diesen Wirtschaftsräumen sowie den weiteren Anrainern entlang der Strecke stimulieren. Die USA sind nicht Teil Eurasiens und würden von einer Verwirklichung des Projektes nicht profitieren, sondern im Gegenteil an politischem Einfluss und Ressourcenzugang verlieren. Medial dominiert zwar der US-Russlandkonflikt, der aber ökonomisch von viel geringerer Bedeutung ist.

Aufgrund der Militärmacht sind die USA in der Lage, schwächere Länder sowie deren Unternehmen auch unilateral unter Druck zu setzen. Das Militär sichert den Vereinigten Staaten zudem den günstigen Zugang zu fossilen Rohstoffvorkommen im Nahen Osten. Allerdings können militärische Interventionen auch teuer und im Ergebnis erfolglos sein, wie unter anderem die Kriege in Vietnam, Afghanistan und Irak gezeigt haben. Wenn es im strategischen Interesse ist, könne fremde Regierungen auch einmal gestürzt werden. Insbesondere in Südamerika gibt es dafür eine Reihe von Beispielen.[425]

Die Vereinigten Staaten haben zudem ein auf sie zugeschnittenes System internationaler Organisationen maßgeblich entwickelt und gestaltet. Das globale System der verschiedenen koordinierenden und lenkenden Institutionen wie der NATO, des IWF, der Weltbank oder der WTO ist Brze-

---

[423] Der Kampf um die Kontrolle der fossilen Brennstoffmärkte erklärt auch zu einem wesentlichen Teil die militärischen Konflikte in Ländern wie Irak und Syrien oder auch den heftigen US-Widerstand gegen die europäischen Gaspipelines North Stream 2 (Ostsee) und South Stream.

[424] https://asia.nikkei.com/Politics-Economy/Policy-Politics/Trump-North-Korea-a-cruel-dictatorship-and-China-a-rival

[425] John Perkins, *Bekenntnisse eine Economic Hitman*, Erweiterte Neuausgabe, München (2016), S 223.

zinski zufolge explizit als eine internationale Ordnung unter US-Überlegenheit („Supremacy“) zu verstehen.[426] Allerdings ist in letzter Konsequenz selbst das Völkerrecht und ein Votum des Sicherheitsrats der Vereinten Nation aus US-Sicht keine Beschränkung für ein unilaterales Vorgehen, wenn dieses im Interesse der US-Regierung geboten scheint.[427] Allerdings ist fraglich, ob andere Staaten sich anders verhalten würden, wenn sie über dieselben Möglichkeiten verfügten. Bis heute gilt in der Weltpolitik im Falle des Falles das Prinzip „Might makes Right“.

Eine gezielte Sanktionspolitik gegen einzelne Staaten wie zuletzt gegen Russland[428] oder Iran[429] trägt dazu bei, diese Staaten, aber auch ausländische (auch europäische) Wettbewerber[430] zugunsten der eigenen Unternehmen zu schwächen. Die Europäische Wirtschaft leider vor allem unter den von Washington forcierten gemeinsamen Russland-Sanktionen,[431] weil Europas Wirtschaft viel enger mit Russland verbunden ist als die amerikanische.

Schon Barack Obamas Vizepräsident Joe Biden sprach ganz offen davon, dass die europäischen Alliierten beispielsweise bei den Russlandsanktionen zur Not auch gegen deren eigenen Interessen und erklärten Willen auf US-Kurs gezwungen werden.[432] Das lässt vermuten, dass mit den Sanktionen Europa bewusst als potenzieller wirtschaftlicher Rivale geschädigt werden sollte.

Präsident Trump hat die EU und Deutschland in einem Atemzug mit China und Russland zuletzt sogar explizit als Gegner der USA bezeichnet.[433] Er droht der EU und ihren Mitgliedern auch immer wieder mit Zöllen auf

---

426 Zbigniew Brzezinski (1997), S. 27.

427 Absolut unmissverständlich äußert sich in diesem Sinne der Ex-US-Diplomat und neokonservative Politikberater Robert Kagan, *Paradise and Power: America and Europe in the New World Order*, London (2003), S. 40.

428 https://www.zeit.de/politik/ausland/2018-08/fall-sergej-skripal-usa-russland-sanktionen-beginn

429 https://www.zeit.de/politik/ausland/2018-08/iran-us-sanktionen-hassan-ruhani-psychologische-kriegsfuehrung

430 https://www.n-tv.de/wirtschaft/Russland-Sanktionen-schaden-EU-Wirtschaft-article20186182.html

431 https://www.welt.de/print/die_welt/wirtschaft/article179390242/Der-wahre-Grund-fuer-die-Sanktionen.html

432 https://www.huffingtonpost.de/2014/10/06/russland-sanktionen-usa-merkel_n_5938022.html

433 https://www.tagesschau.de/ausland/trump-eu-103.html

Importwaren. Gegen fremde Unternehmen verhängte Strafzahlungen wirken sich ebenfalls auf deren Wettbewerbsfähigkeit aus. Sie stellen zudem wirtschaftlich und fiskalisch eine Art transnationale Sondersteuer dar.[434] Bisher sind derartige Aufzahlungen weitgehend eine Einbahnstraße, europäische und asiatische Behörden sind sehr viel zurückhaltender.[435]

Auch innenpolitisch stehen die Vereinigten Staaten vor großen Herausforderungen. Die letzten Wahlkämpfe waren von großen Animositäten zwischen den politischen Lagern der Republikaner und Demokraten geprägt. Der eigentliche Konflikt dreht sich aber um die Frage, ob die zukünftige Ausrichtung der Vereinigten Staaten.

Sollen die USA wie in den letzten 70 Jahren als dominierende Macht eine globalistische Strategie verfolgen oder soll sich das Land eher zurückzuziehen und auf die eigenen Probleme konzentrieren? Für den ersten Ansatz stehen die „liberalen Interventionisten" des Clinton-Flügels der Demokraten und die Ostküsten-Republikaner um die Bush-Familie.

Der zweite Ansatz wird zum einen von Präsident Trump („America First"), aber auch von Teilen des linken Demokratenflügels um Bernie Sanders vertreten. Donald Trump betont immer wieder, dass militärische Interventionen ebenso wie die Freihandelsabkommen zwar den Partikularinteressen einiger US-Konzerne dienen, ein großer Teil der Bürger aber aufgrund der Steuerbelastungen für den Militärhaushalt und des Lohndrucks dafür die Kosten trägt.

## 5.6 China nach dem Jahrhundert der Heilung

China ist die Weltmacht der nahen Zukunft. Mit ca. 1,4 Milliarden Einwohnern ist die Volksrepublik China[436] das bevölkerungsreichste und gemessen an seiner Gesamtfläche das viertgrößte Land der Erde. Insgesamt hat die Volksrepublik China 14 Nachbarländer. China erstreckt sich

---

[434] http://www.spiegel.de/wirtschaft/unternehmen/bnp-paribas-zahlt-im-streit-mit-usa-strafe-von-neun-milliarden-dollar-a-978227.html

[435] Eine Ausnahme ist die EU-Strafe gegen Google, http://www.spiegel.de/netzwelt/netzpolitik/google-vs-eu-kommission-eu-verhaengt-rekordstrafe-von-2-42-milliarden-a-1154605.html

[436] Ohne Taiwan.

von Sibirien im Norden bis zum Gelben, Ostchinesische Meer und Südchinesische Meer im Osten und Südosten. Überwiegend trennen hohe Bergmassive und Meere, im Norden auch Steppen und Wüsten das Land von seinen Nachbarn.[437] Allerdings befinden sich in der unmittelbaren Nähe diverse Militärstützpunkte der Vereinigten Staaten und ihrer alliierten. China verfügt über Kohlereserven, ist aber auf Öl- und Gasimporte angewiesen.[438] Eine Schlüsselstellung besitzt China mit 48 Prozent der globalen Vorkommen bei der Förderung seltener Erden.[439]

Das chinesische Selbstverständnis ist von der kollektiven Erfahrung geprägt, dass China über den größeren Teil der letzten zweitausend Jahre nicht nur das menschenreichste Land und die größte Volkswirtschaft der Erde, sondern die technologisch und organisatorisch am weitesten fortgeschrittene Zivilisation war.[440] Chinesen haben schon Jahrhunderte vor den Europäern den Buchdruck, die Stahlerzeugung, Schießpulver, Papier und Porzellan hergestellt.[441]

Die Bevölkerung betrachtet die eigene Geschichte traditionsgemäß in Abschnitten von hundert Jahren, die wiederum in kleinere Einheiten unterteilt werden. Der Zusammenbruch der wirtschaftlichen und politischen Ordnung und die Wehrlosigkeit gegenüber dem westlichen Imperialismus ab 1820 werden von den meisten Chinesen als „Jahrhundert der Demütigungen" angesehen.[442] Besonders verheerend hat sich damals in China der Opiumkrieg des britischen Empires ausgewirkt, das in Ermangelung anderer aus chinesischer Sicht attraktiver Tauschgüter den „Freihandel" für Rauschgift gewaltsam durchgesetzt und zahllose Chinesen zu Drogenabhängigen gemacht hat.[443] Erst seit den 1920er-Jahren ist China nach dem Verständnis der eigenen Bevölkerung wieder auf dem Weg an seinen angestammten Platz. Die bald endende Ära wird auch als „Jahrhundert der Heilung" bezeichnet.

---

437 https://geopoliticalfutures.com/the-geopolitics-of-2017-in-4-maps/

438 Die Ölabhängigkeit ist gewissermaßen die Achillesferse Chinas, F. William Engdahl, *China in Gefahr*, Rottenburg (2014), S. 29.

439 https://www.mineralienatlas.de/lexikon/index.php/Mineralienportrait/SelteneErden/LagerstaettenundVorkommen

440 Konrad Seitz: *China*, 5. Aufl., München: 2006, S. 24.

441 Stefan Aust und Adrian Geiger, *Mit Konfuzius zur Weltmacht: Das Chinesische Jahrhundert*, Köln (2012), S. 9

442 Konrad Seitz (2006), S. 98.

443 Ausführlich Travis Haines (2002).

China hat seit Beginn der Wirtschaftsreformen von Deng Xiaoping im Jahr 1978 eine gigantische wirtschaftliche Aufholjagd vollzogen.[444] Die erste Phase der Deng'schen Reform war durch eine pragmatische, schrittweise und subsidiäre Herangehensweise geprägt, die erste privatwirtschaftliche Versuche erlaubte. Gleichzeitig wurde eine behutsame wirtschaftliche Öffnung des Landes vollzogen, die ausländischen Unternehmen wie Volkswagen lokale Investitionen ermöglichte. In der zweiten Phase 1992 wurde eine technokratische Zentralregierung installiert und eine „sozialistisch“ genannte Marktwirtschaft auf Basis eines Top-Down-Ansatzes etabliert.

Im Unterschiede zur westlichen Marktwirtschaft wurden starke Staatsunternehmen aber gefördert und das Ein-Parteien-System beibehalten. Deng sah in einer etwas eigenwilligen Interpretation des marxistischen Dogmas den Kapitalismus als nützliche Übergangsphase zum Sozialismus. Berühmt ist sein Sprichwort, dass es nicht darauf ankäme, ob eine Katze weiß oder schwarz ist, sondern, dass sie Mäuse fange. Die Volksrepublik China lebt schon lange nicht mehr von kopierter Billigproduktion, sondern hat technologisch im Vergleich zu Nordamerika und Europa gewaltig aufgeholt. Chinas Unternehmen und Universitäten zählen zu den führenden Patenanmeldern weltweit. Einige der größten Industriekonglomerate und IT-Konzerne, ebenso wie Banken und Dienstleistungsunternehmen sitzen in der Volksrepublik China. Unter den Staaten kann China als der größter Profiteur der Globalisierung angesehen werden, weil die Öffnung der westlichen Märkte diese wirtschaftliche Aufholjagd überhaupt erst ermöglich hat.[445]

Die politischen Führer der allein herrschenden Kommunistischen Partei Chinas sind Zentralplaner, verfügen aber über einen großen strategischen Weitblick. Das Seidenstraßenprojekt[446], die Gründung von Freihandelszonen, die Gründung von internationalen Förderbanken, der gezielte Erwerb ausländischer Technologieunternehmen und die Sicherung afrikanischer Rohstoffreserven insbesondere in Afrika[447] mögen als Beleg dienen. Das chinesische Seitenstraßenprojekt (auch „Neue Seidenstraße“, das „One Belt, One Road“-Projekt) umfasst landgestützte und maritime Infrastruktur- und Handelsrouten, Wirtschaftskorridore und Transportlinien von

---

[444] Konrad Seitz (2006), S. 299.

[445] Ian Bremmer (2018), S. 91.

[446] Markus Hernig, *Die Renaissance der Seidenstraße: Der Weg des Chinesischen Drachens ins Herz Europas*, München (2018).

[447] Stefan Aust und Adrian Geiges (2012), S. 139.

China über Zentralasien und Russland bzw. über Afrika nach Europa.[448] Durch die Verbindung der großen Wirtschaftsräume sollen mit gigantischen Investitionssummen Tiefsee- und Containerterminals sowie Straßen, Bahntrassen und Gaspipelines entwickelt werden und der Handel zwischen den Staaten einen gewaltigen Schub bekommen. Insbesondere für Europa eröffnen sich dadurch große Chancen.[449]

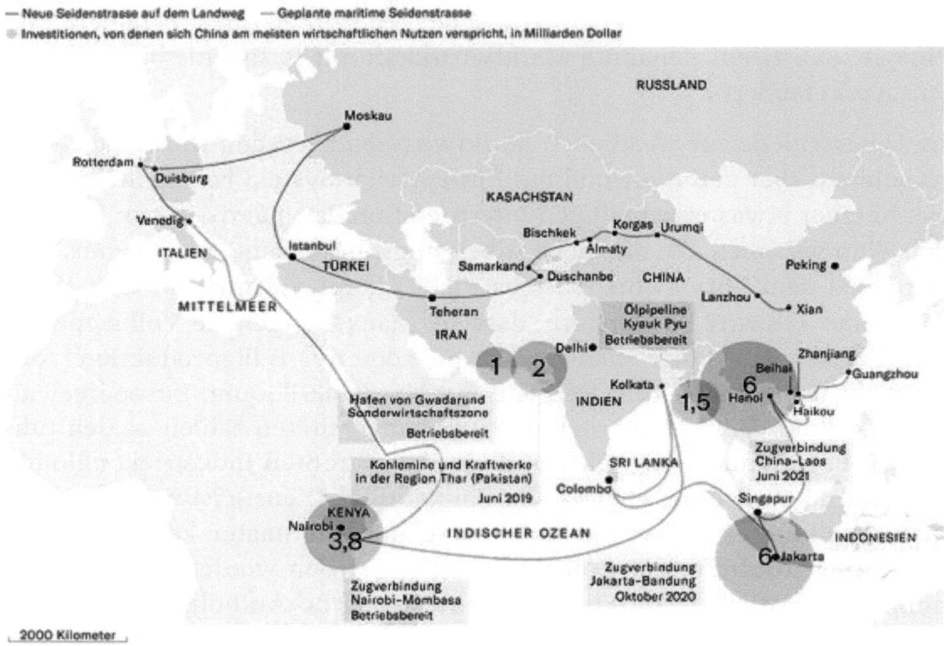


Abb. 2: Chinas neue Seidenstraße[450]

Im Jahr 2015 hat China seine Strategie China 2025 beschlossen. Darin wird ein Weg beschriebene, wie das Land in wichtigen Wirtschaftszweigen wie alternative Energie, künstlicher Intelligenz und der Robotertechnologie durch eigene technologische Entwicklung und Akquisitionen in wichtigen Wirtschaftszweigen die Führerschaft erringen soll.[451]

---

448 Wolf Hartmann, Wolfgang Maennig und Run Wang, *Chinas neue Seidenstraße: Kooperation statt Isolation – Rollentausch im Welthandel*, Frankfurt (2018)

449 ebd., S. 149.

450 Abbildung mit Genehmigung der Neuen Zürcher Zeitung, https://www.nzz.ch/international/malaysia-definiert-beziehungen-zu-china-neu-ld.1413422?mktcid=nled&mktcval=102&kid=_2018-8-22

451 https://www.csis.org/analysis/made-china-2025

Allein in Europa wurden zuletzt im Zuge dieser Strategie von chinesischen Käufern 300 Akquisitionen pro Jahr getätigt,[452] ein großer Teil davon in Deutschland.[453]China hat zudem aufgrund seiner Exportüberschüsse enorme Devisen- und Goldreserven angehäuft. Allein die chinesische Zentralbank hält Devisenreserven in Höhe von US-Dollar 3.200 Mrd. Diese Kapitalkraft wird politisch gezielt eingesetzt.[454] Speziell die Goldvorräte können zudem helfen, den RMB zur wichtigsten Währung zu entwickeln.

Kaufkraftbereinigt ist das Land bereits heute die größte Wirtschaftsnation der Welt. China ist mittlerweile das Heimatland zahlreicher Großkonzerne, deren Stellung durch hohe Umsätze, Gewinne und Börsenwerte dokumentiert wird. Mittlerweile ist auch offensichtlich, dass chinesische Unternehmen nicht nur als „Copycats" agieren, sondern auch entgegen allen Vorurteilen eigenen Innovationen hervorbringen.[455]

Das Land schneidet bei Bildungsvergleichen hervorragend ab und bildet pro Jahr inzwischen mehr Ingenieure aus als Europa und Nordamerika zusammen. Gleichzeitig hat eine merkantilistische Politik der Bildung von nationalen Champions wie Alibaba auch im Bereich der Informationstechnologie geholfen. Diese Unternehmen konnten, anders als etwa europäische Wettbewerber, gezielt die Größe des homogenen Heimatmarktes nutzen. Amerikanische Konkurrenten wurden zudem vom Chinesischen Staat behindert. Vor diesem Hintergrund ist der Plan des Staatschefs Xi Jinping, China wieder zum mächtigsten Land der Welt zu machen, absolut ernst zu nehmen. Je stärker China ökonomisch wird, desto mehr werden, ähnlich wie im Verhältnis zu den Vereinigten Staaten, andere Länder von seinem Wirtschaftraum abhängig werden. Einige Beobachter erwarten sogar, dass China auch aufgrund der national ausgerichteten Strategie der Trump-Regierung eine Art Führungsrolle im Globalisierungsprozess übernehmen wird.[456]

---

[452] https://www.ey.com/de/de/newsroom/news-releases/ey-20170125-unternehmenskaeufe-chinesischer-investoren-in-deutschland-und-europa-steigen-auf-rekordhoch

[453] https://www.handelsblatt.com/finanzen/anlagestrategie/trends/fusionen-und-uebernahmen-chinesen-kaufen-am-liebsten-deutsche-firmen/20881356.html?ticket=ST-6264652-nx3yUGPKj6dYRrJEjfWr-ap3

[454] Stefan Aust und Adrian Geiges (2012), S. 117.

[455] Wolf Hartmann, Wolfgang Maennig und Run Wang (2018), S. 75.

[456] ebd., S. 14.

Eine abweichende Meinung vertritt interessanterweise George Friedman, der China für einen „Papiertiger" hält und davon ausgeht, dass das Land aufgrund innerer Spannungen eher auseinanderbrechen als die globale Führungsrolle übernehmen wird.[457]

Zumindest soll nicht übersehen werden, dass China nicht nur die Stärken, sondern auch einige Schwächen des westlichen Systems übernommen hat. Die staatliche Ein-Kind-Politik hat zwar das Überbevölkerungsproblem gelöst, wird aber zeitverzögert zu ähnlichen Problemen führen wie in Europa. Auch das Schuldenproblem ist an China nicht spurlos vorbei gegangen. So hat der Staat nach dem Ausbruch der Finanzkrise im Jahr 2008 eine aggressive staatliche Ausgabenpolitik begonnen, um die Konjunktur zu stützen. In der Folge kam es unter anderem zu einer Überhitzung der Immobilienmärkte

Die Privatwirtschaft wird zudem durch eine mangelhafte Kapitalausstattung gebremst. Staatsbanken vergeben den Großteil ihrer Kredite aufgrund inhärenter Bailout-Garantien des Staates lieber an unprofitable Staatsunternehmen als an private Unternehmen[458]. Die Banken hatten seit den 1990er-Jahren umfangreiche faule Kreditportfolios in ihren Büchern, die nur teilweise durch staatlich angeordnete Ausgliederung in Bad Banks und Asset Management-Gesellschaften abgebaut werden konnten. Auch wenn die vier großen Staatsbanken (ICBC, CCB, BoC und ABC) an die Börse gebracht und dem internationalen Wettbewerb ausgesetzt wurden, übt der Staat faktisch bis heute über den Aufsichtsrat die Kontrolle aus. Auch der Zugang zum Kapitalmarkt ist für Privatunternehmen begrenzt, weil staatliche Unternehmen bei Börsengängen bevorzugt werden. Manche chinesische Privatunternehmen sind daher an ausländische Finanzplätze ausgewichen. Nach diversen Bilanzbetrugsfällen ist das internationale Anlegerinteresse an chinesischen Offshore-Börsengängen aber abgeklungen und die Ausweichoption versperrt.

Die Stabilität des chinesischen Bankensystems wird wegen der Verflechtungen mit der Staatswirtschaft und aufgrund umfangreicher Immobilienfinanzierungen immer wieder in Frage gestellt. Eine gewisse Sicherheit geben die hohen Devisenreserven des Landes. Eine Krise aufgrund ausländischen Kapitalabflusses, wie sie Indonesien, Thailand, Mexiko oder Argentinien immer wieder erlebt haben ist entsprechend unwahrscheinlich. Das Fehlen an Pluralismus und Demokratie hat sich noch nicht als

---

[457] George Friedman (2008), S. 110.

[458] Konrad Seitz, S. 402.

Belastung erwiesen. Es bleibt aber abzuwarten, ob leistungsstarke und wohlhabende Bürger des Landes von der größeren persönlichen Freiheit in anderen Ländern angezogen werden. Viele Unternehmer haben sich schon vor Jahren ausländische Pässe gesichert, um im Falle des Falles auswandern zu können.

Die chinesische Staatsführung hat in Folge der jüngsten Finanzkrise entschieden, dass der bis dahin nicht voll konvertible und an den Dollar gekoppelte zu den größten Weltwährungen aufschließen sollt, um das wirtschaftliche und politische Gewicht Chinas auch im internationalen Finanzsystem repräsentativ darzustellen. Der damalige Präsident Hu Jintao wollte die Reformen des Finanzwesens vertiefen und ein modernes Finanzsystem entwickeln, das die makroökonomische Stabilität fördert und der Entwicklung der Realwirtschaft nützt. Ferner sollte, einen vielschichtigen Kapitalmarkt entwickelt werden, marktorientierte Reformen des Zinssatzes und des Wechselkurses festen Schrittes vorangetrieben und die Konvertierbarkeit des RMB schrittweise verwirklicht werden."[459] Chinas strategischer Ansatz basiert auf der Förderung der Abwicklung in RMB von grenzüberschreitendem Handel und Investitionen und der Installation von offshore RMB-Handelsplätzen.[460] Entsprechend wurde der RMB international handelbar gemacht und 2015 auch mit einem Gewicht von zunächst 10,92 Prozent in den Währungskorb des IWF aufgenommen.[461] Chinesische Ölimporte werden zunehmend in RMB statt in US-Dollar abgerechnet. Eine vollständige Konvertibilität und Wechselkursflexibilisierung des RMB ist zwar noch nicht gegeben. Das gewaltige Potenzial des RMB zur Weltreservewährung aufzusteigen, ist dennoch nicht zu übersehen.

Das wirtschaftliche und politische Potenzial Chinas ist gigantisch und unübersehbar. Das Land wird aber trotz seiner wirtschaftlichen Öffnung bis heute zentral gelenkt, was unvermeidlich zu Bürokratismus und Ineffizienz führt. Die Dominanz der Politik wirkt sich zudem auch auf die Gestaltung des sozialen Lebens aus, die aus westlicher Sicht bevormundet

---

[459] Frank Sieren: *Geldmacht China – Wie der Aufstieg des Yuan Euro und Dollar schwächt*, München: 2013 S. 13

[460] Ming. Zhang, *Internationalization of the Renminbi – Developments, Problems and Influences*, in: CIGI (Hrsg.) New Think-ing and the New G20 Series (Paper No.2), 2015, S. 2

[461] Krista Hughes, 2015, *IMF gives China's currency prized reserve asset status*, Reuters (Hrsg.), 2015, http://www.reuters.com/article/2015/12/01/us-imf-china-id USKBN0TJ24Q20151201

wirkt. Das Privatleben ist stark überwacht, das Verhalten der Bürger soll künftig durch ein soziales Punktesystem der Bürger gelenkt werden.[462] Aus westlicher Sicht ist die (vielleicht naive) Frage, ob ein derart unfreiheitliches System dauerhaft geeignet ist, Menschen zu Höchstleistungen zu animieren.

## 5.7 Ist Europa schon am Ende?

Es ist bereits deutlich geworden, dass sich Europa geopolitisch in einer sehr schwierigen Situation befindet. Der Kontinent ist mit 700 Millionen Einwohnern auf einer Fläche von etwa zehn Millionen Quadratkilometern. einer der am dichtesten besiedelten Teile der Welt. Der Kontinent umfasst den westlichen Teil der eurasischen Landmasse und ist überwiegend von Wasser umgeben. Der Kontinent befindet sich aber in der unmittelbaren Nähe einiger Krisenherde Afrikas und des Nahen Ostens. Europa ist zudem politisch, wirtschaftlich und kulturell keine Einheit. Auf dem europäischen Kontinent werden ebenso viele Sprachen gesprochen wie es Staaten gibt.[463] Der Kontinent verfügt über eine mehrere Jahrtausende alte Geschichte, die von zahlreichen Erfindungen und Entdeckungen geprägt war. Anderseits gab es in der europäischen Geschichte auch zahllose kriegerische Auseinandersetzungen. Europa war vom 15. bis zum 19. Jahrhundert zudem Ausgangspukt einer umfassenden Kolonisation fast der gesamten Welt. Inzwischen sind aber fast alle Kolonien unabhängig geworden.

Allein die EU erwirtschaftete per 2007 laut IWF ein Bruttoinlandsprodukt von US-Dollar 17,7 Billionen.[464] Der europäische Binnenmarkt unter Einschluss der mit der EU assoziierten Staaten kam im selben Zeitraum laut IWF auf US-Dollar 19,5 Billionen, Die Wirtschaft des europäischen Binnenmarktes ist damit etwas größer als die der als die Vereinigten Staaten und repräsentiert ein Viertel der Weltwirtschaft. Europa verfügt damit bis heute im globalen Vergleich über ein sehr hohes Bruttosozialprodukt pro Kopf, allerdings mit großen regionalen Unterschieden.

---

[462] http://www.faz.net/aktuell/wirtschaft/china-plant-mit-nationalem-punkte system-die-totale-ueberwachung-15303648.html

[463] Allerdings sprechen mehr als 90 Prozent der Europäer eine Sprache der germanischen, romanischen oder slawischen Sprachfamilie, die untereinander verwandt sind.

[464] https://www.imf.org/en/Data

Das Bildungs- und Ausbildungsniveau ist in den meisten europäischen Ländern hoch, fällt allerdings gegenüber Ostasien zunehmend zurück. Europa hat aufgrund einer seit Jahrzehnten niedrigen Fertilität eine sehr ungünstige demographische Struktur. Die demographische Situation wird zwangsläufig dazu führen, dass die Zahl der Arbeitskräfte sinken und auch das Innovationsklima belasten wird. Nur wenige europäische Staaten haben wie Frankeich und Irland eine annähernd bestandserhaltende Geburtenrate. Aufgrund der steigenden Lebenserwartung und zunehmender Migration aus Afrika und dem Nahen Osten steigt die Bevölkerungszahl aber aktuell noch in den meisten EU-Ländern. Allerdings ändert sich die Bevölkerungszusammensetzung. Die als humanitäre Flüchtlingshilfe etikettierte europäische Einwanderungspolitik ist wie in Kapitel 4 beschrieben nicht geeignet, die ökonomische Situation Europas zu verbessern.

Der europäische Kontinent beherbergt eine Reihe von umsatzstarken Großkonzernen, deren Börsenwert allerdings meistens weit hinter der amerikanischen und asiatischen Konkurrenz zurückliegt. Durch den niedrigen Börsenwert werden die strategischen Handlungsmöglichkeiten dieser Unternehmen begrenzt. Eine Stärke Europas sind die vielen, oft eigentümergeführten mittelständischen Weltmarktführer, in zahlreichen Branchen wie Maschinenbau, Automobilzulieferung oder Medizintechnik, aber auch in traditionellen Wirtschaftszweigen wie Ernährung, Mode und Tourismus. Allerdings sind die innovativen Unternehmen auf wenige Regionen konzentriert. Nur in einem engen Radius rund um die Alpen, insbesondere in Süddeutschland, der Schweiz und Österreich, den Niederlanden, der Ile de France und Norditalien, können sich in Europa auf Dauer global wettbewerbsfähige Wirtschaftscluster halten. In wichtigen digitalen Wachstumsfeldern hat Europa gegenüber den USA aber längst den Anschluss verloren. In der Fortune 500-Liste der umsatzstärksten Technologieunternehmen findet sich kein einziges europäisches Unternehmen unter den Top 30.[465]

Es gibt in Europa kein Äquivalent zu Apple, Google, Amazon oder Ebay. Die entsprechenden Wirtschaftscluster in Kalifornien und an der Ostküste wirken wie ein Magnet für Wettbewerber und Talente. Daran wird auch eine staatliche Subventionspolitik nichts ändern. Vielversprechende europäische Start-ups werden zudem frühzeitig von US-Wettbewerbern oder Finanzinvestoren aufgekauft. Vor allem in der Kontrolle über die Daten

---

465 http://fortune.com/global500/list/filtered?sector=Technology

liegt eine geballte Wirtschaftsmacht, die sich heute in Nordamerika und teilweise in China konzentriert.

Der europäische Kontinent verfügt über nicht unerhebliche Rohstoffvorkommen. Die Öl- und Gasvorkommen sind allerdings hauptsächlich in Russland konzentriert. Zudem gibt es nennenswerte Vorkommen in der Nordsee und im Mittelmeer. Die europäische Kohleindustrie ist aufgrund der höheren Förderkosten global schon lange nicht mehr wettbewerbsfähig. Aus Perspektive der EU besteht deswegen eine hohe Abhängigkeit von Energieimporten.

Die meisten europäischen Länder sind stabile Demokratien. Allerdings hat in den letzten Jahren eine Spaltung der Gesellschaft vollzogen. In vielen Staaten haben sogenannte „populistische“ Bewegungen an Zuspruch gewonnen. Dadurch wurden die Regierungsebene sowie die Koordination auf EU-Ebene in vielen Fällen erschwert.

Als bedrohlichstes Damoklesschwert schwebt über den EU-Ländern die bereits in Kapitel 3 beschriebene, bis heute unbewältigte Eurokrise. Die ungelösten Staatsschulden, Banken- und Verteilungskrise des Eurosystems stellen eine tickende Zeitbombe für den gesamten Kontinent dar. Strategische Chancen für Europa ergeben sich unter anderem aus der eurasischen Integration.[466]

Motor einer wirtschaftlichen und politischen Integration des Kontinents ist die Europäische Union. Ihr Vorläufer, die EWG, wurde auf Betreiben führender europäischer Politiker von sechs Ländern, bei starker Förderung durch die Vereinigten Staaten,[467] in den 1950er-Jahren gegründet. Das bedeutet nicht, dass der europäische Einigungsprozess nach den Schrecken des Krieges kein großer Fortschritt war, es erklärt aber möglicherweise, weshalb sich die EU bis heute schwertut, ein eigenes politisches Gewicht zu erreichen, dass ihrer wirtschaftlichen Bedeutung entspricht.

---

[466] Markus Hernig (2018).

[467] Im Kern ging es bei der Integration Europas aus amerikanischer Sicht darum, ein starkes kontinentales Gegengewicht gegen die Sowjetunion zu schaffen, wie der prominente Daily Telegraph-Journalist Ambrose Evans-Pritchard unter Bezugnahme auf eine Jean Monnet-Biographie und inzwischen deklassifizierte US-amerikanische Regierungsdokumente in einem lesenswerten Zeitungsartikel zusammengefasst hat. https://www.telegraph.co.uk/business/2016/04/27/the-european-union-always-was-a-cia-project-as-brexiteers-discov/

Inzwischen sind 28 europäische Länder Mitglied der EU, bei aktuell fünf Beitritts- und einen Austrittskandidaten. Die Mitglieder des Staatenbundes haben ihre Zusammenarbeit durch Verträge mit zwischenstaatlichen und überstaatlichen Elementen seither immer weiter vertieft. Noch beim Treffen der Staats- und Regierungschefs im März 2000 in Lissabon hatte sich die EU ein ehrgeiziges Ziel gesetzt. Die EU sollte 2010 zum wettbewerbsfähigsten und dynamischsten wissensbasierten Wirtschaftsraum der Welt werden.[468] Es ist offensichtlich anders gekommen. Die EU ist beim Wachstum seither weit hinter Asien und Nordamerika zurückgefallen.[469]

Politisch ist die EU seit dem zweiten Weltkrieg im Windschatten der Vereinigten Staaten gesegelt und hat sich dem Führungsanspruch des „Partners“ immer gefügt. Dadurch hatte Europa nach US-Verständnis den Status eines tributpflichtigen Vasallen.[470] Dieses „Arrangement“ wird auch von prominenten Politikern in den „Vasallenstaaten“ direkt oder indirekt bestätigt.[471] Während des Kalten Krieges war das für beide Parteien eine bequeme Lösung. Erst die politischen Veränderungen unter Präsident Trump haben Europa dazu gebracht, *„seinen Platz am Tisch einzunehmen.“*[472] Es ist aber noch offen, wie die EU und die wichtigsten europäischen Staaten ihre politische Rolle in der veränderten Weltordnung künftig wahrnehmen werden.

Ein politisch einiges Europa hätte trotz seiner strukturellen Probleme das Potenzial, eine eigenständige Weltmacht zu werden. Europa verfügt neben seiner Wirtschaftskraft aufgrund seiner Geschichte und der bis heute erhaltenen diplomatischen Verbindungen durchaus noch immer über einiges geopolitisches Gewicht. Mit Frankreich und Großbritannien sind zwei europäische Nationen Atommächte und ständige Mitglieder des UNO-Sicherheitsrates. Die größten europäischen Volkswirtschaften sind

---

468 https://www.bundesregierung.de/Content/DE/Lexikon/EUGlossar/L/2005-11-21-lissabon-strategie.html und http://europa.eu/rapid/press-release_MEMO-07-568_de.htm

469 https://www.bpb.de/nachschlagen/zahlen-und-fakten/europa/135823/brutto inlandsprodukt-bip

470 Zbigniew Brzezinski (1997), S. 27.

471 Bekannt sind entsprechende Aussagen in Deutschland unter anderem von Egon Bahr (in der ZEIT), Gregor Gysi (Bundestagsrede) und Wolfgang Schäuble (Bankenforum), und Ex-MAD-Chef Komossa (Autobiographie). Zuletzt hat sich der frühere SPD-Politiker Klaus von Dohnanyi im Juni 2018 in der FAZ entsprechend geäußert, *Wir alten Vasallen*, http://plus.faz.net/faz-plus/feuilleton/2018-06-23/feff38a0c46965357db0107e47ff3b28/?GEPC=s9

472 Seth Frantzman (2018).

zudem in den G-8 bzw. G-20 vertreten. Eine kohärente außenpolitische Strategie existiert aber bis heute nicht. Fraglich ist unter anderem, wer die EU führen soll.

Der EU-Bürokratie fehlt es an demokratischer Legitimation und an Akzeptanz bei vielen Bürgern. Bisher haben daher meistens die großen Nationalstaaten den Weg vorgegeben. Großbritannien hat sich aber mit dem Brexit-Votum aus der EU verabschiedet. Deutschland hätte die wirtschaftliche Kraft, verfügt aber über keine führungswillige und –fähige politische Elite. Frankreich hat den Machwillen, verfügt aber nicht über die ökonomische Potenz. Vor allem ziehen beide Länder nicht mehr an einem Strang. Die EU ist daher aktuell weit davon entfernt, wie die Vereinigten Staaten oder China ein Machtfaktor auf der internationalen Bühne zu sein und wird als Institution global auch nicht entsprechend wahrgenommen. Zbigniew Brezinski hat festgestellt, dass *Europa keine Stimme habe, und wenn, dann sei es eine der Kakophonie.*[473] Er fügte aber auch hinzu, dass ein starkes, gleichberechtigtes Europa mittelfristig auch im Interesse der Vereinigten Staaten wäre.[474]

Die EU steht aber als europäischer Staatenbund vor der permanenten Herausforderung, die widerstreitenden Partikularinteressen ihrer Mitgliedstaaten auszugleichen und Einmischungen von außen abzuwehren. Die EU befindet sich aber in einer schwierigen Situation, weil Interessenkonflikte zwischen den Mitgliedsstaaten immer offener zutage treten. Zum einen ist die Union wegen der Migrationspolitik entlang einer West-Ost-Achse gespalten.[475] Zum anderen belastet die in Kapitel 3 beschriebene ungelöste Euro-Krise das Verhältnis zwischen den nördlichen und südlichen Mitgliedern der Gemeinschaftswährung.

Ein strategischer Fehler der EU war es, auf die Währungsunion als Hauptinstrument zur Vertiefung zu setzen. Die fehlende wirtschaftliche Konvergenz hatte zerstörerische Folgen für die Wirtschaft des Südens. Schlechte Erfahrungen mit Finanzausgleichssystemen in einzelnen EU-Ländern wie Deutschland, Italien, Spanien und Belgien werden aber trotzdem wahrscheinlich nicht verhindern, dass auch EU-übergreifend noch mehr Umverteilungssysteme etabliert werden. Dadurch werden auch die starken Mitgliedsländer massiv belastet, während die schwäche-

---

[473] Zitiert nach Peter Scholl-Latour, *Russland im Zangengriff*, Berlin (2007) 9. Aufl. 2011, S. 31.

[474] Man kann ihn allerdings nicht mehr fragen, ob er das ehrlich gemeint hat.

[475] https://www.huffingtonpost.de/2015/12/17/zeichen-europa-fluchtlingsfrage-bruch_n_8831650.html

ren Anreize erhalten, sich im Transfersystem einzurichten, ähnlich wie es in den deutschen Bundesländern Bremen und Berlin, auf Sizilien oder in der Extremadura heute schon der Fall ist.

Die permanente Ausweitung der Transfer- und Bürgschaftssysteme wird auch den Norden auf Dauer ökonomisch überfordern. Die aufgelaufenen Schulden sind ein Pulverfass. Die Frage ist, ob die EU sich doch noch zu einer Umkehr durchringen kann, in dem sie sich wieder auf den Subsidiaritätsgedanken der Maastrichter Verträge besinnt.

Ein Europa verschiedener Geschwindigkeiten wäre möglicherweise einfacher zu steuern. Entsprechende Konzepte wurden schon Anfang der 1990er-Jahre im Schäuble-Lamers-Papier vorgebracht.[476]

Während die USA und China in der Lage sind, ihre politische Macht im Interesse der eigenen Unternehmen einzusetzen. fehlt der europäischen Wirtschaft oft jede nennenswerte politische Unterstützung, was sich nachteilhaft auswirkt, wenn andere Staaten sich nicht an die Regeln des freien Wettbewerbs halten. Es spricht daher auch einige ökonomische Argumente für eine gestärkte EU, die von den mächtigen Staaten der Welt respektiert wird. Dafür müsste sich die EU aber auch von den Vereinigten Staaten und der Dominanz des US-Dollars emanzipieren. Gewisse Ansätze lassen sich den jüngsten Aussagen des Bundesaußenministers Heiko Maas entnehmen.[477] Bis zur Umsetzung dieser Pläne ist es aber ein weiter Weg.

Vielleicht handelt es sich bei der Vorstellung von einer einigen und gut organisierten EU auch um eine Illusion. Der CSU-Politiker Peter Gauweiler vertritt jedenfalls die These, dass Europa sich lieber die Schweiz als Vorbild nehmen sollte, anstatt Weltmachtträume zu verfolgen.[478]

Ein Wohlstandsvergleich mit der EU spricht klar für das Schweizer Modell. Anderseits darf nicht vergessen werden, dass sich die kleine Schweiz nicht wehren konnte, als die Vereinigten Staaten den dortigen Finanzplatz vor einigen Jahren durch Klagen gegen Schweizer Banken und deren Ma-

---

[476] http://www.bundesfinanzministerium.de/Content/DE/Downloads/schaeuble-lamers-papier-1994.pdf?__blob=publicationFile&v=1

[477] Heiko Maas, in Handelsblatt vom 21. August 2018, *Wir lassen nicht zu, dass die USA über unsere Köpfe hinweg handeln*, online verfügbar unter https://www.handelsblatt.com/meinung/gastbeitraege/gastkommentar-wir-lassen-nicht-zu-dass-die-usa-ueber-unsere-koepfe-hinweg-handeln/22933006.html?ticket=ST-3943041-ecau44FUFcl49N4ipiia-ap3

[478] http://www.faz.net/aktuell/feuilleton/welches-europa-wollen-wir-gauweiler-europa-wird-nie-weltmacht-11840024.html

nager zusammengestutzt haben.[479] Eine wichtige Rolle spielt dabei auch die Steuergesetzgebung FATCA[480], mit der das Bankgeheimnis ausgehebelt worden ist.[481] Vordergründig ging es um den Kampf gegen Steuerhinterziehung. Allerdings befinden sich auch in den USA (und Europa) diverse Steueroasen.[482] Letztlich handelt es sich auch hier um ein Schlachtfeld im Kampf ums Geld.

Insgesamt spricht einiges dafür, dass Europa regional der große relative Verlierer der künftigen Wirtschaftsentwicklung sein wird. Unter dem Strich ist Europa ein an Bedeutung verlierender Kontinent, der noch recht gut vom Glanz und den Reserven vergangener Tage zehrt. Man könnte in Analogie zum Osmanischen Reich vor 100 Jahren als „krankem Mann vom Bosporus" etwas zynisch von der „alten Frau am Nordatlantik" sprechen. Die Reserven bieten den europäischen Staaten und Institutionen noch ein kleines Zeitfenster für ein unerwartetes Comeback. Dafür müsste die EU müsste sich aber politisch emanzipieren und grundlegende Reformen durchführen. Wahrscheinlicher ist es, dass die EU in ihrer jetzigen Form unter der Last der Probleme zusammenbrechen wird. Anleger sollten den Kontinent[483] daher im Rahmen der persönlichen Asset Allocation untergewichten.

## 5.8 Russland im Zangengriff

Russland ist als sogenannte „Fortsetzerstaat" der Sowjetunion in internationalen Organisationen, als Atommacht und ständiges Mitglied des Weltsicherheitsrates eine Großmacht. Die russische Föderation (Russland) ist ein föderativer Staat im nordöstlichen Eurasien und mit etwa 17 Millionen

---

[479] https://www.tagesanzeiger.ch/schweiz/standard/USJustiz-verklagt-Bank-Wegelin/story/25658973

[480] Der Foreign Account Tax Compliance Act („FATCA"), ein im Jahr 2010 in Kraft getretenes US-Gesetz, verpflichtet in den USA steuerpflichtige Personen und Unternehmen mit (Wohn-)Sitz außerhalb der USA zur Mitteilung steuererheblicher Daten, insbesondere von Auslandskonten gegenüber den US-Steuerbehörden.

[481] https://www.swissinfo.ch/ger/politik/steuertransparenz_fatca-vertrag-beerdigt-das-bankgeheimnis/35936542

[482] https://www.tagesanzeiger.ch/wirtschaft/die-usa-sind-die-neue-schweiz/story/28745281

[483] Auch europäische Nicht-EU-Staaten werden sich aufgrund der wirtschaftlichen Verflechtungen mit der EU schwer von deren Problemen abkoppeln können.

Quadratkilometern flächenmäßig der größte Staat der Erde. Russland umfasst mehr als ein Achtel der bewohnten Landmasse der Erde und steht 1917 und hat 144 Millionen Einwohnern (2017). Aufgrund seiner geographischen Lage kontrolliert das Land einen Großteil der eurasischen Landmasse und ist für Europa wie für Ostasien von großer Bedeutung. Allerdings sind weite Teile Sibiriens nur dünn besiedelt. Russland verfügt über einige Häfen, hat aber nur eingeschränkten Warmwasserzugang.

Russland erwirtschaftet ein BIP in Höhe von US-Dollar 1,5 Billionen und ist nach Kaufkraftparität sechstgrößte Volkswirtschaft der Welt. Das Land geriet nach dem Ende des kalten Krieges in eine schwere wirtschaftliche Krise, hat sich seitdem aber weitgehend erholt. Eine Folge der Krise war ein Einbruch der Geburtenrate und ein Absinken der Lebenserwartung. Aber auch die demographische Situation hat sich mittlerweile wieder weitgehend stabilisiert.

Russland ist ein entwickeltes Industrie- und Agrarland. Wichtige Wirtschaftszweige des Landes sind der Maschinenbau, die Weltraum- und Militärtechnologie, die Eisen- und Nichteisenmetallverarbeitung sowie auch die chemische und petrolchemische Industrie sowie die Holz-, Leicht- und Nahrungsmittelindustrie. Der Abstand zur westlichen Konkurrenz ist allerdings in vielen Bereichen nach wie vor groß und in vielen Bereichen besteht Modernisierungsbedarf. Das Land ist aber vor allem ein Rohstoffgigant. In Russland befinden sich 16 Prozent aller mineralischen Naturressourcen der Welt, davon 32 Prozent aller Erdgasvorräte und 12 Prozent aller Erdölvorräte. Zu den wichtigsten Abnehmern zählen die EU und China. Deutschland wird über die Ostseepipeline Nordstream direkt mit russischem Gas beliefert. Daraus erwächst Russland ein politischer Hebel gegenüber den Abnehmern.

Die russischen Staatsfinanzen sind sehr solide, die Staatsverschuldung betrug 2016 nur 17 Prozent des BIP, bei zugleich wie erwähnt gewaltigen Rohstoffreserven. Dabei ist die Besteuerung für Unternehmen und Bürger in Russland sehr moderat Der Spitzensteuersatz der persönlichen Einkommensteuer beläuft sich auf 13 Prozent. Das russische Bildungssystem steht im internationalen Vergleich gut dar. Im PISA-Ranking von 2015 erreichten russische Schüler Plätze im oberen Drittel. In einigen Bereichen erreicht das Land auch technologische Spitzenleistungen, vor allem in der Weltraumtechnologie und im militärischen Bereich.

Innenpolitisch ist Russland stabil, Präsident Putin uns seine Partei erreichen regelmäßig deutliche politische Mehrheiten. Russland muss sich dafür außenpolitisch gegenüber dem Westen, dem Islam und China behaupten.[484] Das Land sieht sich vom Westen durch die Ausdehnung der NATO und vom Osten durch den Bevölkerungsreichtum Chinas bedroht.[485]

Russland hat das Potenzial, sich im Rahmen einer eurasischen Integration als politisch und ökonomisch mächtiges Bindeglied des Großkontinents zu positionieren.[486] Über seine Rohstofflieferungen hat Russland einen starken politischen Hebel gegenüber den Abnehmern in Europa und zunehmend auch in Ostasien. Die Atommacht befindet sich aber seit einigen Jahren im Konflikt mit den Vereinigten Staaten. Im Kontext des Ukrainekonfliktes verhängten die USA und die EU Wirtschaftssanktionen gegen das Land. In der Folge hat sich Russland außenpolitisch enger an China angelehnt, ist aber darauf bedacht, auch gegenüber der Volksrepublik seine Unabhängigkeit zu wahren.[487]

Der Konflikt in Syrien hat gezeigt, dass sich Russland militärisch zu behaupten vermag. Die Investitionsmöglichkeiten in Russland sind außerhalb des Rohstoffsektors für ausländische Privatanleger relativ begrenzt.

## 5.9 Japan, mit Robotern aus dem Schuldensumpf?

Japan hatte wirtschaftlich seine bisher erfolgreichste Zeit in den 1980er-Jahren, als es von den Vereinigten Staaten als ernsthafte Bedrohung wahrgenommen worden ist. ist ein aus zahlreichen Inseln bestehender ostasiatischer Staat im Pazifik, der – jeweils unterbrochen durch Wasser – im Norden an Russland, im Nordwesten an die Volksrepublik China, im Westen an Nordkorea und Südkorea und im Südwesten an die Republik China (Taiwan) grenzt und flächenmäßig der viertgrößte Inselstaat der Welt ist. Allerdings sind Dreiviertel der japanischen Landfläche, insbesondere die Bergregionen im Landesinneren, nicht bewohnbar und nur 13

---

[484] Peter Scholl-Latour (2007). Der Titel des Scholl-Latour-Buches *„Russland im Zangengriff“* stand auch Pate für die Kapitelüberschrift.

[485] Tim Marshall (2015), S. 20.

[486] Glenn Diesen (2018).

[487] ebd.

Prozent für Landwirtschaft geeignet.[488] Entsprechend sind die bewohnbaren Küstenregionen überbevölkert.

Japan öffnete sich erst 1858 auf Druck westlicher Staaten dem internationalen Handel.[489] Ende des 19. Jahrhunderts begann langsam die Industrialisierung Japans. Die Industrialisierung war dringend nötig um das Handelsbilanzdefizit auszugleichen, das sehr schnell durch die ungleichen Verträge mit den westlichen Handelspartnern entstanden war. Im Jahr 1872 wurde die erste Eisenbahnstrecke eröffnet. Ab 1885 wurde ein flächendeckendes Telegrafennetz eingerichtet. Danach begann ein beeindruckender wirtschaftlicher Aufstieg des Landes. Heute ist Japan der drittgrößte Industriestaat der Welt. Im Jahr 2014 betrug das Bruttoinlandsprodukt 4.602,4 Mrd. US-Dollar.

Eine große Herausforderung stellt für Japan die demographische Situation dar. Die Geburtenrate ist mit weniger als 1,4 Kindern pro Frau seit Jahren noch niedriger als in vielen europäischen Ländern. Entsprechend schrumpft die Bevölkerung seit 2005. Die Einwohnerzahl von ca. 127 Mio. soll in den nächsten 30 Jahren Prognosen zufolge unter 100 Millionen sinken. Diese schrumpfende und alternde Bevölkerung soll künftig die hohen Staatsschulden tragen. Viele junge Menschen geben bei Befragungen an, dass sie gar kein Interesse an einer Familiengründung haben. Gleichzeitig verweigert sich das Land jedweder Einwanderung von Ausländern, auch auf der Ebene der Fachkräfte. Die japanische Politik setzt stattdessen darauf, dass künftig Roboter viele menschliche Arbeiten verrichten werden.[490]

Japan beheimatet als hochentwickeltes Industrieland eine Vielzahl an führenden Technologieunternehmen, unter anderem im Bereich der Robotertechnologie. Das Land verfügt über ein exzellentes Bildungssystem, das bei internationalen Vergleichsstudien regelmäßig hervorragend abschneidet. Die Arbeitskräfte gelten als besonders leistungsfähig. Aufgrund der kulturellen Homogenität der Bevölkerung gibt es nur wenige Spannungen und internen Konflikte. Generell basiert die homogene japanische Gesellschaft auf einer Konsenskultur. Das kommt auch darin zum Ausdruck, dass politische Veränderungen selten sind und das Land seit 1945 fast ununterbrochen von der Liberaldemokratischen Partei regiert wird, die ihrerseits von einer Handvoll politischer Dynastien geprägt ist.

---

[488] Tim Marshall (2015)., S. 231.

[489] Mikiso Hane, *Modern Japan: A Historical Survey*, 2. Aufl. 1992, Boulder S. 84.

[490] https://www.welt.de/wirtschaft/article146124455/Roboter-pflegen-Alte-billiger-und-unmenschlicher.html

Japan leidet wirtschaftlich bis heute unter den Folgen des Zusammenbruchs der Aktien- und Immobilienmärkte nach dem Boom der 1980er- und frühen 1990er-Jahre. In der Folge wurde eine astronomisch hohe Staatsverschuldung von 234 Prozent des Bruttoinlandsproduktes aufgebaut[491], die allerdings fast ausschließlich von Inländern finanziert worden ist.

Außerdem verfolgt die Bank of Japan selbst im Vergleich zur FED und der EZB eine besonders lockere Geldpolitik. Die Politik der Staatsdefizite in Kombination mit einer lockeren Geldpolitik erreichte unter Premierminister Abe ihren vorläufigen Höhepunkt.[492] Die wiederholten Versuche, über Zinssenkungen und umfangreiche Anleihekäufe die japanische Konjunktur wieder anzukurbeln, sind allerdings gescheitert. Die Bank of Japan hat sogar seit einigen Jahren in erheblichem Umfang Aktien gekauft, um die Kapitalmärkte zu stabilisieren und die wirtschaftliche Entwicklung zu stimulieren.[493]

Japan verfügt kaum über Rohstoffvorkommen und ist entsprechend auf Importe angewiesen. Japan verbraucht so viel verflüssigtes Erdgas wie kein anderes Land, ist der zweitgrößte Kohle- und der drittgrößte Erdöl-Importeur. Aus diesem Grund hat die politische Führung auch frühzeitig und umfassend auf Atomenergie gesetzt, um seinen Strombedarf zu decken und fördert zusätzlich alternative Energien. Die Politik übt auch in anderen Wirtschaftsbereichen für eine Demokratie großen Einfluss auf die Wirtschaft aus. Japan erhebt in vielen Branchen vergleichsweise hohe Zölle und setzt zur Förderung der eigenen Wirtschaft auch auf nichttarifäre Handelshemmnisse.

Außenpolitisch ist Japan stark an die USA angebunden. Das Land hat ab 1945 einen pazifistischen Kurs verfolgt und sein eigenes Militär auf ein Minimum reduziert. Die Vereinigten Staaten unterhalten in Japan eine große Militärpräsenz, vor allem auf der strategisch wichtigen Insel Okinawa. Seit einigen Jahren sind aber japanische Tendenzen erkennbar, die militärische Zurückhaltung aufzugeben und wieder eine aktivere

---

491 https://de.statista.com/statistik/daten/studie/152666/umfrage/staatsverschuldung-japans-in-relation-zum-bruttoinlandsprodukt-bip/

492 Michael Berkholz: *Abenomics Definition – wenn Japan massenhaft Geld druckt*, 2013. URL: http://www.gevestor.de/details/abenomics-definition-wenn-japan-massenhaft-geld-druckt-651291.html

493 Min Jeong Lee und Toshiro Hasegawa, *The Bank of Japan Steps up with Record Buys of Local Stocks*, 2018, https://www.bloomberg.com/news/articles/2018-04-03/the-tokyo-whale-steps-up-with-record-purchases-of-japan-s-stocks

weltpolitische Rolle zu spielen.[494] Japans Beziehungen zu den nahegelegenen Großmächten China und Russland sind aufgrund der Vergangenheit und wegen Territorialstreitigkeiten ohnehin nicht konfliktfrei.

Vor allem aufgrund der Kombination aus hohen Schulden und einer schwierigen Demographie gibt es gute Gründe, Japan bei einer strategischen Verteilung des Vermögens eher unterzugewichten. Dennoch gibt es Analysten wie George Friedman, die Japan nach wie vor als potenzielle Großmacht ansehen.

## 5.10 Indien, zwischen Slums und Moderne

Indien ist ein Koloss der Kontraste. Der südasiatische Staat grenzt im Norden an das Gebirgsmassiv und ist im Süden vom Indischen Ozean umgeben. Diese geographische Lage ist sowohl für den Seeweg als auch für kontinentale Verbindung auf der eurasischen Landmasse von strategischer Bedeutung. Im Westen und Osten grenzt das überwiegend hinduistische Indien an die islamischen Staaten Pakistan und Bangladesch. Diese Staaten wurden erst in den 1970er-Jahren von Indien unabhängig, insbesondere die Beziehung zu Pakistan war seither von Konflikten geprägt. Demographisch leidet Indien anders als die meisten großen Länder unter einem Geburtenüberschuss. Der indische Staat ist mit über 1,3 Milliarden Einwohnern das zweitbevölkerungsreichste Land der Erde und wird China in wenigen Jahren aufgrund der wesentlich höheren Geburtenrate sogar überholen. Das Bruttoinlandsprodukt des Landes belief sich 2016 laut Weltbank 2.251 Mrd. US-Dollar (weltweit Rang 9), das nominale BIP pro Kopf betrug etwa 1.723 US-Dollar. Die realen Wachstumsraten der Wirtschaft liegen seit Jahre deutlich über 5 Prozent p.a.

Indien verfügt abgesehen von Kohle und Eisenerz nur über unwesentliche Rohstoffvorkommen. Das Land ist unter anderem auf Öl- und Gasimporte angewiesen. Zu den wichtigsten Lieferanten zählt unter anderem Iran. Die indische Infrastruktur befindet sich bis heute in einem katastrophalen Zustand. Auch ist die Gesellschaft ist bis heute stark vom ineffizienten, hierarchischen Kastensystem geprägt. Weite Teile der Gesellschaft haben keinen Zugang zu Bildung und Wohlstand. Während es in Indien 2017 über 104 Milliardäre gab (Platz 4 hinter den USA, China und Deutschland,

---

494 Tim Marshall (2015)., S. 234.

lebten über 20 Prozent der Bevölkerung in extremer Armut. Obwohl weite Teile des Landes und seiner Bevölkerung noch unterentwickelt sind, ist Indien Heimat einiger Weltkonzerne wie Tata, Reliance und Mittal Steel sowie zahlreicher innovativer Technologieunternehmen. Trotz im Durchschnitt desaströser PISA-Ergebnisse der beiden teilnehmenden indischen Bundesstaaten verfügt Indien über einige exzellente Schulen und Universitäten und eine hervorragend gebildete Elite. Aufgrund der britischen Kolonialzeit ist Englisch bis heute Amtssprache.

Indien ist insgesamt eine für seine Größe, Entwicklungsstufe und seine in Kasten, Religionen und viele Sprachen zersplitterte Gesellschaft bemerkenswert stabile Demokratie mit einem funktionierenden Rechtssystem. Allerdings wurde das politische System immer wieder von Korruptionsskandalen heimgesucht. Auch das Kastensystem gilt als Behinderung. Außenpolitisch ist Indien, abgesehen von einigen Grenzkonflikten, vor allem mit Pakistan, primär auf sich selbst bezogen.

Das Land ist dennoch aufgrund seiner Größe und Bevölkerungszahl ein geopolitisches Schwergewicht. Strategisch war das Land stets auf seine Unabhängigkeit bedacht und gehörte in den 1970er-Jahren den blockfreien Staaten an. Auch gegenwärtig versucht sich Indien weder vom Westen noch von China oder Russland vollständig vereinnahmen zu lassen. Das Land unterhält nach wie vor enge Verbindungen zur ehemaligen Kolonialmacht Großbritannien sowie zu den Vereinigten Staaten. Gleichzeitig hat sich das Land aber auch als Teil der BRICS-Familie an einigen von China initiierten strategischen Projekten der New Development Bank beteiligt. Indien hat sich auch den wieder aufgenommenen Iran-Sanktionen der Trump-Regierung verweigert. Die Asia Times zitiert den indischen Außenminister Sushma Swaraj nach einem Treffen mit seinem iranischen Amtskollegen Mohammad Javad Zarif Anfang Juni 2018 in New Delhi mit den Worten *“Our foreign policy is not made under pressure from other countries ... We recognize UN sanctions and not country-specific sanctions. We didn’t follow US sanctions on previous occasions either.“*[495]

Trotz einer 1991 begonnenen Liberalisierung der Wirtschaft sind die Industrie und der Bankensektor bis heute häufigen staatlichen Eingriffen und langsamen politischen Entscheidungsprozessen ausgesetzt. Insbesondere die indischen Kapitalmärkte sind bis heute nicht vollständig frei, Während indische Unternehmen wie Tata zahlreiche Auslandsakquisitionen getätigt haben, unterliegen ausländische Investitionen in die indische

[495] http://www.atimes.com/article/why-india-is-ignoring-us-sanctions-and-sticking-with-iran/

Wirtschaft relativ strengen Regulierungen. Indische Unternehmen haben aufgrund des Bankensystems oft Schwierigkeiten, an Fremdfinanzierungen zu gelangen. Im Gegensatz zu anderen asiatischen Staaten hat sich Indien nie als Niedrigsteuerstandort positioniert.

Das hohes Wachstum, die Innovationskraft, der große Binnenmarkt und zahlreiche gut ausgebildete Arbeitskräfte machen Indien durchaus zu einem attraktiven Investitionsziel. Das Land hat aber angesichts der statistischen Daten noch eine sehr lange wirtschaftliche Aufholjagd vor sich. Anleger können relativ problemlos Aktien von börsennotierten indischen Unternehmen oder Fondsanteile erwerben. Direktinvestitionen sollten Anleger aber von vorneherein ausschließen, wenn sich nicht über exzellente lokale Sachkenntnis und Kontakte verfügen.

# 6 Renditejagd in der Nullzinswelt, die schwierige Auswahl der Anlageklassen

## Wichtige Fragen für Investoren

- Sind Renditen und Kursschwankungen der Vergangenheit ein guter Indikator für künftige Renditen und Risiken?
- Welche Vorteile bietet noch eine Diversifikation des Portfolios?
- Welche Anlageklassen sind unbedingt zu meiden?
- Ist eine sachwertorientierte Anlagestrategie zu bevorzugen?
- Sind die Aktienmärkte fundamental überwertet?
- Wie wirkt sich Geldentwertung auf Sachwertpreise aus?
- Ist der Immobilienboom bald vorbei?
- Sind im Immobilienbereich direkte oder indirekte Anlagen zu favorisieren?
- Wie können Anleger in Private Equity und Venture Capital investieren?
- Bieten Edelmetalle Schutz vor Inflation und Krisen?
- Welche Chancen bieten exotische Investments wie Kunst und Oldtimer?

# 6.1 Risiko, Rendite und Diversifikation

Auch für Privatanleger sind die meisten Finanzprodukte auf dem Kapitalmarkt frei zugänglich und handelbar. Die Bandbreite der Produkte reicht von den einfacheren und klassischen Anlageinstrumenten wie Sparkonten, Aktien und Anleihen etc. bis hin zu exotischen und komplexen Anlageformen wie Derivaten und Hedgefonds. Diese Produktvielfalt auf dem Kapitalmarkt ist enorm und für den Privatanleger kaum durchschaubar. verschiedenen Produkte sind aufgrund ihrer unterschiedlichen Eigenschaften schwer miteinander zu vergleichen sind. Oft gleicht die Qual der Wahl zudem eher einer Wahl der Qual.

Als Vergleichskriterien zwischen den Anlagen dienen Investoren die Kriterien Rendite, Risiko und Liquidität, die gemeinsam auch als das magische Dreieck der Vermögensanlage bezeichnet werden.

Für die Mehrzahl der Anleger haben dabei Risiko und Rendite eine größere Bedeutung als die Liquidität der einzelnen Anlagen. Die relative Bedeutung der einzelnen Kriterien hängt im Übrigen für den einzelnen Investor von seiner individuellen Vermögens- und Einkommenssituation, seinem zeitlichen Planungshorizont und seiner subjektiven Risikoneigung ab. Privatanleger können auf Grundlage dieser Kriterien und anhand ihren individuellen Präferenzen jegliche Kapitalanlagen unterscheiden, da jede Anlage die drei genannten Kriterien auf eine anderen Art und Weise erfüllt.[496]

Unter Rendite ist das erzielte Ergebnis einer Investition in Relation zum eingesetzten Kapital zu verstehen, wobei sich das Ergebnis aus den laufenden Erträgen und einem (erwarteten) Wertzuwachs oder -verlust zusammensetzt. Unter Risiko wird gemeinhin die durchschnittliche Abweichung der tatsächlichen Rendite von der (ursprünglich) erwarteten Rendite verstanden.

Der Wirtschaftsnobelpreisträger George Best hat die Vorteile einer Verteilung des Vermögens einleuchtend anhand seiner persönlichen Strategie

---

[496] Klaus Spremann, *Portfoliomanagement.* 4., überarbeitete Aufl., München (2008), S. 4.

erklärt *„Ich habe viel von meinem Geld für Alkohol, Frauen und schnelle Autos ausgegeben ... Den Rest habe ich einfach verprasst."*[497]

Harry Markowitz erkannte in seiner Portfolio Selection Theory ebenfalls die ökonomischen Vorteile einer Diversifikation der Anlagen.[498] Bis heute ist die Diversifikation des Portfolios nach Wirtschaftsräumen, Branchen, Währungen und Anlageklassen das vorherrschende Prinzip in Theorie und Praxis vor allem im Bereich der Aktieninvestments.

Die Finanzkrise zeigte zwar, dass der Diversifikationseffekt in Krisenzeiten weniger hilft, weil dann viele Anlagen gleichzeitig im Wert sinken. Das gilt mittlerweile sogar bei globaler Streuung, da sich aufgrund der Globalisierung immer stärkere Interdependenzen zwischen den Kapitalmärkten haben. Der Grundgedanke, durch eine Streuung des Vermögens ein besseres Anlageergebnis zu erzielen, bleibt aber richtig, solange es keine perfekte, also hundertprozentige Korrelation der Wertentwicklung verschiedener Anlagen gibt.[499] Das Vermögen sollte nicht nur innerhalb einer Anlageklasse gestreut, sondern vor allem auch auf verschiedene Anlageklassen verteilt werden.

Aus Anlegersicht ist es von essentieller Bedeutung, auch eine geographische Streuung der Anlagen vorzunehmen. Diese eigentlich triviale Erkenntnis ist deswegen erwähnenswert, weil sehr viele Anleger einem „Home bias" unterliegen.[500] Das bedeutet, dass sie den Großteil ihres Vermögens im eigenen Land investieren, unabhängig vom Chancen-und-Risikoprofil. Zumindest im Bereich des liquiden Vermögens ist es aber sinnvoll, einen Teil global zu streuen.[501] Die geopolitische Analyse in Kapitel 5 hat auch gezeigt, dass es fundamentale Gründe dafür gibt, keine

---

[497] Dabei handelt es sich um einer kleinen Scherz, George Best war natürlich Fußballspieler.

[498] Harry Markowitz. (1952): *Portfolio Selection*, in: Journal of Finance, 7. Jg., S. 77-91. Harry Markowitz hat den Preis wirklich (im Jahr 1990) verliehen bekommen.

[499] Harry Markowitz, Mark Hebner und Mary E. Brunson (2012), *Does Portfolio Theorie Work During Financial Crises?,* online https://www.ifa.com/pdfs/does-portfolio-theory-work-during-financial-crises.pdf

[500] Eine einfache Erklärung des Begriffs und Problems online http://www.faz.net/aktuell/finanzen/geldanlage-trotz-niedrigzinsen/home-bias-patriotismus-kostet-geld-14591051.html

[501] So zum Beispiel das Ergebnis einer umfangreichen Analyse des Fondshauses Vanguard, online https://www.vanguard.com/pdf/ISGGEB.pdf

Gleichverteilung vorzunehmen, sondern einzelnen Länder und Regionen über- bzw. unterzugewichten.

Die größten Wachstumsperspektive weisen die asiatischen Länder auf. Auch die Vereinigten Staaten sind trotz der geostrategischen Herausforderungen, der unübersichtlichen innenpolitischen Entwicklungen und der desolaten Haushaltslage noch lange nicht abzuschreiben. Die Vereinigten Staaten verfügen über einen großen Binnenmarkt, eine hohe Kaufkraft und zahlreiche politische Hebel. Besondere Vorsicht ist für Europa geboten, aufgrund der anhaltenden Eurokrise, der hohen Staatverschuldung, wegen Demographie und Migration. Die Wirtschaftsdaten und -perspektiven in vielen Regionen sind entsprechend unterdurchschnittlich.

Eine weitere wichtige Einschränkung ist hinsichtlich des Diversifikationskonzeptes vorzunehmen. Das Konzept basiert auf der Vorstellung von einem Anleger, der ein vorhandenes Vermögen bei gegebenem Risiko vermehren möchte. Wenn ein Mensch mit sehr begrenzten vorhandenen Mitteln nach großem Wohlstand strebt, wird er mit einem diversifizierten Portfolio nicht weit kommen. Der legendäre Aktienspekulant André Kostolany sagte vor vielen Jahren: *„Wer viel Geld hat, kann spekulieren, wer wenig Geld hat, darf nicht spekulieren, wer kein Geld hat, muss spekulieren.“*[502]

Die meisten großen Self-made-Vermögen konnten daher nur entstehen, weil die betreffenden Personen bereit waren, sehr große Risiken einzuhegen. Auch Warren Buffets Investment-Portfolio war am Anfang alles andere als perfekt diversifiziert. Der legendäre Investor soll sogar gesagt haben, dass *„Diversifikation überflüssig sei, wenn man wisse, was man tue.“* Auch Unternehmerpersönlichkeiten wie Bill Gates mussten alles auf eine Karte setzen, um ihr unternehmerisches Vermögen aufzubauen. Aus demselben Grund sollten Privatanleger auch den Einsatz von Fremdkapital nicht grundsätzlich ausschließen.

Viele Immobilienspekulanten wie der heutige US-Präsident Donald Trump sind durch Einsatz von „Leverage“ zu Reichtum gelangt. Allerdings empfiehlt es sich, nach Möglichkeit die persönliche Haftung zu begrenzen, zum Beispiel durch Zwischenschaltung von Kapitalgesellschaften. Diese Option steht aber nicht immer allen Anlegern zu angemessenen Kosten offen. Die Rendite-Risiko-Strategie eines Anlegers ist also stets individuell festzulegen.

---

[502] http://img.boersenverlag.de/reports/kostolany-web.pdf

Tab. 7: Strategische Position der wichtigsten Staaten(-gemeinschaften)[503]

| **Finanzmacht** | USA | China | EU | Russland | Indien |
|---|---|---|---|---|---|
| Finanzmacht | ***** | *** | *** | * | * |
| Demographie[504] | **** | ** | ** | ** | *** |
| Bildung | *** | ***** | **** | **** | *** |
| Wirtschaft und Technologie | **** | **** | **** | ** | * |
| Autarkie allgemein | **** | *** | *** | ***** | ** |
| natürliche Ressourcen | **** | *** | ** | ***** | ** |
| Verschuldung und Defizite | * | ***** | ** | ***** | *** |
| politische Stabilität | **** | ***** | *** | ***** | ** |
| Militär | **** | *** | ** | **** | * |
| Soft Power | ***** | *** | ***** | ** | * |

## 6.2 Die praktischen Defizite ökonomischer Erklärungsmodelle

Die Analyse von Anlagerisiken und die Entwicklung von Strategien zur Verringerung des Risikos eines Anlageportfolios sind wesentliche Forschungsgegenstände der Finanztheorie. Die Idee der perfekten Ausbalancierung von Rendite und Risiko in der Vermögensanlage basiert im Wesentlichen auf einigen wissenschaftlichen Arbeiten, die im Wesentlichen in den 1960er-Jahren von den Vätern der der „modernen Finanztheorie"

---

[503] In der Tabelle werden auf Basis der Betrachtungen in Kapitel 5 die subjektiven Einschätzungen des Autors zusammengefasst. Fünf Sterne stellen jeweils das Optimum dar. Ein Investor sollte sich aber stets seine eigene Meinung bilden.

[504] Als wichtigstes Kriterium wird die Geburtenrate zugrunde gelegt (mit 2,1 Kindern pro Frau als Optimum), zusätzlich werden Faktoren wie die Migrations-, Renten- und Sozialpolitik berücksichtigt.

veröffentlicht worden sind. Diese Theorien bilden auch gewissermaßen das Fundament der professionellen Anlagepraxis.

In der modernen Finanztheorie wird der Zusammenhang von Risiken und Renditen im Capital Asset Pricing Modell (CAPM) formal ausgedrückt.[505]

Das von William Sharpe, John Lintner und Jan Mossin Mitte der 1960er-Jahre entwickelte CAPM ist das zentrale Modell für die Bewertung von Aktienmärkten und einzelnen Aktien bzw. Unternehmen.[506] Es handelt sich um ein auf Markowitz Theorie basierendes Kapitalmarktgleichgewichtsmodell, das die Portfoliotheorie um die Frage erweitert, welcher Teil des Gesamtrisikos eines Investitionsobjekts nicht durch Diversifikation zu beseitigen ist und erklärt, wie risikobehaftete Anlagemöglichkeiten wie z.B. Aktien am Kapitalmarkt bewertet werden.

Das CAPM unterscheidet dabei zwei Arten von Anlagerisiken, die systematischen Risiken und die unsystematische Risiken. Systematische Risiken werden von makroökonomischen bzw. politischen Einflüssen bestimmt. Wechselkurs- und Zinsentwicklungen und weitere Faktoren, die den Gesamtmarkt beeinflussen, zählen zu den systematischen Risiken. Diese Faktoren gestalten zu einem großen Teil die Preisentwicklungen der unterschiedlichen Anlageklassen insgesamt. Unsystematischen Risiken beziehen sich auf eine konkrete Einzelanlage.

So birgt zum Beispiel jede individuelle Aktienanlage das Risiko, das aufgrund von falschen Managemententscheidungen des Unternehmens Verluste entstehen. Unsystematische Risiken, können im Rahmen einer Portfoliobildung, also durch Diversifikation, eliminiert werden. Somit ist das Marktrisiko das einzige Risiko, dem der Anleger nicht ausweichen kann.

Um „risikobehaftete" Anlagen zu bewerten, muss zuerst einmal definiert werden, was eine „risikolose Anlage" ist. Basierend auf dem CAPM wird seit den 1960er-Jahren in der Theorie und Praxis der Geldanlage die zehnjährige festverzinsliche Staatsanleihe bester Bonität als beste Schätzung für den „risikolosen Zins" angesehen. Die Renditeerwartungen der Investoren an riskantere Anlageformen, wie zu Beispiel Aktien, orientierte sich an dieser „Benchmark".

---

505 Stellvertretend für viele gute Lehrbücher sei interessierten Lesern ein Standardwerk empfohlen, Richard Brealey, Stewart Myers und Franklin Allen, *Principles of Corporate Finance*, 11. Auflage (int. Ed.), Maidenhead (2013).

506 William Sharpe: *Capital Asset Prices: A Theory of Market Equilibrium under Conditions of Risk*, 1964, in: Journal of Finance, Seiten 425–44.

Eine riskantere Alternativanlage wie eine Aktie muss das höhere Risiko durch eine Mehrrendite angemessen kompensieren. Die meisten Analysten halten dabei eine Prämie von 5 bis 6 Prozent auf den risikolosen Zins für angemessen, weil laut empirischen Studien in der Vergangenheit ein diversifiziertes Aktienportfolio (z.B. ein Index wie der DAX oder der S&P 500) im langfristigen Vergleich gegenüber Anleihen eine Mehrrendite in dieser Größenordnung erbracht hat.[507] Diese Renditeerwartungen der Aktieninvestoren entsprechen im Marktgleichgewicht des Modells wiederum den Eigenkapitalkosten der Unternehmen.

Das CAPM postuliert im Ergebnis ein perfekt nachgebildetes Marktportfolio, dessen Risikoprofil für den Anleger nur über einen mehr oder weniger großen Fremdkapitaleinsatz variiert werden soll. Der konservative Millionär (das Vermögen betrage der Einfachheit halber exakt EUR 1 Mio.) investiert dieser Logik zufolge zum Beispiel EUR 200.000 seines Vermögens in einen globalen Aktienindexfonds und legt den Rest zum „risikolosen" Zinssatz an. Der besonders wagemutige Anleger leiht sich dagegen zum „risikolosen" Zins drei weitere Millionen und kauft dann für 4 Millionen Fondsanteile.

Dieses Konzept liefert auch die Basis für Anlageprodukte wie passive Fonds und Indexzertifikate, die lediglich ein breiteres Marktportfolio abbilden. Diese Produkte sind am Markt auch deswegen erfolgreich, weil nur die Minderheit der aktiv verwalteten Fonds und Vermögensverwalter auf Dauer eine bessere Rendite liefert als der Index, unter anderem aufgrund der Verwaltungskosten.

Eine lupenreine Anwendung dieses Ansatzes scheitert in der Praxis aber wie ausführlich beschrieben am Nichtvorhandensein eines risikolosen Zinses. Nicht einmal eine deutsche Staatsanleihe mit AAA-Rating kann vor dem Hintergrund der Verschuldungskennziffern und der Eurozonenproblematik beim besten Willen nicht als „risikolos" angesehen werden. Und selbst wenn der Zins risikolos wäre, könnte sich der normale Anleger nirgendwo Geld in beliebiger Höhe für etwa 0 Prozent leihen.

Die Modellwelt ignoriert zudem, dass wir uns nicht mehr in der relativ stabilen Welt des 20. Jahrhunderts befinden. Aufgrund der vielfältigen fundamentalen Veränderungen in Politik und Wissenschaft ergeben sich ständig bis dato völlig unerwartete neue Chancen und Risiken für den

---

507 Ausführliche historische Daten stellt z.B. die NYU zur Verfügung, https://view.office-apps.live.com/op/view.aspx?src=http%3A%2F%2Fwww.stern.nyu.edu%2F%257Eadamodar%2Fpc%2Fdatasets%2FhistretSP.xls

Anleger. Eine empirische Erkenntnis wie diejenige, dass Aktien im letzten Jahrhundert durchschnittlich 5 bis 6 Prozent p.a. mehr Rendite als Anleihen gebracht haben, hilft daher für eine zukunftsorientierte Betrachtung kaum weiter.

Falls der „risikolose Zins" eines Tages noch weiter unter die Nullzinslinie rutscht, könnten auch die Gesamtkapitalkosten eines Unternehmens negativ werden. Der Barwert künftiger Zahlungsüberschüsse wäre dann unendlich groß. Es ist evident, dass das gesamte CAPM dann keine Aussagekraft mehr hätte. Das CAPM unterstellt auch, dass sich alle Preise an den Finanzmärkten frei bilden. Eine Manipulation des Zinses durch die Zentralbanken ist im Model nicht vorgesehen. Dennoch wird sich auf absehbare Zeit auch die Anlagepraxis weiterhin am CAPM-Ansatz und dessen Weiterentwicklungen orientieren, weil die Theorie noch kein neues und besseres Modell entwickelt hat.

Auch die Informationseffizienz der Märkte kann kritisch hinterfragt werden. Die Hypothese effizienter Märkte geht auf den Chicago-Ökonomen Eugene Fama zurück. Fama definiert informationseffiziente Kapitalmärkte folgendermaßen: *"A market in which prices always 'fully reflect' available information is called 'efficient'.*"[508]

Wenn auf einem Kapitalmarkt strenge Informationseffizienz gilt, spiegelt der Marktpreis alle vorhandenen (also auch nichtöffentliche) Informationen wider. Das entspricht in der heutigen Finanzmärkten aber nicht der Realität. Vielmehr kommt es regelmäßig zum Missbrauch von Insiderinformationen durch Vorstände, Aufsichtsräte und Berater. Die Bandbreite reicht vom Insiderhandel des ehemaligen IG Metall-Chefs Franz Steinkühler[509] bis zur systematischen Manipulation des Libor-Satzes[510] und des Goldmarktes[511] durch Banken.

Auch Hedgefonds setzen gezielt Insiderinformationen bei ihren Transaktionen ein und versuchen immer wieder, Einfluss auf politische Entschei-

---

508 Eugene Fama, *EFFICIENT CAPITAL MARKETS: A REVIEW OF THEORY AND EMPIRICAL WORK*, in: Journal of Finance (1070), S. 383-417, online http://www.bu.edu/econ/files/2011/01/Fama1.pdf

509 https://www.focus.de/finanzen/news/steinkuehler-skandal-absetzen-und-rausschmeissen_aid_141407.html

510 https://www.zeit.de/wirtschaft/2012-08/libor-zinsen-manipulation-london

511 http://www.spiegel.de/wirtschaft/unternehmen/deutsche-bank-stimmt-weiterem-millionen-vergleich-zu-a-1190458.html

dungen zu nehmen, die sich auf Kapitalmarktbewertungen auswirken, wie sich zuletzt in der Griechenlandkrise gezeigt hat.

So informierte im Mai 2015 das EZB-Direktoriumsmitglied Benoît Coeuré bei einem Abendessen an einem Montagabend in London Vertretern von Hedgefonds und Investmentbanken über Details zu Änderungen im Anleihekauf-Programm. Es handelte sich um Informationen mit erheblicher Kursrelevanz, die erst am nächsten Tag der Allgemeinheit bekannt gegeben wurden.[512] Normale Anleger müssen also mit einem Informationsnachteil leben. Sie können aber trotzdem besondere Investitionschancen identifizieren und, vielleicht noch wichtiger, ihre Aufmerksamkeit auf vermeidbare Fehler und offensichtliche Risiken zu richten.

## 6.3 Renditeloses Risiko mit Anleihen

Wer sein Vermögen zu einem wesentlichen Teil in festverzinslichen Wertpapieren anlegt, begeht ist in der aktuellen Situation eine offensichtliche Torheit. Festverzinsliche Wertpapiere haben dem Investor nicht mehr als ein renditeloses Risiko zu bieten. Die Verzinsung der Anleihen kompensiert die Anleger fast nirgendwo auf der Welt auch nur für die Inflation und die Besteuerung der Kapitalerträge. Aufgrund der massiven Interventionen der Notenbanken in den vergangenen Jahren wurden die Anleiherenditen weit unter das angemessene Marktniveau gedrückt. Zusätzlich haben viele Geschäftsbanken große Anleihebestände aufgebaut, weil auf Staatsanleihen kein Eigenkapital vorgehalten werden muss. Die gedrückte Zinskurve ist das Ergebnis einer jahrelangen, globalen Marktmanipulation durch die Zentralbanken und den Regulator.

Am extremsten ist im Ergebnis wahrscheinlich die Fehlbewertung der Peripherieanleihen der Eurozone, also der Anleihen von Staaten wie Italien, Spanien oder Portugal, die aktuell 2 bis 3 Prozent Rendite abwerfen. Sollte das EZB-System das knapp 30 Prozent des Gesamtvolumens dieser Anleihen hält[513], eines Tages die Bestände abbauen, würden die Kurse schnell ins Bodenlose fallen.

Eine deutliche Erhöhung der Leitzinsen hätte ähnliche Folgen. Für die Peripherieanleihen kommt zusätzlich auch noch das Risiko hinzu, dass die

---

512 https://www.welt.de/wirtschaft/article141321616/Fuer-die-Maechtigen-der-EZB-gelten-andere-Gesetze.html

513 https://de.statista.com/statistik/daten/studie/427660/umfrage/bestand-des-erweiterten-anleihekaufprogramms-der-ezb/

Eurozone jederzeit auseinanderbrechen kann. Kräfte innerhalb der italienischen Lega-5 Sterne-Koalition fordern offen einen Austritt des Landes aus der Währungsunion. Währungsverluste und Zahlungsausfälle wären die mögliche Folge.

Die Schuldenstände der stabileren europäischen Staaten wie Deutschlands oder Niederlande sind zwar auf den ersten Blich solider, aber ebenfalls nicht nachhaltig tragbar. Insbesondere wenn auch versteckte Schulden wie die Pensionslasten der öffentlichen Hand, die gemeinschaftlichen Haftungssysteme und die demographische Situation berücksichtigt werden, wird die massive Überwertung erkennbar. Die negativen Renditen für kürzere Laufzeiten widersprechen dem gesunden Menschenverstand, weil jeder Staat pleitegehen kann und dann ceteris paribus das Bargeld zu präferieren wäre. US-Anleihen weisen aktuell den Vorteil einer etwas höheren Verzinsung auf. Sollte das Leitwährungsprivileg des US-Dollars eines Tages wegfallen, weil China den Petrodollar-Status angreift, wären aber erhebliche Währungsverluste für ausländische Anleger wahrscheinlich.

Kursphantasie für Staatsanleihen könnte sich allenfalls aus einer Wiederaufnahme bzw. nochmaligen Ausweitung des Quantitative Easing ergeben. Das wäre bei einer erneuten Verschärfung der Finanzkrise durchaus vorstellbar. Akademische Aufsätze, die eine Ausweitung der Negativzinspolitik diskutieren,[514] können durchaus als ein entsprechender Hinweis verstanden werden. Auf eine derartige Entwicklung zu spekulieren, wäre aber aus Privatanlegersicht brandgefährlich.

Auch die Preise von Unternehmensanleihen und Asset Backed Securities wurden durch die aggressiven Notenbanktransaktionen verfälscht. Zunächst profitierten Unternehmensanleihen nur indirekt von den Interventionen, weil die Staatsanleihekäufe den Markt für festverzinsliche Papiere insgesamt beeinflusst haben. Später waren Unternehmensanleihen selbst Gegenstand der zentralisierten Anleihekäufe. Ihre aktuellen Renditen sind ebenfalls nicht marktgerecht. Anleihen mit sehr guten Bonitäten werden kaum bis gar nicht oder sogar in Einzelfällen negativ verzinst. Hochzinsanleihen erzielen positive Renditen, die aber in keinem Verhältnis zum Ausfallrisiko stehen. Der deutsche Markt für Mittelstandsanleihen mag als warnendes Beispiel dienen. Die Liste der Ausfälle ist sehr lang.[515]

---

514 https://krugman.blogs.nytimes.com/2015/03/03/how-negative-can-rates-go/

515 http://www.manager-magazin.de/finanzen/artikel/quirin-bank-mittelstandsanleihen-enden-in-debakel-a-1075636.html

## 6.4 Spar- und Termineinlagen

Auch Spar- und Termineinlagen werden in der Eurozone gar nicht oder minimal verzinst. Die EZB verzinst die Einlagen der Geschäftsbanken mit einem Negativzins von minus 0,4 Prozent. Entsprechend können die Geschäftsbanken ihren Kunden keine attraktive Verzinsung bieten. Bei einer Preissteigerungsrate von fast 2 Prozent verliert der Anleger also sogar unter dem Strich Geld, wenn er sich für Spar- oder Termineinlagen entscheidet. Die Ausführungen zum Bankensystem haben zudem deutlich gemacht, dass von einer risikolosen Anlage auch nicht die Rede sein kann. Die Banken sind überwiegend schwach kapitalisiert und ihre Bilanzen bergen eine Vielzahl versteckter Risiken. Die Finanzkrise hat gezeigt, dass Probleme einzelner Institute auch schnell das gesamte Bankensystem betreffen.

Im Falle eines Wiederaufflammens der Bankenkrise wären aufgrund der gemeinsamen Geschäftsbeziehungen schnell alle Institute betroffen. Die Europäische Union hat deswegen bereits gesetzliche Vorkehrungen für einen Bail-in getroffen, die auch EU-weit in nationales Recht übertragen worden sind. Die verantwortlichen Politiker beteuern zwar, dass zumindest die ersten EUR 100.000 im Krisenfall „sicher“ wären. Aber welcher Sparer möchte sich im Falle des Falles darauf verlassen? Griechenland und Zypern sollten als Warnung dienen. Anleger sollten daher nur das erforderliche Liquiditätspolster mit möglichst kurzen Laufzeiten bei Banken vorhalten und dieses nach Möglichkeit auch noch auf mehrere Institute verteilen.

## 6.5 Immobilien, Betongoldboom ohne Ende?

Immobilien waren für viele deutsche Anleger in den letzten Jahren das Mittel der Wahl, um Geldvermögen in Sachwerte umzuschichten. Pensionskassen und Lebensversicherungen sind den Verlockungen des „Betongoldes“ ebenso erlegen wie viele Privatanleger. Auch viele ausländische Anleger, vor allem aus den Krisenländern Südeuropas, haben in deutsche Immobilien investiert, weil diese vermeintlich einen sicheren Hafen darstellen. In der Folge ist es in den letzten Jahren zu erheblichen Preissteigerungen gekommen, insbesondere in den größeren Ballungsräumen. Schon vor vier Jahren wurde daher in der Presse die Frage aufgeworfen, ob sich der Markt in einer kritischen Phase der Übertreibung befindet.[516]

Dennoch sind die Preise seither weiter gestiegen.[517] Im Vergleich zu Anleihen weisen viele Immobilien trotz der Preissteigerungen der letzten Jahre noch immer ein attraktives Risiko-Rendite-Profil aus. Mit Wohnimmobilen in Randlagen und Gewerbeimmobilien lassen noch Renditen von 4 bis 5 Prozent erzielen.

Durch Einsatz von Fremdkapital kann die Eigenkapitalrendite weiter gesteigert werden. Viele institutionelle Anleger haben zudem wenige Alternativen, weil regulatorische Vorschriften und interne Statuten die Anlage in riskanteren Anlageklassen strikt begrenzen und Anleihen keine angemessene Rendite mehr liefern. Daher ist mit weiteren Umschichtungen von Pensionskassen und Versorgungswerken in Immobilienanlagen zu rechnen.[518]

Der Charme der Immobilie liegt darin, dass sie Investoren über die Mieteinnahmen eine vergleichsweise sichere Rendite bietet. Immobilienwertsteigerungen hängen dagegen vor allem von der Lage des Objektes ab. Noch wichtiger ist allerdings die Entwicklung der Zinsen. Niedrige Zinsen reduzieren die Fremdfinanzierungskosten des Immobilieneigentümers. Er kann bei sinkenden Zinsen mehr für ein Objekt bezahlen, wodurch die Preise steigen. Da viele Immobilien langfristig zu festen Zinsen finanziert sind, dauert es allerdings immer einige Zeit, bis sich die Zinssenkungen vollständig auf die Immobilienpreise auswirken. Sollten die Zentralbanken ihre Zinspolitik ändern, könnten aber ähnlich wie ab 2008 in den USA und in Spanien viele verschuldete Investoren in Schwierigkeiten geraten. Ein Preiseinbruch wäre die Folge. Die Relationen von Kaufpreisen zu Mieten und Einkommen weisen darauf hin, dass sich auch in Deutschland aktuelle eine Immobilienblase aufbauen könnte.

Ein weiteres praktisches Risiko ergibt sich aus der geringen Liquidität der Assetklassse. Immobilien eignen sich aus Sicht des Staates für eine Substanzbesteuerung. Ein einfacheres Instrument ist die Grundsteuer. In

---

516 https://www.focus.de/immobilien/kaufen/kaufpreise-und-mieten-steigen-rasant-haeuser-im-preis-check-in-diesen-staedten-droht-eine-immobilienblase_id_3835155.html

517 http://www.spiegel.de/wirtschaft/service/immobilien-es-wird-noch-teurer-sagen-experten-a-1182919.html

518 https://www.welt.de/finanzen/immobilien/article123646213/Pensionskassen-stuerzen-sich-auf-Immobilien.html

Frankreich wurde diese in den vergangenen Jahren massiv erhöht, was erhebliche Preiseinbrüche zur Folge hatte. Entsprechende Vorschläge kursieren auch in den USA. So brachte die Chicago-FED in einem Arbeitspapier eine 30-jährige zusätzliche Grundsteuer von 1 Prozent ins Gespräch.[519]

Damit würden die Anleger um fast ein Drittel ihres Bruttoimmobilienvermögens enteignet. Auch in Deutschland ist für die Zukunft eine Grundsteuererhöhung zu erwarten, nachdem das Bundesverfassungsgericht eine Neuregelung des bestehenden ungerechten Systems angeordnet hat.[520] In Deutschland wurden nach dem Zweiten Weltkrieg Immobilien sogar mit Zwangshypotheken belegt.[521] Die Abschaffung der Einheitswerte und die breit angelegte Erfassung der Grundstückswerte mahnen zur Vorsicht.

Auch eine Erhöhung der Grunderwerbsteuer wirkt sich auf die Immobilienbewertung aus. Der Gesetzgeber hat bereits massiv die Grunderwerbsteuer angehoben. Statt 3,5 Prozent werden je nach Bundesland bis zu 6,5 Prozent auf den Kaufpreis fällig.[522] Auch die staatliche Regulierung stellt ein Risiko dar, insbesondere für den Teilmarkt der Wohnimmobilien. Teure Bau- und Modernisierungsvorschriften und Mietpreisbremsen schmälern die Rendite und bremsen den Preisanstieg. Darüber hinaus reguliert der Staat zunehmend die private Kreditvergabe.[523]

Ein weiterer wichtiger Aspekt für Privatanleger ist, dass die Verwaltung von Immobilien mit einem im Vergleich zu anderen Anlageformen hohen Arbeitsaufwand verbunden ist. Neuvermietung, laufende Betreuung, Instandhaltung und Abrechnung kosten entweder viel Zeit oder eine entsprechende Vergütung für einen Verwalter. Für viele Anleger ist es daher vorteilhafter, indirekten Immobilieninvestments den Vorzug gegenüber der Direktanlage zu geben. Zum einen entfällt der Arbeitsaufwand, zum anderen entfällt das Klumpenrisiko, das mit der Anlage in Einzelobjekten

---

[519] http://midwest.chicagofedblogs.org/?p=3096

[520] https://www.welt.de/finanzen/immobilien/article157533725/Wie-der-Staat-Mieter-und-Eigentuemer-abkassieren-will.html

[521] Grundlage war das Gesetz über den Lastenausgleich (Lastenausgleichsgesetz, LAG) vom 14. August 1952

[522] https://www.welt.de/finanzen/immobilien/article135240240/Hauskauf-wird-in-Deutschland-zum-Steuer-Albtraum.html

[523] http://www.faz.net/aktuell/finanzen/meine-finanzen/mieten-und-wohnen/neues-gesetz-fuer-immobilienkredit-erschwert-hauskauf-14272622.html

verbunden ist. Vielen Privathaushalten ist gar nicht bewusst, dass schon bei etwas Verschuldung ihr gesamtes Eigenkapital in selbstbewohnten Haus gebunden ist. Immobilien unterliegen zudem Wertschwankungen und sind wenig liquide. Der Verkaufsprozess dauert in Bestlagen mindestens 6 bis 8 Wochen, in Randlagen häufig ein ganzes Jahr und länger.

Eine Alternative ist daher die indirekte Anlage. Als Indirektes Immobilieninvestment kommen offenen und geschlossene Immobilienfonds sowie Immobilienaktien und Real Estate Investment Trusts („REITs") infrage. Bei REITs handelt es sich um spezialisierte Aktien, deren Erträge auf der Unternehmensebene steuerbegünstigt sind, sofern der Großteil der Gewinne (in der Regel mindestens 90Prozent) als Dividenden ausgeschüttet wird. REITs und anderer Immobilienaktien sind täglich über die Börse handelbar, unterliegen deswegen allerdings auch Kursschwankungen.[524]

Immobilienfondsanteile sind im Vergleich zu Aktien weniger liquide. Geschlossene Fonds sind wenn überhaupt nur mit großen Abschlägen am Sekundärmarkt zu verkaufen. Aber auch die Fungibilität offener Immobilienfonds ist mittlerweile, in Folge der Finanzkrise, gesetzlich eingeschränkt. Vor der Krise konnten Anleger offener Fonds die Anteile täglich zu einem festgelegten Kurs zurückgeben, wobei die Spanne zwischen Ankaufs- und Verkaufspreis in der Regel überschaubar war. Die Fonds haben dafür immer einen begrenzten Teil der Anlegergelder als liquide Mittel gehalten. Viele Fonds waren in der Finanzkrise aber von dem rapiden Anstieg der Rückgabewünsche überrascht. Etliche Anleger sorgten sich um einen weiteren Einbruch der Immobilienpreise. Zusätzlich benötigten viele Investoren aufgrund der Krise kurzfristig liquide Mittel und haben deshalb gerade auch die Anlagen liquidiert, deren Preise anfangs nur wenig nachgegeben haben. In der Folge mussten einige Immobilienfonds die Rückzahlungen aufgrund von Liquiditätsschwierigkeiten einstellen.

Für Käufe von offenen Immobilienfonds seit dem 22. Juli 2013 gilt in Deutschland laut § 255 Kapitalanlagegesetzbuch (KAGB), dass Anteilrückgaben erst nach Ablauf einer Mindesthaltefrist von 24 Monaten möglich sind. Anteilrückgaben sind unter Einhaltung einer Rückgabefrist von zwölf Monaten durch eine unwiderrufliche Rückgabeerklärung gegenüber der Kapitalanlagegesellschaft zu erklären Die Frist zur Rücknahmeaussetzung bei fehlender Liquidität des Fonds beträgt 36 Monate. Anteilskäufe vor dem 1. Januar 2013 bleiben hiervon unberührt, für Erwerbe vor dem 22. Juli 2013 gilt ein kalender-halbjährlicher Freibetrag von EUR 30.000.

---

524 Serge Ragotzky und Adrian Fröhling, *Real Estate Investment Trusts*, in: Handbuch Alternative Investments, Band 2, Wiesbaden (2008), S 473-492

Die weitere Marktentwicklung ist schwer zu prognostizieren. Es sprechen einige Argumente dafür, dass der Immobilienzyklus noch eine Weile weitergeht. So lange es keine Zinswende gibt, laufen Altfinanzierungen mit hohen Zinsen aus und können günstiger refinanziert werden. Das wirkt an den Märkten als Preistreiber. Viele Pensionskassen, Versorgungswerke und Lebensversicherungen sind zudem auch künftig gezwungen, auf Immobilieninvestments auszuweichen, wenn Anleihen in ihrem Portfolio fällig werden. Eine Wiederanlage in Anleihen kommt wegen der Minimalverzinsung nicht in Betracht, weil die Erträge dann nicht mehr ausreichen, um die Verpflichtungen gegenüber den Kunden bzw. Versicherten zu erfüllen. Es wird außerdem in den Ballungsräumen noch einige Zeit dauern, bis sich die demographischen Veränderungen auf den Immobilienmarkt auswirken, zumal die Zuwanderung seit einigen Jahren zu einer weiteren Verknappung des Angebotes beiträgt.

Allerdings sind Anleger gezwungen, eine sorgfältigere Auswahl der Immobilieninvestments vorzunehmen, weil in einigen Segmenten eine Korrektur überfällig ist. Zudem sollten sie die Zinsenwicklung sorgfältig beobachten.

## 6.6 Aktienmärkte in Abhängigkeit vom billigen Geld

Der deutsche Anleger steht Aktieninvestments trotz der damit verbundenen Chancen traditionell meist skeptisch gegenüber.[525] Das ist zunächst ein simpler empirischer Befund. Viele Anleger tun sich schwer, mit Kursschwankungen und Unsicherheit zu leben. In der Vergangenheit hat sich diese skeptische Einstellung als großer Nachteil erweisen, weil Aktien im Durchschnitt, also trotz temporärer Einbrüche wie in den Jahren 2001 und 2002 sowie 2008 und 2009, eine wesentlich bessere Wertentwicklung verzeichnet haben als die meisten anderen Anlageformen. Wie bereits ausführlich betrachtet sind die Kurssteigerungen auch eine Folge der lockeren Geldpolitik der wichtigsten Notenbanken, die sich theoretisch auch wieder ändern kann. Vergangenheitsbetrachtungen allein sind aber auch sonst kein ausreichender Indikator für die Prognose künftiger Wertentwicklung einer Anlage.

---

[525] https://www.wiwo.de/finanzen/boerse/boersenkultur-warum-die-deutschen-angst-vor-aktien-haben/9608112.html

Die Rendite von Aktien setzt sich zusammen aus den Dividenden und den (erwarteten) Kursgewinnen. Die Dividendenrendite macht im Regelfall nur den kleineren Teil aus, auch wenn viele Aktien die Renditen festverzinslicher Wertpapiere heute übertreffen. Außerdem hängt die Höhe der Dividende von den Erträgen des jeweiligen Jahres und der Dividendenpolitik des Unternehmens ab. Die entscheidende Frage ist die Einschätzung des Anlegers, wie sich der künftige Kurs entwickeln wird. Vor dem Aktienkauf gilt es daher, sich eine eigene Meinung über die Perspektiven des Aktienmarktes und, wenn der Anleger sein Portfolio selbst zusammenstellen möchte, auch über die Bewertung und Wertentwicklungschancen einzelner Titel zu bilden.

Ein Anleger sollte sich die Frage stellen, ob eine einzelne Aktie oder der Aktienmarkt insgesamt zum Zeitpunkt der Investition hoch oder niedrig bewertet ist. Wichtige Faktoren einer Bewertung sind die Profitabilität und die Wachstumsaussichten der gelisteten Unternehmen. Die daraus abgeleiteten künftigen Erträge müssen aus Anlegersicht auf den heutigen Zeitpunkt abgezinst werden. Daher ist für die Bewertung, wie bereits im CAPM beschrieben, auch der Diskontierungssatz relevant, der sich aus dem vermeintlichen „risikolosen" Zins und der Risikoprämie zusammensetzt. Das bedeutet, dass bei sinkenden Zinsen ceteris paribus automatisch die Aktienkurse steigen und umgekehrt.

Ein einfaches Vergleichsverfahren zur Beurteilung des aktuellen Bewertungsniveaus bietet das Kurs-Gewinn-Verhältnis, das auf einem simplen Ertragsmultiplikatoransatz basiert. Das Kurs-Gewinn-Verhältnis (KGV) setzt den (erwarteten) Gewinn nach Steuern ins Verhältnis zum Kurs einer Aktie oder eines Portfolios. Eine Aktie, die EUR 100 kostet und deren (anteiliger) Gewinn nach Steuern EUR 5 pro Aktie beträgt, hat ein KGV von 20. Der Kehrwert des Kurs-Gewinn-Verhältnisses bildet die (erwartete) Rendite der Aktie ab, im konkreten Beispiel also 5 Prozent Dabei ist es irrelevant, ob die Erträge als Dividende ausgeschüttet oder thesauriert werden.

Die KGV der globalen Aktienmärkte sind historischen Vergleich überdurchschnittlich hoch. Die langjährige Bandbreite liegt zwischen 10 und 16, die aktuelle KGVs liegen über 20, beim S&P 500 sogar bei 25.[526]

---

[526] Schätzung KGV per 18. September 2018 auf Basis der geschätzten Unternehmensgewinne der letzten 12 Monate im historischen Vergleich, http://www.multpl.com/table

Nach dieser simplen Formel wäre also Vorsicht geboten. Das hohe Bewertungsniveau erklärt sich aus den optimistischen Gewinnerwartungen der Anleger, aber auch an der bereits ausführlich dargestellten Zentralbankpolitik. Insbesondere haben deren Anleihekäufe dazu geführt, dass institutionelle Anleger auf Aktien ausgewichen sind und das Preisniveau nach oben getrieben haben. Zum anderen haben viele Unternehmen die günstigen Zinssätze genutzt, um eigene Aktien zurückzukaufen.

Die zentrale Bedeutung des langfristigen risikolosen Zinses für die Bewertung an den Kapitalmärkten kommt mit umgekehrtem Ergebnis in der sogenannten FED-Formel zum Ausdruck. Dieser Daumenregel zufolge liegt eine faire Bewertung des Aktienmarktes in einem Kurs-Gewinn-Verhältnis („KGV"), das dem Kehrwert der langfristigen Rendite von Staatsanleihen entspricht.

Wenn die Anleihen 5 Prozent Rendite abwerfen, dürfen die Aktien mit dem Zwanzigfachen ihres Gewinns nach Steuern bewertet werden. Die festverzinsliche Rendite war diesem Konzept zufolge sicher. Die Unternehmenserträge sind zwar risikobehafteter, wachsen dafür langfristig in etwa mit dem nominalen Wirtschaftswachstum. Für den FED-Chef Alan Greenspan war das Modell ein Indikator für irrationale Marktübertreibungen als im „New Economy-Boom" der späten 1990er-Jahre, als KGVs von 40 und mehr erreicht wurden. Heute läge das angemessene KGV in Deutschland bei einer Bundesanleiherendite von 1 Prozent bei einem Faktor von 100. Die FED-Formel hat entsprechend ihre Aussagekraft komplett verloren.

Aus einer historisch überdurchschnittlichen Bewertung folgt aber auch nicht automatisch eine Überbewertung. Die Attraktivität einer Anlage hängt immer von den Alternativen ab. Vor allem Bankeinlagen und Anleihen sind aber aufgrund fehlender Renditen alles andere als attraktiv. Des Weiteren ist zu berücksichtigen, dass es sich bei Aktien um Sachwerte handelt, die im Krisenfall auch über Substanz verfügen. Viele Unternehmen haben zudem die Chance, selbst in wirtschaftlich sehr schwierigen Zeiten Erträge zu erzielen. Das bedeutet nicht, dass es an den Aktienmärkten nicht jederzeit wieder zu schweren Kurseinbrüchen kommen kann. Ein risikoscheuer Anleger sollte diese grundsätzlichen Überlegungen bei der Festlegung seiner Aktienquote stets im Auge behalten. Da es nach Kurseinbrüchen zuletzt oft mehrere Jahre gedauert hat, bis das Ausgangsniveau wieder erreicht worden ist, ist insbesondere für ältere Anleger Vorsicht geboten.[527]

---

[527] Eine einfache Praktiker-Faustformel besagt, dass die Aktienquote am liquiden Vermögen 100 minus das Lebensalter betragen sollte. Diese Regel hilft aber allenfalls zur groben Orientierung.

Auch die Liquidität spricht für die Aktie als Anlageform. Grundsätzlich sind Aktien und auch viele Aktienfonds sehr liquide, weil sie ständig an der Börse gehandelt werden. Anleger sollten beim Kauf einzelner Aktien allerdings stets auf die Marktkapitalisierung und den sogenannten Free-float[528] achten. In Krisenzeiten werden Nebenwerte mit geringem Börsenwert oft plötzlich sehr illiquide.

Bei der Aktienanlage stellt sich neben der Frage des „Ob" auch die Frage des „Wie". Grundsätzlich gilt, dass unerfahrene Anleger besser auf Aktienfonds setzen. Indexfonds haben dabei den Vorteil, dass sie nur passiv die Entwicklung des Gesamtmarktes abbilden, wodurch der Diversifikationseffekt ausgenutzt wird und keine Einzelrisiken eingegangen werden müssen. Indexfonds haben zudem in der Regel im Vergleich zu aktiv verwalteten Fonds, die eine individuelle Aktienauswahl betreiben („Stock Picking"), relativ niedrige Verwaltungskosten.

Erfahrene und sachkundige Anleger können aber durchaus ihre eigene Auswahl treffen Anleger können gezielt Fonds oder Einzelwerte auswählen, die nach eigener Einschätzung von den veränderten Rahmenbedingungen profitieren werden.

Die technologischen Durchbrüche der Gegenwart verändern die Wirtschaftswelt und die menschliche Zivilisation in noch nicht absehbarer Weise. Trotz der vielen Unwägbarkeiten lassen sich gewisse disruptive Veränderungen identifizieren und für eine Anlagestrategie nutzen. Das bedeutet konkret, dass bei Investments in Unternehmensanteile stets die Perspektiven der jeweiligen Branche bewertet werden sollten. Es gilt, in wichtigen Wachstumsfeldern wie Big Data oder Medizintechnik zumindest mit Kapital beteiligt zu sein. Strukturell sind vor allem in Europa und Japan auch demographischen Veränderungen von Bedeutung. Krankenhauskonzerne, Pflegeheimketten und andere Wirtschaftszweige werden davon profitieren, andere werden verlieren. Unternehmen mit vielen Mitarbeitern, deren Arbeitsplätze durch die Digitalisierung bedroht sind, sollten dagegen gemieden werden. Dazu zählen unter anderem die Filialbanken und Versicherungen.

---

[528] Der Free-float bezeichnet die regelmäßig handelbaren Aktien, also die Anteile am börsennotierten Unternehmen, die sich nicht in den festen Händen von Ankeraktionären befinden.

## 6.7 Private Equity, gehebelte Investments in Produktivvermögen

Private Equity Investments stellen ebenso wie Aktienkäufe genauso eine Anlage in unternehmerisches Eigenkapital dar. Sie erfolgen aus Anlegersicht in der Regel indirekt über spezialisierte Private Equity-Fonds. Aufgrund der zumeist komplexen, illiquiden und oftmals ungenau bewerteten Anlagevehikel fallen die Private-Equity-Fonds in die Kategorie der sogenannten „alternativen" Vermögens- oder Kapitalanlagen.

Das von den Fonds investierte Eigenkapital wird „Private" genannt, weil es sich bei den Investitionsobjekten im Gegensatz zu börsennotierten Unternehmen („public company") um private, nichtbörsennotierte Unternehmensfinanzierung handelt. Es handelt sich bei Private Equity um eine Beteiligungsfinanzierung, bei der externes Eigenkapital eingebracht wird, das vom Unternehmen über eine mittel- bis langfristige Phase genutzt werden kann. Anleger erhalten so die Möglichkeit, sich auch jenseits der Börse und ohne eigene unternehmerische Tätigkeit an Produktivkapital zu beteiligen.

Im Gegensatz zur Venture-Capital-Investition wird bei Private Equity in etablierte Unternehmen mit ausgereiften Produkten und etablierter Marktstellung investiert. Ziel des Fonds ist es, den Wert der Beteiligungsunternehmen während der Laufzeit zu steigern und die Beteiligungen durch einen geeigneten Exit am Ende der Beteiligung gewinnbringend zu verkaufen. Die Renditesteigerung kann durch operative Verbesserungen in den Portfoliounternehmen, sogenanntes Financial Engineering[529] und eine Multiple-Arbitrage[530] erreicht werden. Der Exit ist aufgrund niedriger laufender Erträge ist maßgeblich dafür, wie hoch die Rendite für die Investoren am Ende der Beteiligungsdauer sein wird. Private Equity Investments zählen seit Jahren zu den Anlageformen mit der höchsten Rendite.[531]

---

[529] Zum Beispiel durch Ausnutzen des Leverage-Effektes durch Einsatz von günstigem Fremdkapital. Da ein hoher Fremdkapitaleinsatz auch das Insolvenzrisiko erhöht, kommt es auch immer wieder zu öffentlicher Kritik an Private Equity. Ein Beispiel war die Heuschreckendebatte, die der ehemalige SPD-Chef Franz Müntefering angestoßen hat.

[530] Verkauf des Unternehmens zu einem höheren Bewertungsfaktor.

[531] Bain&Company, GLOBAL PRIVATE EQUITY REPORT, Boston (2015)

Entsprechend groß ist der Zustrom von institutionellem Kapital in diese Anlageklasse. In der Regel streben die Gesellschaften für ihre Investoren Renditen von mindestens 15 bis 20 Prozent p.a. nach Kosten auf das eingesetzte Eigenkapital an. Die etablierten Private-Equity-Fonds sehen sich allerdings zunehmender Konkurrenz um attraktive Investments durch andere Beteiligungsgesellschaften, Family Offices und strategische Käufer ausgesetzt, weshalb die Renditen künftig sinkend dürften.

Allein in Deutschland sind mittlerweile mehr als 300 Beteiligungsgesellschaften tätig, die pro Jahr mehr als 1.000 Investitionen tätigen.[532] Der Beteiligungsmarkt hängt zudem vom anhaltenden Zugang zu günstigem Fremdkapital ab, welches aktuell von Banken und Debt Fonds angeboten wird.

Die Private-Equity-Gesellschaft sammelt das benötigte Kapital von verschiedenen institutionellen und/oder privaten Anlegern ein und legt es in eigenem Namen in ca. 10 bis 20 Zielunternehmen an. Dadurch wird ein Diversifikationseffekt erreicht. In der Regel liegt die Laufzeit eines Fonds bei 7 bis 12 Jahren. Während der Zeichnungsfrist können potenzielle Investoren Fondsanteile erwerben, wodurch sie zu Kommanditisten, im Englischen Limited Partners, werden. Die Fondsanteile sind meistens nicht fungibel und können häufig nur mit Zustimmung der anderen Kommanditisten oder der Private-Equity-Gesellschaft veräußert werden.

In der Regel sind die Investoren daher bis zum Ende der vereinbarten Laufzeit des Fonds gebunden. Die Renditen der verschiedenen Beteiligungsgesellschaften werden regelmäßig von professionellen Anbietern verglichen, um Anlegern ein Investment zu erleichtern.[533]

Grundsätzlich ist Private Equity aufgrund der erzielbaren Renditen eine sehr attraktive Anlageklasse. Die weitere Performance der Anlageklasse hängt allerdings davon ab, dass die Politik des billigen Geldes wie bisher fortgeführt wird. Im Falle einer Zinswende böte die Substanz der Beteiligungsunternehmen zwar eine gewisse Sicherheit, aber sobald die Unternehmen ihre Zins- und Tilgungsverpflichtungen nicht mehr erfüllen, besteht die Gefahr, dass die Beteiligung an den Fremdkapitalgeber übergeht.

In den Jahren 2009 bis 2010 ist das einige Male vorgekommen. Anleger sollten daher auf die Investmentstrategie der Fonds achten. Es kommt

---

[532] https://www.bvkap.de/markt/bvk-statistiken-deutschland

[533] https://assets.kpmg.com/content/dam/kpmg/pdf/2016/06/evaluating-private-equitys-performance.pdf

unter anderem darauf an, wie aggressiv die Fonds finanzieren und wie sehr die Beteiligungsunternehmen vom Konjunkturzyklus abhängig sind. Die Mindestanlagesumme der Private Equity-Fonds ist zudem relativ hoch. Daher kommt Private-Equity nur für vermögende Anleger in Frage kommt, zumal diese Anlageform aus Risiko- und Liquiditätsgründen nur einen kleineren Teil eines Anlageportfolios ausmachen sollte.

## 6.8 Risikokapital und Wachstumsfinanzierung

Die meisten Technologieunternehmen haben in ihrer Anfangsphase einen sehr hohen Kapitalbedarf, um die Kosten für Produktentwicklung und Vermarktung zu decken. Das eröffnet im Einzelfall auch externen Investoren die Chance, wirtschaftlich an technologischen Umwälzungen zu partizipieren. Einige Erfolgsgeschichten derartiger Risikoinvestments haben für Furore gesorgt. So hat der Unternehmer und Investor Peter Thiel mit einem frühen Investment in Höhe von US-Dollar 500.000 in Facebook einen Gewinn von US-Dollar 400 Mio. erzielt.[534]

Derartig spektakuläre Erfolgsgeschichten dürfen aber nicht darüber hinwegtäuschen, dass „Venture" Risiko oder Wagnis bedeutet. Sogenannte Start-up-Unternehmen versprechen im Erfolgsfall hohe Renditen, die einzelne Investition ist jedoch gleichzeitig mit Totalverlustrisiken verbunden. Daher ist die VC-Investition für Einzelpersonen meistens nur dann eine gute Idee, wenn ein Investor wie Peter Thiel über umfassende Erfahrung und technologische Kenntnisse oder über gute Berater verfügt und sein Vermögen gut streuen kann.

Die meisten VC-Finanzierungen erfolgen daher wie im klassischen Private Equity-Geschäft überwiegend über dafür spezialisierte Gesellschaften, die Kapitalmittel von mehreren Investoren erhalten und ein Portfolio junger Unternehmen verteilen, um eine Rendite für die Investoren zu erwirtschaften. Da VC-Investments phasenbedingt ein hohes Risiko aufweisen, scheidet eine Hebelung mit Fremdkapital in der Regel aus. Die Renditeerwartungen sind in der Regel wesentlich höher als im konventionellen Beteiligungsgeschäft, um Anleger für das höhere Ausfallrisiko zu kompensieren.

---

[534] http://winfuture.de/news,71559.html

Der größte Markt für Venture Capital Investments sind mit mehr als US-Dollar 42 Mrd. p.a. die Vereinigten Staaten, vor Asien (US-Dollar 39 Mrd.) und Europa US-Dollar 10,5 Mrd.[535] In den USA sind sowohl die meisten Technologieunternehmen mit großen Wachstumsaussichten als auch die kompetentesten Fonds ansässig.

Die Bewertung von chancenreichen VC-Investments ist aufgrund der globalen Geldschwemme in den letzten Jahren massiv angestiegen. Dennoch bieten VC-Investments privaten Anlegern die einzige Möglichkeit, an den technologischen Veränderungen finanziell teilzuhaben. Für die meisten Investoren empfiehlt sich aufgrund der Risikostreuung und technischen Beurteilung ein indirektes Investment über Anlagen in einem oder mehreren VC-Fonds anstatt von Direktinvestitionen. Mittlerweile haben auch private Banken erkannt, dass bei Anlegern ein entsprechender VC-Anlagebedarf besteht.[536]

## 6.9 Edelmetalle, Industriemetalle und Seltene Erden, Spekulationsobjekte oder sicherere Häfen?

Die Industrie und der Großteil unserer heutigen Technologien wären ohne Industrie-, Edel- und Technologiemetalle nicht denkbar. Industrie- und Edelmetalle sind den meisten Menschen bekannt. Gold, Silber und Platin sind die wichtigsten Edelmetalle. Auch Rhodium und Palladium gehören zu der Gruppe der Edelmetalle, sind aber wie die Seltenen Erden zugleich auch Technologiemetalle für die High-Tech Industrie. Zu den Industriemetallen zählen Aluminium, Bleit und Kupfer. Zu den Seltenen Erden gehören 17 Metalle, die sich in ihrer Struktur sehr ähnlich sind. Die wichtigsten sind Yttrium, Praseodym, Neodym, Terbium und Dysprosium. Die seltenen Erden sind nicht ganz so selten, wie der Name impliziert, aber schwer zu fördern.

Edelmetalle sind sowohl Geld als auch Anlageinstrument. Die historischen Ausführungen haben gezeigt, dass Edelmetalle über Jahrtausende

---

[535] https://home.kpmg.com/xx/en/home/insights/2015/10/venture-pulse.html

[536] Ein Beispiel ist die Privatbank Oddo BHF (nicht als Anlageempfehlung des Verfassers zu verstehen), *Oddo und seine Bankkunden investieren in KI*, in FAZ vom 29. August 2018.

die einzige Form von Geld waren, das ein breites Vertrauen der Bürger genoss. Bis heute horten die Zentralbanken große Goldreserven und bauen diese in einigen Ländern sogar wieder aus. Auch viele Bürger von Ländern mit Hyperinflationserfahrungen kaufen Gold und Silber.[537] Der Zustand des ungedeckten Kreditgeldsystems ist aufgrund der ständigen Geldmengenausweitung fragil. Ein massiver Kaufkraftverlust oder ein Zusammenbruch des gesamten Systems sind relevante Szenarien. Edelmetalle zeichnen sich unter anderem dadurch aus, dass sie keine oder sogar eine gegenläufige Korrelation mit anderen Assetklassen aufweisen. Dadurch bieten sie eine gute Möglichkeit, ein Portfolio zu diversifizieren und abzusichern.[538] Anleger können Edelmetalle anders als die meisten Wertpapiere auch selbst physisch verwahren.

Im langfristigen Trend hat Gold seine Kaufkraft stets erhalten und sollte daher anstatt der jeweiligen Papierwährungen aus Investorensicht der eigentliche logische Anker des Preissystems an den Finanzmärkten sein. Die unvermeidlichen Schwankungen im Kurs zu den Papierwährungen dürfen bei einer Anlageentscheidung keine Rolle spielen. Die Kursschwankungen sind eher Ausdruck spekulativer Übertreibungen in die eine oder anderer Richtung sowie gezielter Eingriffe der Zentralbanken.[539]

Die Zentralbanken haben an einer zu positiven Entwicklung des Goldkurses kein Interesse, weil damit den Schwächen ihres Papiergeldes der Spiegel vorgehalten wird. Sie treten nicht nur als Käufer und Verkäufer am Spotmarkt auf, sondern vor allem als sehr aktive Kontrahenten an den Terminmärkten. Vor einigen Jahren wurde zudem ein Kartell privater Banken wegen einer Manipulation des Goldmarktes zu hohen Geldstrafen verurteilt.[540]

Aus Anlegesicht sollten Edelmetalle stets Bestandteil der individuellen Vermögensplanung sein. Die Höhe des Edelmetallanteils hängt von der individuellen Lebenssituation und Risikoeinschätzung ab. Eine Quote zwischen 10 und 25 Prozent stellt eine realistische Bandbreite dar. Sogenann-

---

[537] https://www.wiwo.de/finanzen/geldanlage/geldpolitik-am-ende-warum-chinesen-und-inder-zu-recht-unmengen-gold-kaufen/12414308.html

[538] Werner Ullmann und Peter Heim, *Profit mit Rohstoffen. Wie jeder am Rohstoffboom teilhaben kann*, München (2006).

[539] Paul Craig Roberts und Dave Kranzler, *The Hows and Whys of Gold Price Manipulation*, online verfügbar unter https://www.paulcraigroberts.org/2014/01/17/hows-whys-gold-price-manipulation/

[540] https://www.welt.de/finanzen/geldanlage/article128336992/Barclays-zahlt-Strafe-fuer-Goldpreis-Manipulation.html

te „Gold bugs" postulieren zwar eine noch wesentlich höhere Goldquote. Diese Positionierung repräsentiert aber eine sehr einseitige Wette auf ein Worst Case-Szenario. Das impliziert ein hohes Klumpenrisiko im Portfolio und einen Verzicht auf Rendite- und Wachstumschancen, die sich mit anderen Sachwertanlagen verbinden.

Gold ist das wichtigere der großen Edelmetalle und genießt weltweit eine wesentliche größere Anerkennung als Wertaufbewahrungsmittel. Daher sollte Gold ein größeres Gewicht im Portfolio als Silber haben. Silber darf dennoch nicht ganz vernachlässigt werden, weil es mehr industrielle Verwendungen hat. Wichtige industrielle Sektoren für die Verwendung von Silber sind aufgrund der stromleitenden Fähigkeiten des Metalls die Elektro- und Medizintechnik sowie Photovoltaikanlagen.

Silber leistet zudem einen eigenen Beitrag zur Gesamtdiversifikation des Portfolios. Allerdings ist der Silberkurs volatiler als der Goldpreis. Ältere Anleger werden sich noch an die Spekulationen der Brüder Hunt aus Texas erinnern, die den Silberpreis 1980 von US-Dollar 10 auf über US-Dollar 50 getrieben haben. Aufgrund eines regulatorischen Eingriffs an den Terminmärkten kam es dann zu einem massiven Kurseinbruch.[541]

Die damaligen Höchststände wurden erst 30 Jahre später wieder erreicht, worauf ein erneuter Einbruch folgte. Beim Kauf von Silbermünzen oder -barren fällt in Deutschland zudem, im Gegensatz zu Gold, eine Mehrwertsteuer von 19 Prozent an. Reine Industriemetalle, die wiederum nicht zu den Edelmetallen zählen, hängen in ihrer Preisentwicklung noch mehr als Silber von der allgemeinen konjunkturellen Lage ab. Eine besondere Verknappung der Industriemetallvorkommen ist aktuell nicht absehbar.

Spekulativ interessant sind Investments in Seltene Erden. Der Anwendungsbereich der Seltenen Erden ist sehr breit und sie sind aufgrund ihrer speziellen Eigenschaften vielseitig einsetzbar. Die Seltenen Erden werden nach ihrem komplizierten Aufbereitungsprozess häufig in den Hightech-Bereichen verwendet.[542] So wird Europium für die Herstellung von Röhren- und Plasmabildschirmen benötigt und Neodym für die Herstellung von Dauermagneten für Generatoren von Windkraftanlagen und Elektromotoren eingesetzt. Auch für die Herstellung von Spezialgläsern und

---

[541] Steffen Uttich, *Regeländerung mitten im Spiel*, in FAZ vom 5.7.2008, online verfügbar http://www.faz.net/aktuell/finanzen/fonds-mehr/historische-finanzkrisen-die-silberkrise-von-1980-regelaenderung-mitten-im-spiel-1294334.html

[542] Christoph Brüning und Heiko Böhmer, *Seltene Erden. Der wichtigste Rohstoff des 21. Jahrhunderts.* Kulmbach (2011).

Leuchtmitteln für Plasma- und LCD-Bildschirme sowie radiologische Kontrastmittelbeigabe werden Seltene Erden verwendet. Auch die Militärindustrie zählt zu den Hauptverwendern, es besteht eine große Abhängigkeit bei Raketensystemen, Drohnen, Sonargeräte und viele weiteren militärischen Geräten.[543]

Investmentchancen ergeben sich aus der geopolitischen Lage. Die Volksrepublik China kontrolliert auf internationaler Ebene das Angebot an Seltenen Erden. Japan, die USA und die Europäische Union haben momentan keine Alternative zum Import Seltener Erden aus China.[544] Die Vereinigten Staaten verfügen nur über eine kleine Kapazität an Eigenproduktion. Auch Deutschland ist stark vom Import der Seltenen Erden aus China abhängig. China fördert aktuell weltweit ca. 80 Prozent der verbrauchten Seltenen Erden. Laut dem U.S. Geological Survey, werden die heutigen Reserven von Seltenen Erden Weltweit auf rund 120 Mio. Tonnen geschätzt. Neben China (44 Mio. Tonnen) verfügen auch Brasilien (22 Mio. Tonnen), Vietnam (22 Mio. Tonnen), Russland (18. Mio. Tonnen) und Indien (6.9 Mio. Tonnen) über große Vorkommen. Die große Differenz zwischen Chinas Produktion und den anteiligen Reserven, lässt sich durch den Kostenvorteil Chinas bei der Produktion von Seltenen Erden erklären, weil die seltenen Erden ein Abfallprodukt der dortigen Eisenerzoperationen sind. Im Rahmen einer Zuspitzung der Handelskonflikte mit den Vereinigten Staaten könnte China die Seltenen Erden als strategischen Hebel einsetzen. Eine massive Verteuerung wäre die zwangsläufige Folge. Investoren können Seltene Erden mit Beträgen ab EUR 50.000,- bei spezialisierten Rohstoffhändlern kaufen, müssen aber auch die hohen Lagerkosten beachten. Eine weitere Möglichkeit ist es, in Rohstoff ETFs oder in Aktien von Unternehmen zu investieren, die sich auf den Markt der Seltenen Erden konzentrieren.

---

543 Christoph Brüning und Heiko Böhmer (2011), S. 99.

544 Yun Schüler-Zhou (2018): *Chinas Rohstoffpolitik für Seltene Erden.* In: Commodity Top News 57. Online verfügbar unter https://www.bgr.bund.de/DE/Gemeinsames/Produkte/Downloads/Commodity_Top_News/Rohstoffwirtschaft/57_china_seltene_erden.pdf;jsessionid=23F18660527AEF03865C9E332EB3E106.2_cid321?__blob=publicationFile&v=2, zuletzt geprüft am 28.06.2018

## 6.10 Exotische Investments als Anlage für Superreiche

Eine in mehrfacher Hinsicht besondere Assetklasse stellen exotische Anlagen dar. Exotische Investments sind Anlagen, die nicht zu den traditionellen Anlagen wie Immobilien, Aktien, Anleihen oder zu den Strukturierten Produkten gehören. Es handelt sich dabei überwiegend um materielle Gegenstände, die alt, selten und gut erhalten sind und von Anlegern auch aufgrund persönlicher Motive als Anlageobjekt ausgewählt werden.[545] Daher wird auch der Begriff „Investitionen aus Leidenschaft" verwendet. Zu exotischen Anlagen gehören zum Beispiel Antiquitäten, Kunst, rare Weine, seltene Bücher, Musikinstrumente und Oldtimer.[546]

Exotische Anlagen weisen zumeist keine laufende Rendite auf, haben aber in der Vergangenheit oft von Wertsteigerungen profitiert. Sie sind anders als andere Anlagen nicht reproduzierbar und deswegen besonders begehrt. Auf längere Sicht haben exotische Investments laut einer Vermögensstudie von Knight Frank bessere Anlageergebnisse erbracht als der Aktienmarkt.[547] So weisen zum Beispiel seltene antike Violinen seit Jahren große Preiszuwächse auf.[548] Der wichtigste Teilmarkt ist aber global der Kunstmarkt. Er gerät immer wieder in die Schlagzeilen, weil einzelne Gemälde Rekordergebnisse auf Auktionen erzielen. Die verschiedenen Indizes weisen insbesondere im Segment der zeitgenössischen Kunst zweistellige Wertzuwächse p.a. auf Basis von Auktionsergebnissen aus. Allerdings ist die Auswahl der Transaktionen nicht immer transparent. Nachteil des Kunsthandels sind die hohen Transaktionskosten.[549] Große Auktionshäuser verlangen eine Vermittlungsgebühr von 25 Prozent, die

---

[545] Gelegentlich wird der Begriff auch breiter definiert, unter Einschluss von Projekt- und Themenbezogene Anlagen, Investitionen aus Leidenschaft und Alternativen Risikotransferanlagen.

[546] https://www.badische-zeitung.de/geld-finanzen-1/exotische-geldanlagen-fuer-liebhaber--84590843.html

[547] http://www.manager-magazin.de/finanzen/artikel/oldtimer-uhren-kunst-und-co-die-renditen-exotischer-geldanlagen-a-999425.html

[548] https://www.wiwo.de/finanzen/boerse/alternative-anlagen-renditejagd-mit-geigen-uhren-und-oldtimern/10784710-all.html

[549] Hans-Lothar Merten, *In Luxus investieren, Wie Anleger vom Konsumrausch der Reichen profitieren,* Wiesbaden (2009), S. 100.

Margen von vielen Galeristen sind noch höher. Zudem fallen Steuern, Transport- und Versicherungskosten an.

Ein besonders interessanter Anlagemarkt waren in der jüngeren Vergangenheit auch seltene, alte Automobile. Oldtimer haben gegenüber anderen Investments den Vorteil, dass sie ihren Eigentümern auch Fahrvergnügen und einen sozialen Status verschaffen. Das hat sich in der Vergangenheit positiv auf die Wertentwicklung ausgewirkt. So stieg der Index für Oldtimer von 1999 bis 2017 von 1.000 Indexpunkten auf 2.552 Punkte an.[550] Der Verband der Automobilindustrie veröffentlicht seit 1999 jährlich den „Deutschen Oldtimer Index“ (DOX), der eine ähnliche Entwicklung dokumentiert. Der DOX bildet die Wertentwicklung von Oldtimer in Deutschland ab. Als Grundlage für die Indexberechnung dienen die Preisentwicklungen von 88 ausgewählten historischen Fahrzeugtypen, die je nach Anteil an der gesamten Zulassungszahl gewichtet werden.[551]

Allein in Deutschland umfasst der Verkauf und Kauf von Oldtimern mehr als 6 Milliarden Euro jährlich. Verglichen mit dem Kunstmarkt wird hier mittlerweile das doppelte Umsatzvolumen erzielt. Seit einigen Jahren wird der Markt durch zusätzliche Nachfrage aus Russland, China und Saudi-Arabien getrieben.[552] Einzelne Autos der Marke Ferrari haben schon Preise über 30 Mio. erzielt.[553]

Attraktiv an exotischen Investments ist, dass die Korrelation mit anderen Anlageklassen verhältnismäßig gering ist. Dennoch handelt es sich um enge Märkte, die immer wieder starken Schwankungen unterliegt. Ein Direktinvestment setzt daher ein entsprechendes Know-how voraus. Auch sollte der Anteil exotischer Investments am Gesamtportfolio des Investors auf maximal 5 bis 10 Prozent begrenzt sein, was ein entsprechend hohes Gesamtvermögen voraussetzt. Zudem sind auch die Kosten für Unterhalt und Versicherung hoch.

Für Anleger, die es indirekt in Oldtimer investieren wollen, besteht zudem die Möglichkeit, ein Investment in Form einer Beteiligung an einem ge-

---

550 https://de.statista.com/statistik/daten/studie/736288/umfrage/entwicklung-der-oldtimerpreise-oldtimer-index-in-deutschland/

551 https://www.vda.de/de/themen/automobilindustrie-und-maerkte/historische-fahrzeuge/der-deutsche-oldtimer-index.html

552 https://www.welt.de/print/die_welt/hamburg/article108338729/Herr-Thiesen-und-seine-Schaetze-auf-vier-Raedern.html

553 https://www.wiwo.de/finanzen/geldanlage/oldtimer-als-geldanlage-preise-steigen-rasant-an/7191234-2.html

schlossenen Fonds abzuschließen. Die bisherigen Angebote des Marktes sind aber aufgrund des geringen Fondsvolumens, der Objektauswahl und der Kosten noch nicht überzeugend.

Zudem gilt auch für exotische Investments, dass die Vergangenheitsentwicklung keine Garantie für künftige Preissteigerungen bietet. Anlagen in exotischen Investments sind nicht zuletzt auch aufgrund der Geldschwemme der Notenbanken massiv im Wert gestiegen. Die Käuferklientel von Oldtimern und anderen exotischen Investments profitiert überproportional von der Vermögenspreisinflation. Sie hat zudem in der Vergangenheit wirtschaftliche Krisen besser durchgestanden als andere Bevölkerungsschichten. Das bietet einen gewissen Schutz vor Kurseinbrüchen, kann aber im Falle einer Verknappung des Geldes auch ins Gegenteil umschlagen.

## Executive Summary

- Renditen und Kursschwankungen der Vergangenheit sind keine ausreichende Basis für die Prognose künftiger Anlageergebnisse
- Eine Diversifikation des Portfolios ist wichtig, auch wenn in Krisenzeiten die Korrelation in der Wertentwicklung verschiedener Anlagen oft steigt.
- Die Zinsen auf Anleihen und Bankeinlagen stellen keine angemessene Kompensation für das Risiko einer Anlage dar
- Sachwertorientierte Anlagen bieten Sicherheit und profitieren langfristig von der Geldmengenausweitung
- Die Bewertung an den Aktienmärkte ist im historischen Vergleich hoch, trotzdem sind Aktien ein wichtiger Bestandteil der Vermögensanlage
- Bei der Aktienanlage sind Timing und Auswahl der Titel wichtig
- Der Immobilienboom kann sich noch länger fortsetzen, wenn sich die Geldpolitik nicht fundamental ändert, da es an attraktiven festverzinslichen Anlagealternativen mangelt
- Immobilieninvestoren sollten stets das regulatorische und steuerliche Umfeld im Auge behalten
- Indirekte Anlagen im Immobilienbereich ermöglichen auch weniger vermögenden Anlegern eine Streuung
- Investments in Private Equity und Venture Capital ermöglichen große spekulative Renditechancen, sind für die meisten Anleger aber nur über Fonds umzusetzen
- Edelmetalle bieten Schutz vor Inflation und Krisen und sind zudem – wie auch seltene Erden – eine interessante Portfoliobeimischung
- Exotische Investments wie Kunst und Oldtimer sind attraktive Direktanlagen in Sachwerte für sehr vermögende Investoren

# 7 Zusammenfassung und Ausblick

Das heutzutage verwendete Geld ist das Ergebnis einer langen Evolution. Im Laufe der Zeit hat sich auf Betreiben von Banken und Staaten aus dem Edelmetallgeld auf der ganzen Welt das ungedeckte Papiergeld entwickelt. Dieses Papiergeld verfügt seit fast 50 Jahren über keinerlei intrinsischen Wert mehr und ist daher eigentlich als Wertaufbewahrungsmittel ungeeignet. Den für die Herstellung des Papiergeldes verantwortlichen Zentralbanken ist es aber in den meisten westlichen Staaten gelungen, ein Grundvertrauen der Bürger in den Geldwert zu erhalten. Das ist bemerkenswert, weil Anleger fast überall seit Beginn der Nullzinspolitik mit vermeintlich risikolosen Geldanlagen kontinuierlich an Kaufkraft verlieren.

Auch auf mittlere Sicht ist mit keiner Veränderung der Situation zu rechnen, weil viele Staaten und andere Akteure einen signifikanten Zinsanstieg aufgrund ihrer hohen Schuldenstände nicht verkraften würden. Die Zentralbanken sind daher gezwungen, an der Politik niedriger Leitzinsen und dem Ankauf von Staatsanleihen festzuhalten, wenn sie keinen erneuten Finanzmarkt-Crash riskieren wollen. Die Erfahrungen der Jahre 2000 und 2001 sowie 2007 und 2008 lehren aber auch, dass Investoren einen Kurswechsel in der Zentralbankpolitik nie ganz ausschließen dürfen. Die Zentralbanken sitzen wie in Kapitel 3 beschrieben an den Schalthebeln der Macht über Finanzmärkte und Wirtschaft. In Anlehnung an das berühmte Bill Clinton-Zitat *„it‘s the economy, stupid“* ließe sich sagen *„it’s the interest rate, stupid“*. Wer den Zins bestimmt, bestimmt auch alles andere.

Die Steuerungs- und Interventionsmaßnahmen der Notenbanken haben direkt oder indirekt sämtliche Preise an den Kapitalmärkten beeinflusst. Die Anwendung herkömmlicher Bewertungsmethoden wird dadurch massiv erschwert. Ein Kurswechsel der Zentralbanken würde aber auf jeden Fall auch die Bewertungen an den Aktien- und Immobilienmärkten durcheinanderwirbeln. Auch das politische Umfeld hat sich verändert. Geopolitische Konflikte, und Handels- und Währungskriege bilden für Anleger einen weiteren Risikofaktor.

Unter dem Strich bietet nur eine sachwertorientierte, nach Anlageklassen und Geographien diversifizierte Anlagestrategie einen begrenzten Schutz vor Vermögensverlusten sowie Wertsteigerungschancen.

Europäische Anleger haben in der Regel bereits massiv in ihre Heimat investiert, weil ihr Humankapital und eine selbstgenutzte Immobilie im unmittelbaren Umfeld verankert sind, und sollten daher über den europäischen Tellerrand hinausschauen. Diversifikation bedeutet aber keine proportionale Verteilung eines Vermögens auf alle Länder und Anlagen. Es sprechen viele Argumente dafür, einzelne Anlageklassen wie Anleihen und Bankguthaben so weit wie möglich zu meiden. Andere Anlageklassen wie Aktien und Edelmetalle können dagegen übergewichtet werden. Auch innerhalb des Aktienanteils im Portfolio sprechen säkulare Trends wie der demographische Wandel und disruptive technologische Veränderungen für eine Über- bzw. Untergewichtung ganzer Branchen und einzelner Titel. Konkrete Investitionsentscheidungen in Einzelwerte und Aktienfonds sind allerdings stets auf eine fundamentale Analyse und eine gründliche Bewertung zu stützen. Gleiches gilt für Anlagen in Private Equity und Venture Capital, die nach Möglichkeit ebenfalls in ein diversifiziertes Anlageportfolio eingebaut werden sollten.

Die geopolitische Betrachtung hat zudem verdeutlicht, dass sich Wachstumschancen und Risiken auch regional auseinander entwickelt haben. Demographie, Innovationsschwäche, Banken- und Eurokrise belasten Staaten und Unternehmen in Europa. Daher spricht aus der Perspektive europäischer Anleger viel dafür, einen überproportionalen Teil des liquiden Vermögens außerhalb Europas zu investieren. Asien bietet dabei die besten Wachstumschancen. Es lohnt sich auch in den Vereinigten Staaten zu investieren. vor allem im Segment der Technologieunternehmen. Allerdings gilt es die geopolitische Entwicklung zu beobachten. Für die USA kommt es wirtschaftlich darauf an, die hervorgehobene Stellung des US-Dollars zu verteidigen und den richtigen Umgang mit der chinesischen Herausforderung zu finden.

Weitere für Anleger relevante Staaten befinden sich auch in Asien, Lateinamerika und Afrika. Neben der bereits im Detail untersuchten Staaten ist insbesondere noch Brasilien hervorzuheben. Der damalige Goldman Sachs-Chefvolkswirt Jim O'Neill veröffentlichten zudem eine Liste von elf Ländern mit hoher Einwohnerzahl, die einen ähnlichen wirtschaftlichen Aufschwung erleben könnten wie Brasilien, Russland, Indien und die Volksrepublik China. Besonders Staaten wie Mexiko, Indonesien und Vietnam sowie Südkorea und die Türkei verdienen aus Anlegersicht eine eingehende Betrachtung. Eine detaillierte Analyse dieser Staaten hätte aber den Rahmen dieses Buches gesprengt.

Es ist für Anleger auch deswegen höchste Zeit, sich um die Zukunft ihres Vermögens Gedanken zu machen, weil ihnen die Zeit davon läuft. Der globale Konzentrationsprozess von Geld und politischer Macht ist, trotz gewisser politischer Widerstände, in vollem Gange. Die laufende technologische Revolution wird die Wirtschaft grundlegender verändern als jede vorherige Welle der Veränderung. Noch sind im globalen Monopoly zumindest die Badstraße und ein paar Bahnhöfe zu haben. Wer dagegen zum Zeitpunkt des technologischen und ökonomischen Endspiels über keine Vermögenswerte und keine marktfähigen Qualifikationen verfügt, wird es künftig sehr schwer haben, ein freies und selbstbestimmtes Leben zu führen. Die letzte Runde im Kampf ums Geld ist bereits eingeläutet.

Tab. 8: Wichtige Schlussfolgerungen[554]

| | Maxime |
|---|---|
| 1. | Kapitalmarktbewertungen sind direkt oder indirekt manipuliert, die Zinsentwicklung ist die wichtigste Bezugsgröße für Anleger |
| 2. | Nur Sachwertanlagen schützen vor Inflation und Bankenpleiten |
| 3. | Diversifikation (über Regionen und Anlageklassen) ist sehr wichtig, aber kein Allheilmittel |
| 4. | Die Insolvenz von vielen Staaten und Banken wurde nur verschleppt, ein Wiederaufflammen der Finanzkrise ist wahrscheinlich, der Zeitpunkt aber nicht vorhersehbar |
| 5. | Über Aktien, Private Equity und Venture Capital können Anleger am technologischen Wandel partizipieren |
| 6. | Edelmetalle sind als Anlage und Geld eine Versicherung gegen Extremrisiken |
| 7. | Immobilienbewertungen reagieren besonders sensibel auf Zinsänderungen, Anleger sollten die Laufzeit von Finanzierungen auf den Anlagehorizont abstimmen und je nach Nettovermögen indirekte Immobilienanalgen bevorzugen |
| 8. | Europa hat im globalen Wettbewerb einen schweren Stand, Asien (vor allem China) gehört die Zukunft, Amerika wird seine Position aber nicht kampflos aufgeben |
| 9. | Technologieunternehmen sind die Banken der Zukunft, klassische Bankaktien sind eine riskante Anlage mit vielen Risiken (Kreditabschreibungen, Derivate und Kosten) |
| 10. | Politik ist auch für Investments wichtig, politische Krisen und Regulierung beeinflussen den Wert von Aktien und anderen Anlagen |

[554] Eigene Darstellung

# Index